westermann

Dr. Claudia Iven

Sprache

in der Sozialpädagogik

5. Auflage

Bestellnummer 04715

Die in diesem Produkt gemachten Angaben zu Unternehmen (Namen, Internet- und E-Mail-Adressen, Handelsregistereintragungen, Bankverbindungen, Steuer-, Telefon- und Faxnummern und alle weiteren Angaben) sind i. d. R. fiktiv, d. h., sie stehen in keinem Zusammenhang mit einem real existierenden Unternehmen in der dargestellten oder einer ähnlichen Form. Dies gilt auch für alle Kunden, Lieferanten und sonstigen Geschäftspartner der Unternehmen wie z. B. Kreditinstitute, Versicherungsunternehmen und andere Dienstleistungsunternehmen. Ausschließlich zum Zwecke der Authentizität werden die Namen real existierender Unternehmen und z. B. im Fall von Kreditinstituten auch deren IBANs und BICs verwendet.

Zusatzmaterialien für Lehrerinnen und Lehrer

BiBox westermann inkl. E-Book

Lehrerlizenz BiBox Dauerlizenz: 978-3-427-04717-9
Kollegiumslizenz BiBox Dauerlizenz: 978-3-427-04719-3

Zusatzmaterialien für Schülerinnen und Schüler

BiBox westermann inkl. E-Book

Schülerlizenz BiBox Schuljahr: 978-3-427-04721-6

westermann GRUPPE

Druck und Bindung: Westermann Druck GmbH, Braunschweig

ISBN 978-3-427-**04715**-5

Inhaltsverzeichnis

Vorwort zur 5. Auflage

Wenn ein Lehrbuch eine fünfte Auflage und damit eine erneute Aktualisierung erfährt, ist das ein deutlicher Hinweis darauf, dass das Thema weiterhin „in Bewegung" ist. Obwohl der Auftrag zur sprachlichen Bildung in allen Kita-Gesetzen der Bundesländer verankert ist, der Wert von Sprachbeherrschung und Kommunikationsfähigkeiten allseits anerkannt ist und sich viele Praxis- und Forschungsprojekte mit der Sprachförderung beschäftigen: Über das Wann, Wie und Was der Sprachförderung herrscht noch keine Einigkeit. Alle Bundesländer haben eigene Konzepte zur Früherkennung sprachlicher Probleme entwickelt, die weder beim empfohlen Zeitpunkt der Untersuchung noch bei den Zielgruppen oder den anschließenden Förderprogrammen übereinstimmen. Und neben diesen verschiedenen gesetzlichen Regelungen existiert mittlerweile eine unüberschaubare Fülle an Materialsammlungen, Sprachlernprogrammen, Spielen und Apps zur Sprachförderung, die ebenfalls differenten Konzepten für unterschiedliche Zielgruppen folgen.

Da den Überblick zu behalten, fällt nicht leicht – aber das vorliegende Lehrbuch versucht das auch gar nicht. Vielmehr werden die grundlegenden Prinzipien erläutert, mit denen eine Sprachförderung gelingen kann:

- Basiswissen über Sprache und Sprechenlernen
- Grundlagen der alltagsintegrierten Sprachförderung
- Alltagsnahe Praxis und Übungen zur Beobachtung, Beschreibung und Förderung von Sprachentwicklung
- Sprachförderung mit bildungsbenachteiligten Kindern, mit Menschen mit Behinderungen und mit mehrsprachig aufwachsenden Kindern

Eine funktionierende Sprachförderung muss die individuellen Sprachlernbedürfnisse und -bedingungen berücksichtigen. Sie muss kindbezogen und im pädagogischen Alltag umsetzbar sein, soll aber eben nicht „mit der Gießkanne" als undifferenziertes Angebot für alle stattfinden. Dieses Lehrbuch soll dazu befähigen, die individuellen Sprachlernvoraussetzungen zu erkennen und gezielte Fördermaßnahmen für einzelne Kinder oder Kindergruppen abzuleiten.

Mit der fünften Auflage wurden vor allem aktuelle Literatur- und Internetquellen ergänzt, mit deren Hilfe die Lernenden sich weiteres Hintergrundwissen und praktische Umsetzungshilfen erschließen können. Bei der Beschreibung von Verfahren zur Sprachstandserhebung oder Sprachförderung wurden exemplarisch einige ausgewählt, die bundesweit eingesetzt werden und mit denen die Prinzipien der Beobachtung und Förderung gut erläutert werden können, ohne einen Anspruch auf Vollständigkeit zu erheben.

Ich wünsche den Lernenden und Lehrenden, die mit diesem Buch arbeiten, viele praxisnahe Anregungen, damit sich die Sprachförderung als lohnenswertes und machbares Ziel im professionellen Handeln verankert.

Dr. Claudia Iven

Einleitung

Sprachentwicklung und Sprachförderung – diese Themen sind aus dem Alltag von pädagogischen Einrichtungen nicht mehr wegzudenken, und zwar aus mehreren Gründen: Zum einen stellt die Sprache ein wesentliches menschliches Kommunikationsmittel dar, das dort, wo es nur unvollständig zur Verfügung steht, zu schwerwiegenden Behinderungen und Beeinträchtigungen der sozialen Teilhabe führt.
Zum anderen ist die Sprachförderung von Kindern mit Migrationshintergrund oder aus anregungsarmen sozialen Verhältnissen traditionell ein ständig präsentes Handlungsfeld im Berufsalltag von Erzieherinnen[1], mit dem die größtmögliche sprachliche Sicherheit der betreuten Kinder erreicht werden soll.

Vor allem in der pädagogischen Betreuung von sehr jungen Kindern in U3-Gruppen hat die Sprachförderung einen zentralen Stellenwert: Im Alter bis zu drei Jahren geschehen die wesentlichen Schritte der Sprachentwicklung und die pädagogischen Fachkräfte müssen in der Lage sein, den natürlichen Spracherwerbsprozess im Kita-Alltag zu unterstützen. Außerdem müssen sie Entwicklungsprobleme erkennen können und fachgerecht damit umgehen, z. B. durch passende Förderangebote oder indem sie eine Sprachtherapeutin oder einen Sprachtherapeuten hinzuziehen.
Und schließlich steht die Sprachförderung auch im Mittelpunkt des öffentlichen Interesses: An der Qualität und den Wirkungen der Sprachförderung wird oftmals der Erfolg einer gesamten Fördermaßnahme gemessen. Am sprachlichen und kommunikativen Förderbedarf von behinderten oder sprachentwicklungsverzögerten Menschen oder ausländischen Mitbürgern orientieren sich umfangreiche Förder- und Integrationsprogramme.

Die Ziele einer pädagogischen, alltagsintegrierten Sprachförderung in der Lebenswelt von Kindern und Jugendlichen sind also zweigeteilt: Einerseits wird angestrebt, Kindern im Rahmen ihrer normalen Entwicklung im Kleinkind-, Vorschul- und Schulalter möglichst optimale Sprachlernbedingungen zur Verfügung zu stellen. Andererseits wird bezweckt, in einem ganzheitlichen Unterstützungsrahmen die sprachliche und kommunikative Handlungsfähigkeit von Menschen zu erweitern, die aufgrund ihrer Sprachlernfähigkeiten, sozialer Bedingungen oder einer grundlegenden Behinderung in ihren Ausdrucksfähigkeiten beeinträchtigt sind. Somit spannt sich ein weiter Bogen von der frühen Sprachförderung junger Kinder über Maßnahmen zur sprachlichen Unterstützung von sprachentwicklungsgestörten Kindern bis hin zur Zusammenarbeit mit Sprachtherapeutinnen und anderen Fachberufen, wenn komplexe Behinderungen vorliegen.

---

[1] *Um die Lesbarkeit des Textes nicht unnötig zu erschweren, wird auf umständliche Formulierungen wie ErzieherInnen oder Erzieher/-innen verzichtet. Es wird in der Regel die weibliche Form verwendet, weil es sich in den meisten Fällen um Schülerinnen und weibliche Berufstätige handelt. Selbstverständlich sind dabei immer alle Geschlechter angesprochen.*

Das vorliegende Buch hat zum Ziel, in berufsfeldbezogener und praxisorientierter Weise die Grundlagen des Sprachsystems und des Sprechenlernens, der Sprachstörungen und der Sprachförderung zu vermitteln. Dazu werden die theoretischen Ausführungen durch Beobachtungs- und Selbsterfahrungsaufgaben sowie Übungen zur Durchführung von Fördermaßnahmen und Projekten ergänzt, sodass sowohl die nötigen theoretischen Kenntnisse als auch die praktischen Fähigkeiten zur Sprachförderung erworben werden.

Die in allen Kapiteln enthaltenen Aufgabenstellungen und Übungen sind so gestaltet, dass sie die theoretischen Grundlagen durch praxisbezogene Anregungen sinnvoll ergänzen.

Jedes Kapitel beginnt mit einer Lernsituation, die den Einstieg in das Thema erleichtert. Mithilfe der dort gestellten Aufgaben werden die theoretischen und praktischen Darstellungen eingeleitet und eine persönliche Auseinandersetzung mit den Themen gefördert.
Die Kapitel sind nicht immer einem einzigen Lernfeld zuzuordnen, sondern behandeln die Themenbereiche teilweise lernfeldübergreifend. Folgende Zuordnung ist sinnvoll:

Lernfeld	Lernfeldbeschreibung mit Bezug zur Sprache	Kapitel
1	Kinder und Jugendliche in ihrer Lebenswelt verstehen und Beziehungen zu ihnen entwickeln: Sprache und Sprachentwicklung verstehen	1, 2, 6, 7
2	Gruppenpädagogisch handeln und soziales Lernen fördern: alltagsintegrierte pädagogische Sprachförderung	3, 5, 7
3	Entwicklungs- und Bildungsprozesse unterstützen: Sprachentwicklung fördern, Schriftspracherwerb vorbereiten	3, 5, 6, 7, 8
4	Professionell in sozialpädagogischen Einrichtungen arbeiten: professionell handeln bei Sprach(entwicklungs)störungen	4, 8, 9

Das Zusatzmaterial im Internet enthält vielfältige Arbeitsmaterialien, ergänzende Texte, Fallbeispiele und Übungen, mit denen die Beobachtungs- und Förderkompetenzen eingeübt und erweitert werden können. Zudem finden Sie dort ein Glossar, in dem Sie weitergehende Erklärungen und Definitionen finden.

Dieses Buch wendet sich auch an die in der Praxis tätigen Fachkräfte, die ihre theoretischen Kenntnisse aktualisieren und ihre Berufspraxis durch neue Anregungen zur pädagogischen Sprachförderung bereichern möchten.

Über die Autorin:
Dr. Claudia Iven ist Diplom-Sprachheilpädagogin und akademische Sprachtherapeutin. Nach einigen Jahren der Tätigkeit in sprachtherapeutischen Praxen wechselte sie an die Universität zu Köln in den Studiengang Sprachheilpädagogik. Anschließend leitete sie mehrere Jahre den Studiengang Logopädie an der Hochschule Fresenius in Idstein/Taunus. Sie ist derzeit als freiberufliche Fortbildungsreferentin, Supervisorin, Autorin und Herausgeberin tätig.

1 Sprache und Kommunikation: Eine Einführung

In diesem Kapitel werden folgende Kompetenzen erworben:

- Sprachwissenschaftliche Grundkenntnisse über die Begriffe „Sprache" und „Sprechen" sowie die unterschiedlichen Sprachebenen
- Wissen über die Bedeutung des Sprechens für die menschliche Kommunikation
- Theoretische und praktische Kenntnisse zu den Funktionskreisen des Sprechens
- Theoretische und praktische Kenntnisse zu Kommunikationsprozessen

Die Inhalte dieses Kapitels sind dem **Lernfeld 1** zuzuordnen.
Im Mittelpunkt steht das Verständnis für Sprache und Kommunikation in ihrer Bedeutung für die soziale Teilhabe von Kindern an ihrem Alltag.

1.1 Begriffsklärung „Sprache“ und „Sprechen“

Dem sprachlichen Handeln von Menschen liegt ein komplexes System von Sprach-, Sprech- und Kommunikationsregeln zugrunde. Als Fachdisziplin befasst sich die Sprachwissenschaft bzw. Linguistik mit diesen Regeln und mit dem sprachlichen Material, mit dem sie in hörbares Sprechen umgesetzt werden. In diesem Kapitel werden die grundlegenden Erklärungen zu den Regeln der Sprache, den Vorgängen des Sprechens und den Grundstrukturen menschlicher Kommunikation zusammengefasst.

Als Einleitung sollen die folgenden Beispiele eine Lernsituation verdeutlichen, wie sie für Kinder typisch ist: Kinder müssen in der Lage sein, der Umgebungssprache die für den Spracherwerb nötigen Regeln zu entnehmen. Die Lernbeispiele geben Hinweise auf die Komplexität sprachlicher Regeln, die wir als erwachsene, routinierte Sprecher im Alltag anwenden, die wir aber oft gar nicht bewusst kennen oder erklären können.

Lernsituation zum Einstieg in das Thema

Die Regeln der Aussprache und Grammatik stehen erwachsenen Sprechern völlig automatisch und unbewusst zur Verfügung. Beim Sprechen müssen sie sich deshalb über die folgenden Fragestellungen keine Gedanken machen:

» *Spricht man das /ch/ in „Buch“ genau so aus wie in „Bücher“?*

» *Heißt die Mehrzahl von „Hund“, das wie /hunt/ gesprochen wird, „Hunte“? Oder etwa „Hünder“ wie in „Mund – Münder“?*

» *Heißt die Mehrzahl von „Haus“ „Häuse“, weil die Mehrzahl von „Maus“ ja auch „Mäuse“ heißt?*

» *Heißt die Vergangenheitsform von „gehen“ „gand“, so wie beim Verb „stehen“ die Vergangenheitsform „stand“ lautet?*

Kinder bauen ihr Sprachsystem nicht einfach aus einzelnen Vokabeln oder Sätzen auf, sondern indem sie wiederkehrende Muster erkennen: Sie suchen und finden die Regelmäßigkeiten, die ihre Muttersprache kennzeichnen. Beim Erwerb grammatischer Regeln orientieren Kinder sich oft an ganz bestimmten Merkmalen des Ursprungswortes. Die folgende Tabelle gibt einige Beispiele für die Bildung von Vergangenheitsformen mit Partizipbildung:

ge-antwortet	ge-arbeitet	ge-malt	ge-schaukelt
ge-boxt	ge-schenkt	ge-rasselt	ge-sucht
demonstriert	behindert	versucht	bedient
bewegt	serviert	zerstört	telefoniert

Aufgabe

Bitte versuchen Sie herauszufinden, nach welchen Regeln das Partizip einmal mit, einmal ohne die Vorsilbe „ge-“ gebildet wird: Warum heißt es „Er hat gearbeitet“, aber „Er hat serviert“? Warum ist „Er hat gedemonstriert“ falsch? Bilden Sie eine Hypothese, nach der sich die Verwendung von „ge-“ richtet. Die Lösungen finden Sie im Zusatzmaterial im Internet.

Web

Auch beim Lesen und Schreiben verfügen erwachsene Personen über erstaunliche Routine beim Entschlüsseln von Nachrichten.

» Esistmöglichganzetextezuverstehenohnedassdiewörtervoneinanderabgegrenztoder mitderrichtigengroßundkleinschreibungodersatzzeichenversehensind.

» Mn knn gnz Txt lsn nd vrsthn hn dss drn Vkl nthltn snd.

» Freschor heban hauers gnedefun, dsas es milcgöh ist, Wrtöer zu lseen, dreen Bastechubn vilölg vtuerschat snid, wnen nur der etsre und der lztee Bbchstaue am reitchgin Ptalz sheetn.

» Ganz so eaicfnh ist das aebr nhict, wnen die bdffnrteeen Tgpsstxaaeen keeiioplmtzr und ichllntaih aaettkrsbr weedrn oedr die Babceehinnorrssttuug im Wrot aabcehilpsth efglort.

» Sogar das geht noch zu „übersetzen“: Ein Lerk von tawe schwanzundeszig Jenahr etaht einen ßorgen luabne Thu an, der anstelle des Sandeb mit reine Dorkel stechmückg war. Um seiden Thu tristt er hics mit einem Harfgast der Hanb-S, den er beluschdigte, ihn achbistlich anzutosßen. Der Lerk wraf den Harfgast aus der Hanb und rüstetz sich auf sesend reifen Latzp.

Aufgabe

Web

Die Auflösungen für die obigen Beispiele von „Durcheinander“ finden Sie im Zusatzmaterial im Internet, aber probieren Sie es zuerst einmal selbst!

Richtig schwierig wird es allerdings, wenn nicht mehr Buchstaben-Kombinationen, sondern Symbole für Laute stehen wie im folgenden Beispiel:

Die Symbolfolge ➢ ϒ)(● ✧ steht für das Wort „Rüssel“. Mit diesem Wissen können Sie herausfinden, welche der auf der nächsten Seite folgenden Symbolfolgen für welches Wort steht. Nummerieren Sie das passende Wort mit der Nummer der entsprechenden Symbolfolge.

Achtung: Die Symbole stehen für Laute, nicht für Buchstaben!

Symbolfolge	passt zu Wort-Nr.:	Wort
➢ ♈ ♓ ● ✧		1 Handschuh
✦ □ ♓ ●		2 Kuhle
❍ ♌		3 Kasse
✩ ♌ ✧ ●		4 Rüssel
♎ □ ✓ ℘ ❍ ♌		5 Tasse
✩ □ ♓ ●		6 Schuh

TIPP

Web

Auch die Auflösung für diese Aufgabe finden Sie im Zusatzmaterial im Internet.

Zur Lösung all dieser Aufgaben greifen Sie auf unbewusstes Wissen über Wörter, Silben, Laute, Sprach- und Sprechregeln, Schreib- und Leseregeln usw. zurück. Sie nutzen Ihr Sprachgefühl, das Sie im Laufe des eigenen Spracherwerbs aufgebaut haben. Genauso mühsam, wie Sie vielleicht bei der Bearbeitung der Aufgaben absichtlich und bewusst auf Ihr Regelwissen zugreifen mussten, müssen Kinder sich ihr Regelwissen erst aus der Umgebungssprache aufbauen.

Durch die Lösung der oben stehenden Aufgaben wird deutlich, dass jeder sprach- und schriftkundige Mensch über verinnerlichte Regeln verfügt, die es ermöglichen, sprachliche Äußerungen in mündlicher oder schriftlicher Form zu verstehen. Hierbei wird auf bekannte Strukturen zurückgegriffen, die dabei helfen, auch unbekannte und komplizierte Strukturen zu erkennen. Im weiteren Verlauf dieses Kapitels wird verdeutlicht, welche grundlegenden Regeln für den Gebrauch von Sprache nötig sind, wie dieser Sprachgebrauch funktioniert und wie all dies in der Kommunikation angewendet wird.

1.1.1 Sprachwissenschaftliche Grundlagen

Über sprachliche und kommunikative Regeln zu verfügen und diese in Sprechbewegungen umsetzen und verstehen zu können, ist nicht nur deshalb bedeutsam, weil diese Fähigkeiten den Menschen von allen anderen Tieren unterscheiden. Sie sind auch deshalb wichtig, weil sie direkt oder indirekt den vielschichtigen Aufbau der menschlichen Gemeinschaft ermöglichen. Sie tragen dazu bei, dass sich Menschen miteinander über Vorhaben, Beweggründe, Erfahrungen, Wünsche und Ziele verständigen können und legen so den Grundstock zu einem einvernehmlichen, verlässlichen Zusammenleben. Mit der Sprache geben wir Auskunft über uns, unsere Sichtweisen und Gedanken, und mithilfe der Sprache können wir uns die Sichtweisen der anderen erschließen.

Allen Menschen, die ihre Sprach-, Sprech- und Kommunikationsfähigkeiten im Kindesalter automatisch aufgebaut haben, erscheint die Sprache als eine Selbstverständlichkeit, und sie meinen genau zu wissen, was mit Sprache gemeint ist. Dabei sind schon die Begriffe „Sprache" und „Sprechen" nicht so eindeutig, wie man auf den ersten Blick denken könnte. Alleine schon der Satz „Peter spricht deutsch“ kann auf mindestens zwei Arten ausgelegt werden:

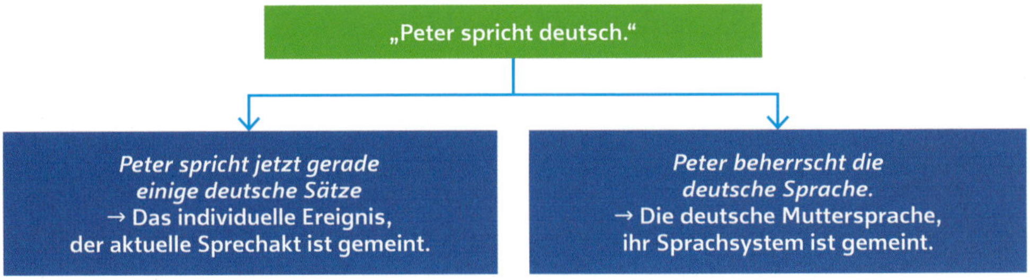

Mehrdeutigkeit des Begriffs „Sprechen“

Nicht nur der Sprachbegriff als solcher, sondern auch andere sprachliche Zeichen sind mehrdeutig. Ein klassisches Beispiel dafür, dass nicht immer dasselbe gemeint ist, wenn man den gleichen Begriff verwendet, ist das „Teekesselchen“-Prinzip:

- Schloss: Türschloss oder Königsschloss?
- Maus: Tier oder Computerzubehör?
- Flügel: großes Klavier, Teil der Nase oder Schwinge des Vogels?

In diesen Beispielen erschließt sich die genaue Bedeutung erst über den Sinnzusammenhang, in dem die Begriffe verwendet werden. Aber auch bei scheinbar eindeutigen Begriffen gibt es eine Vielzahl möglicher Bedeutungen, die vor allem durch die individuellen Interpretationen der Begriffe entstehen.

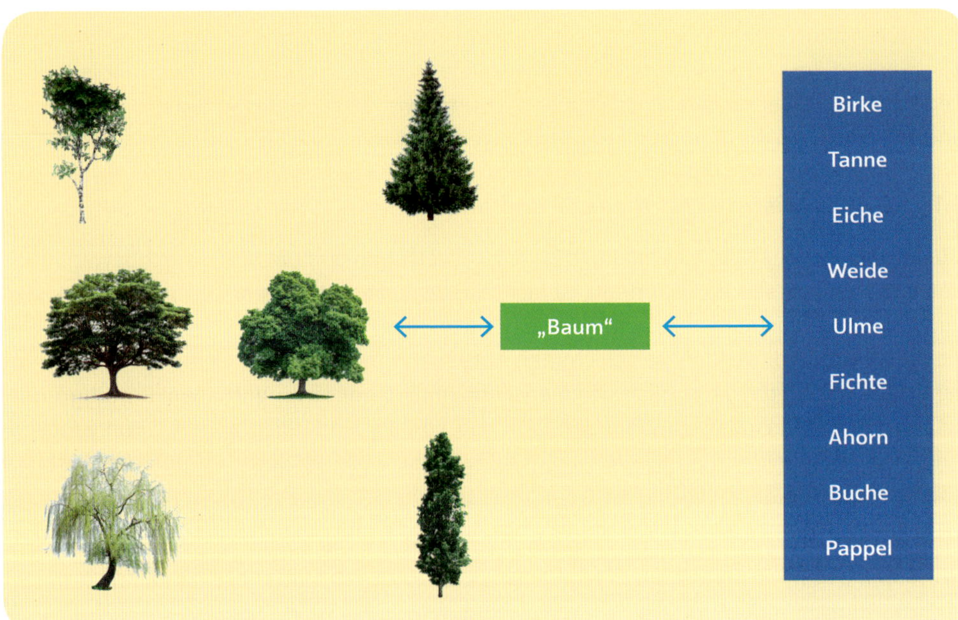

Mehrdeutigkeit des sprachlichen Zeichens „Baum“

Innerhalb der Sprache kann ein Zeichen, hier das Wort „Baum“, für verschiedene wahrgenommene Wirklichkeiten stehen: Unter dem Wort „Baum“ stellt sich jeder eine andere Form oder Größe vor und jeder hat eine individuelle Vorstellung davon, was mit dem Begriff „Baum“ gemeint sein könnte. Diese individuellen Vorstellungen haben jedoch gemeinsame Merkmale, beim Baum z. B. den Stamm, eine gewisse Größe, Äste usw., sodass es möglich ist, mit einem gemeinsamen Begriff eine Vielzahl von gemeinten Objekten zu bezeichnen. Das Wort „Baum“ kann daher auch als Oberbegriff für eine Menge an unterschiedlichen Baumarten dienen. Viele verschiedene Bedeutungen können also zu einem Begriff zusammengefasst werden, d. h., ein Begriff kann für viele verschiedene Bedeutungen stehen: Die rein sprachliche Nachricht ist demnach nicht immer eindeutig.

Allen menschlichen Sprachen ist gemeinsam, dass sie aus Zeichen bestehen, auf die sich die Sprechergemeinschaft geeinigt hat und die von Generation zu Generation weitergegeben werden. Sprachliche Zeichen bestehen dabei immer aus zwei Teilen: einem Zeichenkörper und einem Zeicheninhalt.

» **Zeichenkörper** meint die Lautfolge der Verbalsprache oder die Buchstabenfolge der Schriftsprache, mit der ein Gegenstand, eine Person, eine Handlung usw. bezeichnet wird. Das Wort „Baum“ besteht also aus dem Zeichenkörper b+a+u+m.

» **Zeicheninhalt** meint die Bedeutung des Zeichens, also das, was bezeichnet wird. Der Zeicheninhalt des Wortes „Baum“ besteht in der Vorstellung einer großen Pflanze mit Stamm und Ästen. Der Zeicheninhalt wird sowohl von jedem Sprecher individuell festgelegt als auch als übergeordnete Bedeutung von der Sprechergemeinschaft definiert.

Sprachliche Zeichen haben Symbolcharakter, d. h., sie verweisen auf eine Bedeutung. Jedes Wort (= Zeichenkörper) verweist auf ein Objekt, eine Person, eine Handlung, eine Qualität usw. (= Zeicheninhalt).

Der Sprachwissenschaftler Ferdinand de Saussure (1857–1913) hat als einer der Ersten zu Beginn des 20. Jahrhunderts versucht, der Mehrdeutigkeit der sprachlichen Zeichen eine gewisse Logik zu verleihen und die verschiedenen Erscheinungsformen der Sprache systematisch zu ordnen. In seiner allgemeinen Theorie der Sprache wird die Untersuchung von Sprache, verstanden als ein abstraktes und überindividuelles System von Zeichen (auf Französisch: langue), als bedeutsames Ziel der Sprachwissenschaft definiert. Sprache wird so vom Sprechen (auf Französisch: parole) getrennt betrachtet und kann von diesem unabhängig untersucht werden. Das von de Saussure eingeführte zweigeteilte System zum Verständnis von Sprache und Sprechen hat nach wie vor Gültigkeit:

Erscheinungsformen der Sprache nach de Saussure

„Langue“ (Sprache)	„Parole“ (Sprechen)
• Englisch: „language“	• Englisch: „speech“
• meint das Sprachsystem, die Muttersprache mit ihren Regeln	• meint den konkreten Sprechvollzug, den Sprechakt, das Sprechhandeln
• beinhaltet die Sprachregeln, z. B. die Grammatik	• beinhaltet die Sprechregeln, z. B. die Lautbildung

„Langue“ (Sprache)	„Parole“ (Sprechen)
• bezieht sich auf den Zeicheninhalt	• bezieht sich auf den Zeichenkörper
• meint die sprachliche *Kompetenz* eines Sprechers, die Regeln der Muttersprache anzuwenden	• meint die *Performanz* eines Sprechers, der die Laut-, Wort- und Satzbildung ausführt

■ ***Die beiden Ebenen der Kompetenz und der Performanz, also der Regelbeherrschung und der Regelanwendung, liegen der begrifflichen Unterteilung von Sprache und Sprechen zugrunde: Sprache meint das Regelsystem, Sprechen dessen Anwendung.***

1.1.2 Die vier Sprachebenen

Das Sprachsystem wird allgemein in vier linguistische Ebenen unterteilt, die alle Elemente der Sprache und des Sprechens umfassen:

1. phonetisch-phonologische Ebene
2. morphologisch-syntaktische Ebene
3. semantisch-lexikalische Ebene
4. pragmatisch-kommunikative Ebene

Die **phonetisch-phonologische Ebene** befasst sich mit der Erzeugung der Sprachlaute (Phonetik) und der Lehre von den Lautbildungsregeln (Phonologie).
Die **Phonetik** beschäftigt sich mit den Eigenschaften des Sprechschalls und der Sprechbewegungen, also mit den kleinsten unterscheidbaren Einheiten des Sprechens, den einzelnen Lauten.
Die **Phonologie** beschäftigt sich mit dem abstrakten Regelsystem, das der Lautbildung zugrunde liegt, und der Funktion der Laute für die Bedeutungsunterscheidung. So sind die Laute /a/ und /ie/ in „Rasen“ und „Riesen“ bedeutungsunterscheidend. Die Art der Lautbildung beim /R/, also, ob es rollend oder nicht rollend gesprochen wird, ist keine phonologische, sondern eine phonetische Frage. Ein Bedeutungsunterschied ergibt sich aus den verschiedenen Möglichkeiten, das /R/ auszusprechen, nicht.

Die **morphologisch-syntaktische** Ebene befasst sich mit dem grammatischen Aufbau der Sprache, und zwar hinsichtlich der Wortform (Morphologie) und der Satzstruktur (Syntax).
Die **Morphologie** beschäftigt sich mit der inneren Struktur der Wörter und der bedeutungstragenden Funktion dieser Struktur. So macht z. B. das Pluralmorphem /-n/ deutlich, dass ein Wort die Mehrzahl bezeichnet, wie bei „Hase/Hasen“.
Die **Syntax** ist die Lehre von der Anordnung der Wörter zu größeren Einheiten, also zu Wortgruppen aus z. B. Artikel, Adjektiv und Nomen, wie in „das blaue Auto“, zu Phrasen oder zu Sätzen, weshalb die Syntax auch als „Satzbaulehre“ bezeichnet wird.

Die **semantisch-lexikalische** Ebene befasst sich mit den Wortbedeutungen (Semantik) und dem Wortschatzaufbau (Lexikon).
Die **Semantik** beschäftigt sich mit der Organisation von Wortbedeutungen, z. B. in den Kategorien von Gegensatz (Hund – Katze), Ähnlichkeiten (bellen – kläffen), Überordnungen (Hund – Dackel), Gleichordnungen (Dackel – Pudel) oder Unterbegriffen (Pudel – Hund – Säugetier).

Das **Lexikon** beschreibt den Aufbau und Abruf des aktiven und passiven Wortschatzes, über den ein Mensch verfügt. Im mentalen Lexikon sind individuelle Wortbedeutungen, phonetische Pläne der Wörter, grammatische Funktionen und semantische Merkmale gespeichert.

Die **pragmatisch-kommunikative** Ebene befasst sich mit der Anwendung von sprachlichen Regeln im Interaktionszusammenhang.
Die **Pragmatik** beschäftigt sich mit dem Sprachgebrauch im Rahmen zielgerichteter Handlungen, z. B. mit der Anpassung von Stimmlage und Wortwahl an den Gesprächspartner, an aktuelle Stimmungen oder an die Situationsanforderungen.
Die **Kommunikationslehre** beschäftigt sich mit den Regeln der sogenannten Sprechakte. Hierbei wird analysiert, nach welchen Regeln z. B. Dialoge, Sprecherwechsel oder Sprechbeginn organisiert werden.

Die Trennung dieser vier Sprachebenen ist rein theoretisch: Im tatsächlichen Sprachgebrauch werden immer alle vier Kompetenz- und Performanzebenen gleichzeitig aktiviert. Sobald wir sprechen,

» tun wir dies mit bestimmten Zielen und Absichten, mit Bezug auf einen Kommunikationspartner (Pragmatik und Kommunikation);

» suchen wir Wörter in unserem Wortschatz nach ihren Bedeutungen aus (Semantik und Lexikon);

» bilden wir Wörter und Sätze nach grammatischen Regeln (Morphologie und Syntax);

» rufen wir eine Sprechbewegung nach der anderen ab, so wie die Lautbildungsregeln es vorsehen (Phonetik und Phonologie).

LESE-TIPP

Wenn Sie sich für weitergehende Informationen zu den linguistischen Grundlagen von Sprache, Sprechen und Kommunikation interessieren, sind folgende Literaturquellen empfehlenswert:

📖 Buttaroni, Susanne: Wie Sprache funktioniert. Einführung in die Linguistik für Pädagoginnen und Pädagogen. Hohengehren, Schneider Verlag, 2011

📖 Lüdeling, Anke: Grundkurs Sprachwissenschaft. Stuttgart, Ernst Klett Verlag, 2013

1.2 Bedeutung der Sprachfähigkeit für die menschliche Kommunikation

Sprache und Sprechen haben für die Menschen nicht nur die Funktion, Informationen weiterzugeben. Die sozial-kommunikative Bedeutung der Sprache reicht weit über die Verständigung über Fakten hinaus: Die Sprache ist eine bedeutende Basis des Menschseins und ein wichtiger menschlicher Kulturträger. Mit der Sprache können wir alle unsere aktuellen, vergangenen und zukünftigen Handlungen beschreiben und somit verhilft sie uns dazu, Geschichte zu bewahren, Erfahrungen weiterzugeben, zu lernen und die Zukunft zu gestalten.

1.2.1 Die soziale Funktion von Sprache und Kommunikation

Sich sprachlich verständigen zu können ist eine wichtige Basis des menschlichen Zusammenlebens. Durch die Vereinbarung mündlicher und schriftlicher sprachlicher Zeichen ist es möglich, sich abzusprechen, Regeln des Miteinanders zu formulieren und Abweichungen von ihnen zu definieren. Mit der Sprache können sich Menschen aber auch über Zeit und Raum hinwegsetzen: Sie können Vergangenes bewahren und Zukünftiges vorwegnehmen, sie können aufgrund gemachter Erfahrungen neue Pläne entwerfen. Die menschliche Sprache hat also sowohl eine soziale als auch eine kulturelle Funktion: Sie ermöglicht die Verständigung über soziale Regeln, die Bildung und Weitergabe von Traditionen und die kreative Gestaltung der Zukunft. Dabei hat auch die Entwicklung der unterschiedlichen Schriftsprachsysteme eine entscheidende Rolle gespielt. Allen Schriften ist gemeinsam, dass sie eine Nachricht unvergänglich aufbewahren können, dass sie von den Schreibern jederzeit wiederhergestellt werden können und dass sie auch ohne direkten Kommunikationspartner sinnvoll genutzt werden können. Das ist unabhängig davon, ob mit lateinischen, arabischen, kyrillischen oder sonstigen Buchstaben geschrieben wird oder ob man chinesische Schriftzeichen oder ägyptische Hieroglyphen verwendet.

Sprache hat jedoch nicht nur für das Miteinander der Menschen eine große Bedeutung, sondern auch als individuelles Merkmal. In unserer außerordentlich kommunikationsorientierten Welt werden Menschen immer auch nach dem Grad ihrer Sprachbeherrschung beurteilt. Unsere Art zu sprechen zeigt den Zuhörern nicht nur, woher wir kommen und zu welcher Gesellschaft wir gehören, sondern auch, „wes' Geistes Kind" wir sind. Die Art zu sprechen wirkt sich intensiv auf die Beurteilung des Sprechercharakters aus:

„Zeig mir, wie du sprichst, und ich sage dir, wer du bist."

Wir weisen einem Sprecher bewusst oder unbewusst Eigenschaften zu, je nach der Art seines Sprechverhaltens:

» Wer sich gut ausdrücken kann, wer mündlich und schriftlich sprachgewandt ist, wer frei sprechen und argumentieren kann, wird für klug, weltgewandt, erfahren und erfolgreich gehalten.

- Jemand, der zögernd, stockend und in kurzen Sätzen nur das Nötigste spricht, wird für verschlossen und einfach denkend gehalten.
- Jemand, der starken Dialekt spricht, wird für unerfahren und naiv gehalten.
- Jemand, der andere anschreit, anstatt ruhig zu diskutieren, wird für wenig sprachgewandt und für hilflos gehalten.
- Kinder, die Lese-Rechtschreib-Schwächen haben, werden für insgesamt lern- und leistungsschwach gehalten.
- Menschen mit Sprachstörungen, wie z.B. Stottern, werden für dumm oder gehemmt gehalten.

Diese Vorurteile und Eigenschaftszuschreibungen entstehen aus der sehr engen Verknüpfung von Stimme und Stimmung, von Sprache und Person. Die Stimmlage, die Sprechmelodie, die begleitende Gestik und Mimik und der gesprochene Text werden von uns immer im Hinblick auf die sprechende Person interpretiert: Was sagt sie über sich, über uns, über unser Verhältnis zueinander? Diese Interpretation der „Hintergrundinformationen“ ist wichtig, um sich in der Kommunikation gut auf den Partner einstellen zu können.

Mimik und Gestik sagen „mehr als tausend Worte“.

Die Fähigkeit zur Interpretation der nicht-sprachlichen, d.h. der nonverbalen Kommunikationssignale steht uns automatisch zur Verfügung, weil wir seit frühester Kindheit gelernt haben, die Kommunikation auf vielen Ebenen zu deuten. Bereits Säuglinge können am Tonfall und Gesichtsausdruck erkennen, was der Kommunikationspartner meint, und dies stellt eine wichtige Voraussetzung für die vorsprachliche Kommunikation zwischen Kind und Eltern dar. Diese früh erworbene Fähigkeit geht uns nicht mehr verloren und hilft in vielen Situationen beim Deuten dessen, was der Sprecher eigentlich meint, wie die folgenden Beispiele zeigen.

Beispiele

- Die Stimmlage des Sprechers lässt immer auch Rückschlüsse auf seine emotionale Befindlichkeit zu. Wir können z. B. am Telefon hören, ob unser Kommunikationspartner fröhlich, traurig, ärgerlich oder gelangweilt ist.
- Am Sprechtempo erkennen wir, ob jemand ruhig und entspannt oder aufgeregt ist.
- An der Sprechmelodie und der Lautfärbung erkennen wir, ob jemand aus Nord- oder Süddeutschland stammt, auch wenn Wortwahl und Grammatik identisch sind.
- Wir sind irritiert, wenn uns jemand mit lachendem Gesicht verkündet, dass er oder sie deprimiert sei.
- Wir sind ebenfalls irritiert, wenn uns jemand mit Tränen in den Augen mitteilt, dass es ihr oder ihm richtig gut gehe.

Die sogenannten nonverbalen Anteile der Nachricht, die wir in der Kommunikation immer mit übermitteln, tragen also erheblich zur Art der Interpretation bei. Diese nonverbale Seite der Kommunikation ist sehr zuverlässig: Da z. B. der Stimmklang, das Sprechtempo und die Mimik nur sehr schwer über längere Zeit willentlich beeinflussbar sind, drücken wir auf der nonverbalen Ebene oft echter und direkter aus, wie es uns geht. Am Stimm-, Körper- und Sprachausdruck erkennen wir leichter als am gesprochenen Wort, ob unser Gegenüber es ehrlich mit uns meint, und wir ziehen Rückschlüsse auf die Gesamtpersönlichkeit. Aus der Erfahrung heraus halten wir die nonverbalen Aspekte der Kommunikation für zuverlässig, und daher sind wir uns unseres (Vor-)Urteils meist sehr sicher.

Menschen, die aufgrund von Sprach-, Sprech- und Kommunikationsstörungen nicht den Erwartungen entsprechen, werden aufgrund ihrer eingeschränkten sprachlichen Möglichkeiten oft auf vielen Ebenen für inkompetent gehalten.

Aufgaben

Bitte bilden Sie Dreiergruppen und wählen Sie einen einfachen Lesetext von ungefähr 20 Zeilen aus.

1. *Eine Partnerin liest den Text mit sehr leiser Stimme (aber nicht flüsternd), langsam und mit vielen deutlichen Pausen vor. Die Zuhörerinnen geben anschließend eine Rückmeldung darüber, wie sie die Gefühlslage der Sprecherin einschätzen.*
2. *Tauschen Sie die Rollen: Nun liest eine andere Partnerin den Text mit kräftiger, ausdrucksstarker Stimme in flottem Tempo vor. Es erfolgt wieder eine Rückmeldung der Zuhörerinnen über den emotionalen Eindruck, den die Sprecherin macht.*
3. *Besprechen Sie, worin sich Gestik, Mimik, Körperhaltung, Atmung, Blickbewegungen usw. der beiden Vorleserinnen unterschieden haben. Füllen Sie mit Ihren Antworten die Tabelle im Zusatzmaterial im Internet aus.* Web
4. *Welche Erkenntnisse in Bezug auf die nonverbalen Kommunikationssignale haben Sie durch diese Übung gewonnen? Bitte halten Sie diese schriftlich fest.*

1.2.2 Die Möglichkeiten der nonverbalen Kommunikation

Wie im vorangegangenen Kapitel deutlich wurde, wird das Sprechen immer von nonverbalen Kommunikationssignalen begleitet. Nonverbale Kommunikationsanteile bestehen z. B. aus den sogenannten prosodischen Merkmalen: Stimmklang, Betonung, Sprechtempo oder Pausensetzung, aber auch Körperhaltung, gestisch-mimische Signale und vieles mehr sind wichtige Informationskanäle, um das Gesagte genau verstehen zu können. Ein Beispiel dafür, wie wichtig die Prosodie für das Sprachverständnis ist, findet sich in einem alten jüdischen Witz:

Frage:
Was ist Konsequenz?

Antwort:
Heute so, ***morgen*** so!

Frage:
Und was ist Inkonsequenz?

Antwort:
Heute ***so,*** morgen ***so!***

Durch eine unterschiedliche Betonung kommt bei gleichem Wortmaterial eine völlig andere Bedeutung zustande. Die Prosodie trägt dazu bei, die Absichten und Ziele des Sprechers zu verdeutlichen.

Kommunikation ist dabei nicht auf Sprechfähigkeiten angewiesen. Um über die Sprache hinaus oder auch ganz ohne Sprechen kommunizieren zu können, müssen die Beteiligten allerdings über ein gemeinsames Zeichenrepertoire verfügen:

- Sie müssen beide wissen, um was es geht oder sich diese Information zumindest in kurzer Zeit erschließen können.
- Sie müssen sich über die Kommunikationsabsicht verständigen, z. B. durch Blick- oder Körperkontakt.
- Sie müssen über gemeinsames Kommunikationsmaterial verfügen, z. B. über einen Wortschatz, der aus ähnlichen oder deckungsgleichen Inhalten besteht.
- Sie müssen dialogfähig sein und den Partner unterstützen.
- Sie müssen die Kommunikationssignale des jeweils anderen deuten und verstehen können.

Kommunikation kann also sehr wohl ohne Sprechfähigkeiten auskommen, jedoch nicht ohne ein zugrunde liegendes gemeinsames Sprachverständnis und sprachliche Regeln, die für alle Kommunikationspartner gelten.

Aufgaben zur nonverbalen Kommunikation

1. *Bilden Sie Arbeitsgruppen und überlegen Sie gemeinsam, welche Verständigungsmöglichkeiten Sie haben, wenn Sie nicht sprechen dürfen.*

Web

2. *Spielen Sie das „Ohne-Worte"-Spiel, wie es im Zusatzmaterial beschrieben wird.*

3. *Diskutieren Sie Ihre Erfahrungen: Welche Voraussetzungen benötigen die Kommunikationspartner, damit die Verständigung gelingt? Was fördert, was behindert die Kommunikation?*

1.3 Die Funktionskreise des Sprechens

Damit Menschen die erforderlichen Sprechlaute erzeugen können, benötigen sie funktionsfähige Sprechwerkzeuge. Zu den anatomischen und physiologischen Grundfunktionen des Sprechens gehören drei Bereiche:

» Atmung (Respiration)

» Stimmgebung (Phonation)

» Sprechbewegung (Artikulation)

Aufgabe

Partnerübung: Stellen Sie sich einander gegenüber hin. Eine Partnerin spricht ganz langsam das Wort „Fahne": Fffffffaaaaaaaaaaahnnnnnnnnnneeeeeeee.

Als Sprecherin spüren Sie bitte Ihren Sprechbewegungen nach: Wo bewegt sich beim Sprechen etwas? Als Zuhörerin beobachten Sie bitte, wo man die Sprechbewegungen sehen kann. Bitte achten Sie beide darauf, dass für das Sprechen nicht nur der Mund bewegt wird. Berichten Sie sich gegenseitig von Ihren Beobachtungen.

Wiederholen Sie diese Übung mit vertauschten Rollen und mit dem Wort „Schokoladenpudding".

Bitte notieren Sie Ihre Selbst- und Fremdbeobachtungen.

Es gibt kein eigentliches Sprechorgan: Die an der Lautbildung beteiligten Organsysteme haben ursprünglich immer eine andere primäre Aufgabe. Diese Primärfunktionen der Organe und Organsysteme sind lebenswichtig für die Atmung und die Nahrungsaufnahme des Menschen. Als Sekundärfunktion wird mit diesen Organen aber auch der Schall erzeugt, der beim Schreien, Pfeifen, Niesen, Schnarchen, Summen, Lachen, Stöhnen, Schnalzen und anderen Äußerungsformen entsteht. Die Schallerzeugungsfähigkeit wird auch gezielt für die Produktion von Sprachlauten genutzt.

Primär- und Sekundärfunktionen der Sprechorgane

Organ(-system)	Primärfunktion	Sekundärfunktion
„Windkessel“: Lunge, Bronchien, Luftröhre	Atmung	Erzeugung der Sprechluft
Kehlkopf	Trennung von Luft- und Speiseröhre, Schutz der Luftröhre vor eindringenden Nahrungsteilen	Erzeugung des Stimmtons
„Ansatzrohr“: Rachen, Mund- und Nasenhohlräume	Nahrungsaufnahme, Kauen, Schlucken, Riechen, Schmecken, vordere Luftwege, Befeuchtung und Erwärmung der Atemluft	Sprechbewegungen und Modulation des Stimmklanges

TIPP

Im Zusatzmaterial im Internet finden Sie ein Glossar, in dem u. a. die in diesem Kapitel verwendeten sprachwissenschaftlichen Fachbegriffe erläutert werden. Weitergehende Erklärungen und Definitionen finden Sie ebenfalls im Glossar.

Web

1.3.1 Atmung

Die Lungen sind die eigentlichen Atmungsorgane, in denen der Gasaustausch stattfindet. Die Atmung stellt darüber hinaus die für das Sprechen notwendige Luft zur Verfügung und bildet somit den ersten Funktionskreis des Sprechens.
Die Lungen werden als sogenannte passive Organe bezeichnet, d. h., sie bewegen sich nicht selbstständig, sondern werden beim Einatmen für die Ausdehnung und beim Ausatmen für die Verkleinerung von verschiedenen Muskelgruppen bewegt:

» Das **Zwerchfell** senkt sich bei der Einatmung und zieht dabei die Lungenflügel nach außen und unten. Der Bauchraum wölbt sich dabei nach vorne.

» Die **Zwischenrippenmuskulatur** hebt beim Einatmen die Rippen nach oben an und zieht die Lungenflügel dabei nach oben und außen. Der Brustkorb erweitert sich.

» **Die Schulter-, Brust-, Bauch-** und **Rückenmuskulatur** wirkt bei der Einatmung unterstützend an der Volumenvergrößerung mit.

Bei der Ausatmung entspannen sich das Zwerchfell und die anderen Muskelgruppen und bewegen sich nach innen in ihre Ausgangsposition zurück. Dabei gerät die zuvor eingeatmete Luft unter Überdruck gegenüber der Außenluft, sodass sie durch die Luftröhre und Mund oder Nase nach außen abfließt. Das Volumen des Brustkorbs und der Lungen verringert sich wieder durch diesen Druckausgleich und durch die elastischen Rückstellkräfte der Muskulatur.

Aufgaben

1. *Atmen Sie im Stehen mehrfach ruhig und entspannt ein und aus. Achten Sie darauf, dass Ihre Schultern locker in den Gelenken hängen. Spüren Sie, wo überall durch die Atmung Bewegung entsteht.*
2. *Setzen Sie sich entspannt auf die Vorderkante eines Stuhls und atmen Sie erneut entspannt ein und aus. Was verändert sich in dieser Position?*
3. *Setzen Sie sich mit angezogenen Beinen auf den Boden, umschlingen Sie die Knie mit Ihren Armen. Atmen Sie ein und aus und beobachten Sie, wie die Atmung nun verläuft.*
4. *Notieren Sie Ihre Beobachtungen im Arbeitsbogen des Zusatzmaterials.*

Web

Insgesamt gehören zu den Atmungsorganen nicht nur Lungen und Muskulatur, sondern weitere Organe und Gewebe, wie die folgende Abbildung zeigt.

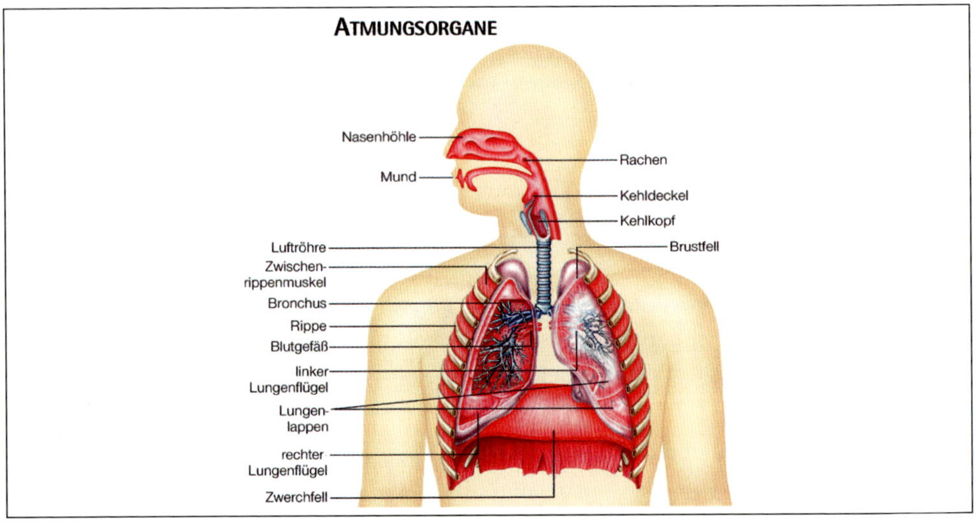

Atmungsorgane

Es gibt verschiedene Atemtypen, die nach der vorwiegenden Beteiligung der Organsysteme bezeichnet werden:

- Die **Bauchatmung** vollzieht sich vorrangig als Wechselspiel von Zwerchfell und Bauchmuskulatur. Bei der Einatmung hebt sich die Bauchdecke sichtbar an, bei der Ausatmung senkt sie sich wieder. Die Bauchatmung wird auch als „Ruheatmung" bezeichnet, weil sie der in der Entspannung vorherrschende Atemtyp ist.
- Bei der **Brustatmung** wird neben dem Zwerchfell vor allem die Muskulatur des Brustkorbes aktiviert, wobei mehr Luft in den oberen Lungenbereich einströmt. Brustbein und Schultergürtel heben sich bei der Einatmung und senken sich bei der Ausatmung. Dieser Atemtyp wird auch als „Hochatmung" bezeichnet. Die Brustatmung wird bei vermehrtem Luftbedarf eingesetzt, z. B. beim Sport.

» Die **kombinierte Atmung** wird bei normaler Belastung und auch beim Sprechen eingesetzt. Hierbei werden Bauch- und Brustatmung in zeitlicher Koordination gemeinsam genutzt, Brust- und Bauchbereiche werden weitgehend synchron eingesetzt. Die kombinierte Atmung wird als „physiologischer Atemtyp“ bezeichnet, weil die Mischung beider Typen den Regelfall darstellt.

Im Ruhezustand atmet ein Mensch ungefähr 16- bis 20-mal pro Minute ein und aus, bei körperlicher Anstrengung steigt diese Atemfrequenz stark an. Dabei ist die Ausatmungsphase normalerweise etwas länger als die Einatmung. Beim Sprechen verändern sich diese Verhältnisse: Die Sprech-Ausatmung dauert ungefähr siebenmal länger als die Sprech-Einatmung.

Bei der Ruheatmung wird pro Atemzug ungefähr ein halber Liter Luftvolumen bewegt, bei tiefer Atmung unter Anspannung können bis zu 1,5 Liter zusätzlich ein- und ausgeatmet werden. Damit ist die Lungenkapazität jedoch noch nicht erschöpft: Nachdem in Ruheatmung ausgeatmet wurde, können mit Muskeldruck ungefähr zusätzliche 1,5 Liter ausgeatmet werden. Diese zusätzliche Luftmenge wird als „exspiratorisches Reservevolumen“ bezeichnet.

Auch bei maximaler Ausatmung kann nie alle Luft aus der Lunge hinausbefördert werden, durch ihr Eigenvolumen bleiben immer ungefähr 1,5 Liter Luft enthalten, die erst beim Tode entweichen. Diese Restluft wird als „Residualvolumen“ bezeichnet.

Die Gesamtkapazität der Lunge besteht beim gesunden erwachsenen Menschen aus folgenden Anteilen:

Lungenkapazität

1.3.2 Stimmgebung

Die Atmung sorgt dafür, dass genügend Luft zum Sprechen vorhanden ist. Der eigentliche Sprechschall, d. h. die Stimme, wird von der Atemluft im Kehlkopf gebildet. Dazu wird die aus den Atmungsorganen durch den Kehlkopf strömende Luft durch die Stimmlippenbewegungen in Schwingungen versetzt, die als Ton hörbar sind. Die Bewegungen der Kehlkopfmuskulatur und der Druck der Atemluft bestimmen die Stärke und Geschwindigkeit der

Stimmlippenschwingungen und dadurch den Zeitpunkt und die Dauer der Stimmproduktion, die Tonhöhe und die Lautstärke der Stimme.

Der Kehlkopf befindet sich am oberen Ende der Luftröhre und besteht aus Knorpeln, die durch Bänder und Muskeln untereinander beweglich sind. Im Kehlkopf befinden sich die eigentlichen Tonerzeuger, die Stimmlippen. Die Stimmlippen bestehen aus Schleimhautgewebe, Bändern und dem Stimmmuskel. Nach oben wird der Kehlkopf vom Kehldeckel abgeschlossen, der sich beim Schlucken schließt und dafür sorgt, dass keine Nahrung oder Flüssigkeiten in die Luftwege gelangen.

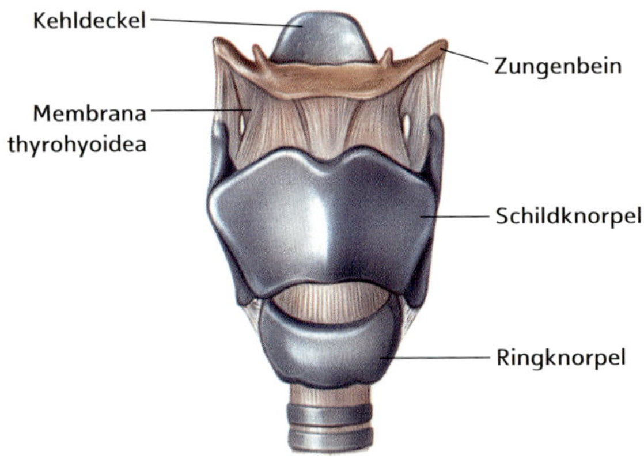

Äußere Struktur des Kehlkopfes

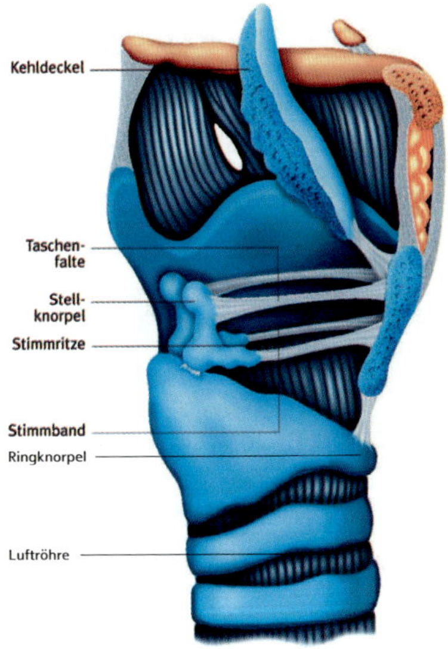

Seitenansicht mit Knorpeln und Muskeln

Bei der Stimmgebung strömt die Atemluft durch die von den Stimmbändern gebildete Stimmritze, die sogenannte Glottis, und versetzt diese in Schwingung. Die Stimmbänderbewegung verläuft in Phasen:

- Zu Beginn der Stimmbildung ist die Glottis geschlossen und die Stimmbänder sind gespannt.
- Durch den Druck der Atemluft, die von unten anströmt, öffnet sich die Glottis und die Luft strömt hindurch.
- In der Enge der Glottis (s. vorherige Abbildung) entsteht durch die hohe Strömungsgeschwindigkeit der Luft ein Sog, der die Stimmbänder wieder zueinander zieht, sie schließen sich wieder.
- Von unten strömt neue Luft an und sorgt für eine erneute Öffnung der Stimmbänder.

Dieser Ablauf vollzieht sich bei der Produktion von sehr tiefen Tönen 50- bis 60-mal pro Sekunde (50 bis 60 Hertz, Hz), bei den höchsten von Menschen produzierbaren Tönen über 2600-mal pro Sekunde (2610 Hz). In der sogenannten mittleren Sprechstimmlage, mit der beim normalen Sprechen die Töne produziert werden, bewegt sich die Schwingungsfrequenz in einem Bereich von ca. 100 bis 400 Hz. Höhere Töne entstehen hierbei durch eine Dehnung der Stimmbänder, bei tieferen Tönen werden sie verkürzt. Diese Prozesse werden durch Kippbewegungen der Kehlkopfknorpel ermöglicht. Durch die Stimmbildungsmechanismen entsteht im Kehlkopf ein individueller und je nach Anforderung veränderbarer Grundton, der im Rachen-, Nasen- und Mundraum zum Sprechton moduliert wird.

Aufgaben

Notieren Sie die Erfahrungen zu den folgenden Übungen in Stichworten.

1. *Legen Sie Daumen und Zeigefinger locker, mit wenig Druck an Ihren Kehlkopf und atmen Sie ruhig ein und aus. Was spüren Sie?*
2. *Schlucken Sie mehrfach und spüren Sie die Kehlkopfbewegung. Was passiert vor dem Schlucken und während des Schluckaktes?*
3. *Bilden Sie sehr langsam die Silben /fa/, /scho/, /mi/. Wann und woran bemerken Sie Stimmbildungsaktivitäten?*
4. *Summen Sie auf einem tiefen Ton und versuchen Sie, noch tiefer zu kommen. Was verändert sich im Kehlkopf?*
5. *Summen Sie auf einem hohen Ton und versuchen Sie, noch höher zu kommen. Was verändert sich im Kehlkopf?*

1.3.3 Sprechbewegung

Der im Kehlkopf gebildete Grundton wird von den Artikulationsorganen in die eigentlichen Sprachlaute umgewandelt. Als Artikulatoren werden alle oberhalb des Kehlkopfes gelegenen Organe verstanden, die an der Lautbildung beteiligt sind. Dabei handelt es sich sowohl um Hohlräume, die zur Resonanzentwicklung und Färbung des Stimmklanges beitragen, als auch um starre oder bewegliche Organe, die die eigentliche Sprechbewegung vollziehen.

Die Artikulatoren bestehen aus den

- Hohlräumen des Rachens, der Nasen(neben)höhle(n) und des Mundraumes;
- beweglichen Teilen: Lippen, Zunge, Unterkiefer, Gaumensegel, Rachenwand und Glottis;
- unbeweglichen Teilen: Zähne, Zahndamm, harter Gaumen.

Aufgaben

1. *Bilden Sie ein langes /f/: Mit welchen Artikulationsorganen tun Sie dies? Wo bilden Sie ein /t/, /k/, /sch/, /l/, /h/?*
2. *Bilden Sie abwechselnd ein /m/ und ein /b/. Worin unterscheiden sich die Laute? Welche Artikulationsorgane bewegen sich?*
3. *Bilden Sie ein /w/, ein stimmhaftes /s/ und ein /g/. Worin liegt der Unterschied?*

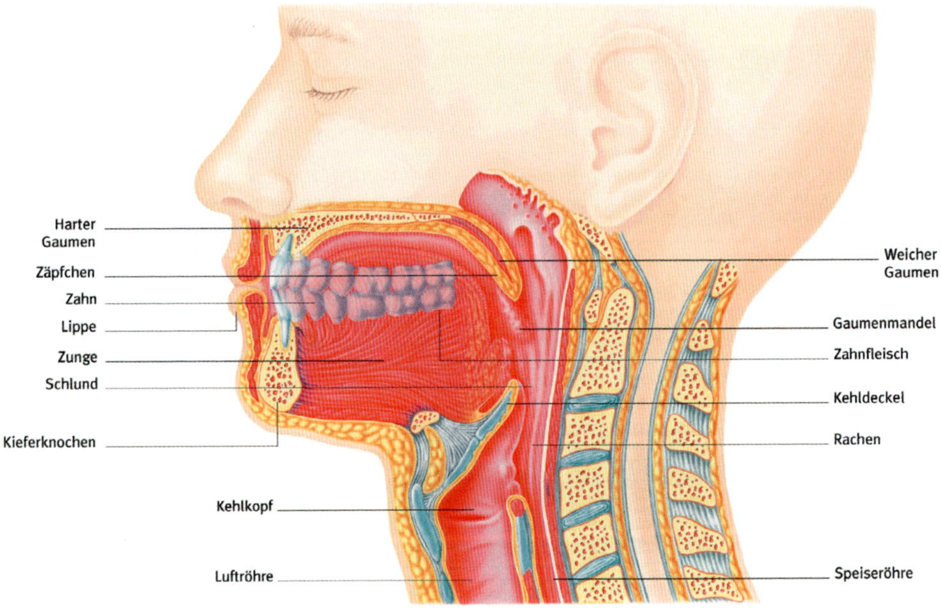

Längsschnitt durch die Artikulationsorgane

Die verschiedenen Artikulationsorgane sind für die Bildung unterschiedlicher Laute zuständig. Um hier ein nachvollziehbares System zu schaffen, unterscheidet man Laute nach ihrem Artikulationsort und der Artikulationsart.

Nach Artikulations**orten** unterscheidet man folgende Lautgruppen:

- Labiallaute werden an oder mit den Lippen gebildet, z. B. /p/, /b/, /m/, /f/.
- Alveolarlaute werden am Zahndamm gebildet, z. B. /t/, /d/, /l/.
- Palatallaute werden am harten Gaumen gebildet, z. B. /ch/ wie in „Ich".
- Velarlaute werden am weichen Gaumen gebildet, z. B. /k/, /g/.
- Uvularlaute werden am Zäpfchen gebildet, z. B. das rollende /r/.
- Glottallaute werden im Kehlkopf selbst gebildet. Im Deutschen gehört hierzu nur das /h/.

Nach Artikulations**arten** unterscheidet man folgende Gruppen:

- Plosivlaute bilden eine Verschlussstelle im Ansatzrohr, die durch den Luftstrom gesprengt wird. Hierzu gehören /p/, /d/, /k/, /b/, /d/, /g/.
- Frikativ- oder Reibelaute entstehen dadurch, dass sich der Luftstrom an einem Hindernis oder einer Engstelle reibt, z. B. an den Zähnen oder der Zunge, die im Mundraum verschiedene Engstellen bilden kann. Zu den Frikativlauten gehören /w/, /s/, /sch/, /f/, /ch/.
- Nasallaute lassen die Luft nach der Stimmbildung durch die Nase entweichen, beim /m/, /n/, /ng/.
- Laterallaute lassen die Luft seitlich an einem Hindernis vorbeiströmen, dies ist im Deutschen beim /l/ der Fall.
- Vibranten erzeugen den Laut durch die Eigenschwingung von Artikulationsorganen, z. B. beim Zungenspitzen- oder Zäpfchen-R.

TIPP

Eine systematische Zuordnung der Konsonanten nach Artikulationsort und -art finden Sie im Zusatzmaterial.

Web

In dieses System von Artikulationsort und -art sind zunächst einmal nur die Konsonanten eingeordnet. Die Vokale werden alle nur durch Modulation im Mundraum gebildet, und zwar durch die Zungenform, die den Mundraum vergrößert oder verkleinert, sowie durch die Lippenstellung, die gerundet oder nicht gerundet sein kann. Man unterscheidet

- Vorderzungenvokale, z. B.: /i/ und /e/ ungerundet, /ö/ gerundet;
- Mittelzungenvokale, z. B.: /a/ ungerundet;
- Hinterzungenvokale, z. B.: /o/ und /u/ gerundet.

TIPP

Web

Eine systematische Zuordnung der Vokale finden Sie im Zusatzmaterial. Dort befinden sich außerdem einige zusätzliche Übungen zur Lautanalyse.

Aufgaben

1. *Bilden Sie ein deutliches /i/ und spüren Sie, wo sich Ihre Zunge hebt, wo sie sich senkt. Was machen Ihre Lippen bei der Lautbildung?*
2. *Bilden Sie nun ein /ü/. Was verändert sich?*
3. *Bilden Sie zum Schluss ein /a/. Wie sind Zungen- und Lippenstellung nun?*

1.3.4 Die Sprachproduktion als komplexer Ablauf

Um sprechen zu können, müssen die Funktionskreise der Atmung, Stimmgebung und Sprechbewegung sehr fein aufeinander abgestimmt sein. Die beteiligten Organsysteme müssen in perfekter zeitlicher Abfolge mit der benötigten Kraft und Geschwindigkeit zusammenwirken, damit hörbares Sprechen entsteht. Um sinnvolle Sprechakte zu produzieren, genügt es jedoch nicht, über funktionierende Sprechwerkzeuge zu verfügen und damit die Sprachlaute zu erzeugen. Vor allem in der Vorbereitung des Sprechens muss ein Sprecher in kürzester Zeit eine ganze Anzahl weiterer Anforderungen erfüllen (s. Abbildung „Modell der Sprachproduktion" auf S. 32). Dabei finden sowohl Planungs- und Denkprozesse als auch deren Umsetzung in Nervenimpulse statt, die die Sprechbewegungen steuern.

Grundsätzlich muss der Sprecher eine Mitteilungsabsicht haben und eine grundlegende Sprechplanung erstellen: Er muss wissen, was er wem mitteilen möchte und in welcher Situation dies geschehen soll. Diese Sprechplanung fällt je nach Thema, Kommunikationspartner und Situation unterschiedlich intensiv aus.

■ **Beispiele**

Beim Bewerbungsgespräch fragt der Personalchef nach den persönlichen Stärken und Schwächen des Bewerbers. Vor seiner Antwort wird dieser sicherlich sehr genau überlegen, was der Personalchef hören möchte und was zu dem Ziel führt, einen möglichst guten Eindruck zu machen; was inhaltlich sinnvoll ist und welche Formulierungen passen würden.

Beim Abendessen mit Freunden kommt das Gespräch auf den bevorstehenden Urlaub. Vor einer Stellungnahme konzentriert sich die Sprechplanung auf den Inhalt: Die Informationsvermittlung über das Reiseziel ist wichtig, eine Abstimmung des Inhalts auf die Ziele und Absichten des Gesprächspartners ist hingegen kaum notwendig.

Anschließend erfolgt die **Auswahl der Sprachbestandteile**, die für die geplante Äußerung benötigt werden. Diese müssen je nach Sprechabsicht, Gesprächspartner und Situation ausgewählt werden: Im Wortschatz müssen die richtigen Worte gefunden werden; sie werden in ihre korrekte grammatische Form und in die richtige Satzstellung gebracht.

Auf dieser Ebene findet also eine semantische und grammatische Planung statt und auch dieser Prozess kann mehr oder weniger aufwendig sein.

Beispiele

Beim Bewerbungsgespräch wird der Sprecher wahrscheinlich längere, grammatisch kompliziertere Sätze mit vielen Fachbegriffen bilden, um seine Kompetenz zu betonen.

Im Gespräch unter Freunden reichen oft kürzere, weniger komplizierte Sätze mit einfacherem Vokabular.

Wenn klar ist, was mit welchen Worten und in welcher Form gesagt werden soll, beginnt die **Planung der Aussprache**: Aus dem vorhandenen Lautbestand werden die nötigen Bestandteile ausgewählt und in die richtige Reihenfolge gebracht. Der Sprecher entwirft einen Plan des Sprechablaufs und des zeitgerechten Abrufs der Sprechbewegungen.

Die tatsächliche **Aussprachesteuerung** schließt sich als Umsetzung der Aussprecheplanung unmittelbar an: Es erfolgen Nervenimpulse, die die Atmungs-, Stimmgebungs- und Artikulations-muskulatur koordiniert in Tätigkeit versetzen. Als Produkt dieser ganzen Sprechablaufkette kommt es zum hörbaren Sprechen.

Modell der Sprachproduktion (vgl. Hansen/Iven 2020, S. 11)

1.4 Kommunikationsabläufe und Modelle

Bislang wurde nur die Sprecherseite der Kommunikation betrachtet, aber zur Kommunikation gehört immer auch mindestens ein Partner, an den die Nachricht gesendet wird und der die Kommunikation durch sein Verhalten und seine Reaktionen mit beeinflusst. Was alles geplant und gesteuert werden muss, damit hörbarer Sprechschall entsteht, wurde im vorhergehenden Kapitel beschrieben. Anhand von Kommunikationsmodellen wird deutlich, welche zusätzlichen Faktoren diesen Sprechschall zu einem Kommunikationsbeitrag machen.

1.4.1 Der Ablauf der Kommunikationskette

Als Kommunikationskette wird der Weg bezeichnet, auf dem eine lautsprachliche Information zwischen Sprecher und Hörer übermittelt wird. Die Kommunikationskette beschreibt also die Abläufe, mit denen ein Sprecher Signale hervorbringt und ein Hörer diese aufnehmen und entschlüsseln kann.

Die ersten Elemente der Kommunikationskette wurden bereits dargestellt: Der Sprecher hat eine Sprechabsicht in hörbaren Sprechschall umgesetzt. Die eigentliche Signalübertragung erfolgt dadurch, dass sich der Sprechschall in Form von Schallwellen durch die Luft ausbreitet und das Ohr eines Hörers erreicht. Die Sprachaufnahme und -verarbeitung verläuft dort in folgenden vereinfachten Phasen:

- Die Schallwellen gelangen durch den Gehörgang an das Trommelfell, welches dadurch in Schwingungen versetzt wird.
- Diese Schwingungen überträgt das Trommelfell auf die daran ansetzenden drei Gehörknöchelchen (Hammer, Amboss und Steigbügel) im Mittelohr.
- Das letzte Gehörknöchelchen versetzt eine Membran zum Innenohr in Schwingung, die ihrerseits das Schwingungsmuster an die Haarzellen in der Schnecke weiterleiten.
- Die Haarzellen wandeln die Schwingungen in elektrische Impulse um, die an den Hörnerv weitergeleitet werden.
- Der Hörnerv sendet diese Signale über die Hörbahn an das Gebiet der Großhirnrinde, das für die Verarbeitung akustischer Reize zuständig ist.
- Die ankommenden Sprachsignale werden vom Hörer in Bezug auf ihre lautsprachliche Information interpretiert: Es werden artikulatorische und grammatische Sprachformen ebenso erkannt wie semantische Inhalte und stimmliche Merkmale.
- Die gesendete Nachricht wird verstanden.

In einer schematischen Darstellung kann man sich die vollständige Kommunikationskette folgendermaßen vorstellen:

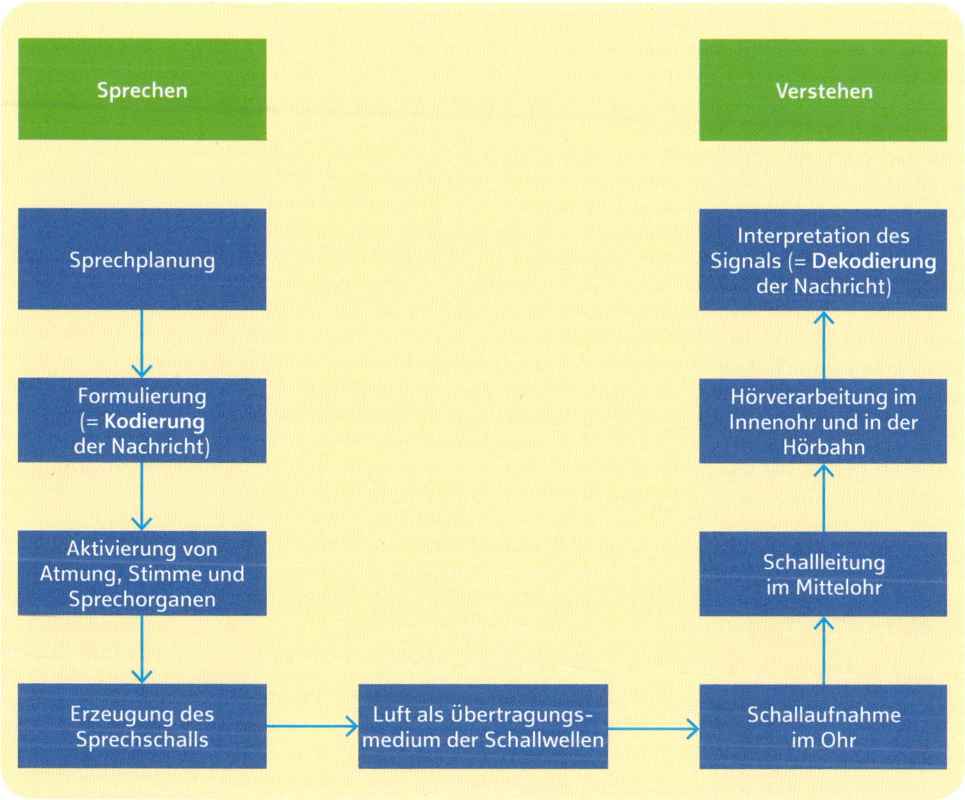

Kommunikationskette

Aber auch diese Kommunikationskette beschreibt nur einen Teil der realen Abläufe: Sie beschränkt sich auf den akustischen Kanal, obwohl in der Kommunikation immer auch optische und andere Signale bedeutsam sind, und sie zeigt nur den einseitigen Verlauf vom Sprecher zum Hörer, obwohl dieser Prozess jederzeit umkehrbar ist: Der Hörer kann jederzeit selbst das Wort ergreifen und somit zum Sprecher werden; der Sprecher kann jederzeit innehalten und zum Zuhörer werden. Diese Darstellung erläutert also die „Einbahnstraße" vom Sender zum Empfänger einer Nachricht, aber nicht die Komplexität der Kommunikation als Ganzes.

1.4.2 Gesamtprozess der Kommunikation

Ein Sprecher ist nicht nur Produzent von Schallwellen und der Hörer ist nicht nur verarbeitend und interpretierend an der Kommunikation beteiligt. Auch der Sprechschall ist nicht nur Überträger von sachlichen Inhalten, sondern transportiert auch Informationen über die

Stimmungen, Absichten oder Eigenschaften des Sprechers, die der Hörer auch entschlüsseln kann (vgl. Kap. 1.2).

Kommunikationsmodelle, die der Vielschichtigkeit der menschlichen Kommunikation gerecht werden möchten, können sich also nicht nur auf die Darstellung der Kommunikationskette beschränken, sondern müssen mindestens zwei weitere Aspekte der Kommunikation berücksichtigen die

- Gleichzeitigkeit von Sender- und Empfängerrolle und
- nonverbalen Kommunikationsanteile.

Gleichzeitigkeit von Sender- und Empfängerrolle:

Der Sender einer verbalen oder nonverbalen Nachricht ist gleichzeitig immer auch ein Empfänger von Botschaften: Beim Sprechen registrieren wir genau, ob unser Zuhörer bei der Sache ist, noch folgen kann, interessiert ist oder gedanklich abschweift. Umgekehrt gilt genauso, dass der Empfänger einer Nachricht immer auch Sender von Botschaften ist. Beim Zuhören geben wir mit der Körpersprache, mit unserer Mimik und mit Kommentaren eine Rückmeldung darüber, wie das Gesagte bei uns angekommen ist.
Kommunikation ist demnach als ein wechselseitiger Prozess zu betrachten, in dem beide Seiten gleichzeitig aktive Sender und Empfänger sind.

Aufgaben

1. *Stellen Sie sich vor, Sie erzählen einem Gesprächspartner von Ihrem geplanten Urlaub. Woran merken Sie, dass Ihr Zuhörer aufmerksam ist? Notieren Sie die verbalen und nonverbalen Anzeichen, mit denen ein aktives, zugewandtes Zuhörverhalten signalisiert werden kann.*
2. *Woran erkennen Sie in einer ähnlichen Situation bei Ihrem Zuhörer Langeweile, fehlendes Verständnis oder Ungeduld? Notieren Sie auch hier die wahrnehmbaren Anzeichen.*

Nonverbale Kommunikationsanteile

Während des Empfangs einer Nachricht werden vom Zuhörer gleichzeitig Rückmeldungen (Feedback) über die Art und Weise der Interpretation und des Verstehens gegeben. Diese Feedbacks können verbal erfolgen, sind aber häufig ein nonverbaler Begleiter der gesprochenen Nachricht. Oft ist es sogar so, dass die nonverbalen Signale deutlicher und handlungsleitender sind als die verbalen.

Der Kommunikationspsychologe Friedemann Schulz von Thun hat in seinem weltweit bekannten Modell der menschlichen Kommunikation festgestellt, dass jede Nachricht vier Aspekte hat:

- den Sachaspekt, der den sachlichen Informationsgehalt einer Nachricht umfasst,
- den Selbstoffenbarungsaspekt, der etwas über die Person des Senders aussagt,
- den Beziehungsaspekt, der etwas über die Haltung des Senders zum Empfänger aussagt,
- den Appellaspekt, der verdeutlicht, wozu der Sprecher den Empfänger veranlassen möchte.

(vgl. Schulz von Thun: Erläuterungen zum „Kommunikationsquadrat": https://www.schulz-von-thun.de/die-modelle/das-kommunikationsquadrat)

Diese vier Seiten einer Nachricht sollen an einem Beispiel verdeutlicht werden:

Beispiel „Hier zieht's."

Dieser scheinbar so einfache Satz hat es kommunikationstheoretisch in sich: Interpretiert man die vier Seiten der Nachricht, wird deutlich, was über das Gesagte hinaus eigentlich gemeint sein kann.

Gesagt wird	Kommunikationsaspekt	Gemeint ist
„Hier zieht's."	Sachaspekt	„Im Zimmer herrscht ein Luftzug."
„Hier zieht's."	Selbstoffenbarungsaspekt	„Mir ist kalt."
„Hier zieht's."	Beziehungsaspekt	„Merkst du nicht, dass es mir kalt ist? Wie unsensibel."
„Hier zieht's."	Appellaspekt	„Steh auf, mach das Fenster zu."

Oft ist es der Beziehungsaspekt, auf den wir besonders sensibel achten: Was denkt mein Gesprächspartner über mich? Was hält er von mir? Genauso schnell aktivieren wir jedoch auch den Appellaspekt: Was soll ich tun, damit mein Gesprächspartner zufrieden ist? Wir reagieren also sehr unmittelbar emotional und handelnd auf das, was unser Partner sagt, und wir drücken diese Reaktionsformen als nonverbales Feedback aus, indem wir unseren Tonfall ändern, die Stirn runzeln, hin- oder wegsehen, die Augen verdrehen, lächeln, nicken, den Kopf schütteln, ablehnend schnauben, eine zustimmende oder ablehnende Geste machen usw. Mit den Möglichkeiten der nonverbalen Kommunikation machen wir Zustimmung oder Ablehnung viel deutlicher als mit der Sachbotschaft im gesprochenen Wort.

Der Ablauf der Kommunikation, der sowohl die Gleichzeitigkeit der Sender- und Empfängerrolle als auch die nonverbalen Anteile des Feedbacks berücksichtigt, lässt sich in einem Kreismodell darstellen:

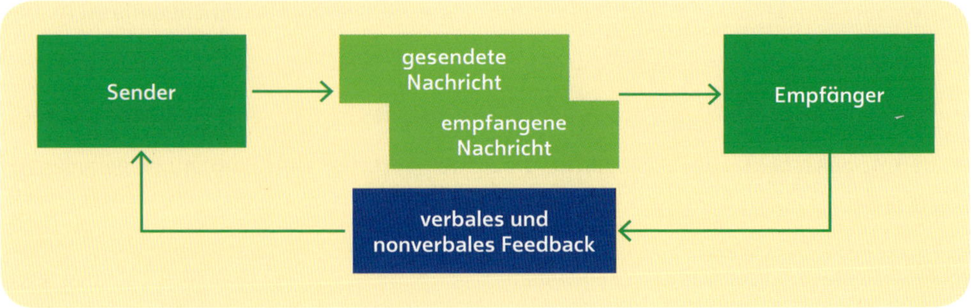

Aufgaben

1. *Beobachten Sie die Kommunikation zwischen einem Erwachsenen und einem Kind. Notieren Sie, welche verbalen und nonverbalen Feedbackstrategien angewandt werden.*

2. *Beobachten Sie die Kommunikation zwischen einem Menschen mit Behinderung und einem Menschen ohne Behinderung. Notieren Sie, welche verbalen und nonverbalen Feedback-strategien angewandt werden.*

Web

Zur Bearbeitung der Aufgaben benutzen Sie bitte die Beobachtungsbögen im Zusatzmaterial. Dort finden Sie auch ein Beispiel zur Kommunikationsbeobachtung.

2 Grundlagen der Sprachentwicklung

In diesem Kapitel werden folgende Kompetenzen erworben:

- Grundlagenwissen über die Funktionsweise des Spracherwerbs
- Kenntnisse über die vorsprachliche Entwicklung von Kommunikationsfähigkeiten
- Beobachtungsfähigkeiten für den Bereich der vorsprachlichen Entwicklung
- Wissen über den Verlauf und die Phasen des normalen Spracherwerbs
- Kenntnisse zu Entwicklungsschritten auf den einzelnen Sprachebenen
- Fähigkeiten zur Beobachtung und Einschätzung normaler Sprachentwicklung

Die Inhalte dieses Kapitels sind dem **Lernfeld 1** zuzuordnen.
Im Mittelpunkt stehen Kenntnisse über den normalen Spracherwerb, die zur Beurteilung von regelhaften und abweichenden Entwicklungsprozessen befähigen sollen und die Grundlage angemessener Förderangebote darstellen.

2.1 Vorüberlegungen zum Spracherwerb

Lernsituation zum Einstieg in das Thema

Das Sprechenlernen fängt nicht erst mit dem ersten Wort an, das Kinder ungefähr im Alter von zwölf Monaten sprechen. Schon vorher verfügt das Kind über wichtige Kommunikationsfähigkeiten und vollzieht wichtige Lernschritte, damit die eigentliche Sprachentwicklung in Gang kommen kann. Das folgende Beispiel gibt kurze Einblicke in eine individuelle frühe Sprachentwicklung.

Beispiel

Frau Schneider hat einen Sohn (Florian, drei Jahre und acht Monate alt), dessen Entwicklung sie seit seiner Geburt in einem Tagebuch festgehalten hat, damit sie sich später besser an seine Fortschritte und Lernphasen erinnern kann. Die folgenden Auszüge aus dem Tagebuch schildern einige Phasen aus Florians Kommunikations- und Sprachentwicklung:

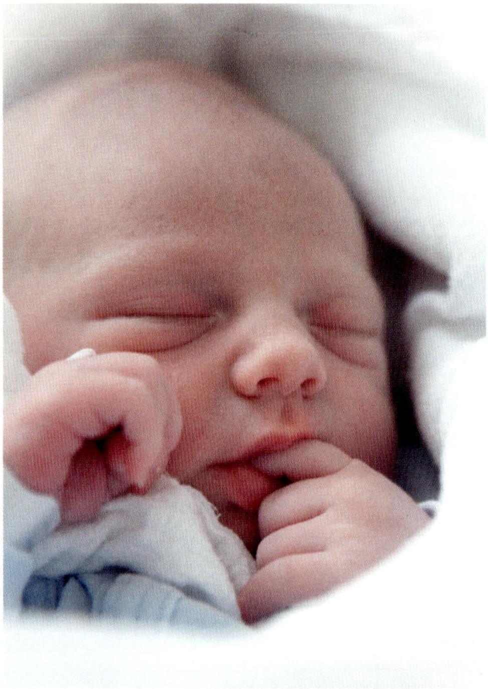

Tagebucheinträge

Alter: drei Tage
Wenn Florian Hunger hat, fängt er sofort an, laut zu schreien. Er wird nicht langsam wach, knöttert ein bisschen rum und wird dann unruhig, sondern macht sofort großen Radau. Beim Stillen beruhigt er sich sofort und schaut mich mit großen Augen an. Auch sonst wird er schnell ruhig, wenn er auf dem Arm ist und ich leise mit ihm spreche oder eine Melodie summe.

Alter: 27 Tage
Florian „grinst" ja schon lange, aber heute hat er mich das erste Mal richtig angelächelt, als ich mich beim Wickeln über ihn gebeugt und ihn angesprochen habe.

Alter: zehn Wochen
Fängt Flo schon an zu sprechen? Wenn er wach und zufrieden in seinem Bettchen liegt, brabbelt und gurrt er vor sich hin, was sich wie „rararareresrerarara" anhört. Das kann er stundenlang.

Alter: fünf Monate
Man kann sich schon richtig mit ihm unterhalten: Er macht Geräusche nach und hat ganz viel Spaß daran, zusammen mit mir „dadada" oder „gugugu" zu machen.

Alter: acht Monate
Florian kann schon gut mitteilen, was er will, indem er den Kopf schuttelt oder lacht und die Händchen ausstreckt. Er versteht auch schon ganz viel, er weiß z. B., dass er etwas zu trinken bekommt, wenn ich ihn frage, ob er eine Flasche will.

Alter: elf Monate
Florian hat vor dem Spiegel gesessen und sich mit sich selbst unterhalten: Es war nichts zu verstehen, aber die Betonung war genau wie bei uns Großen.

Alter: zwölfeinhalb Monate
Heute hat er das erste Mal „Mama" gesagt, jetzt fängt er richtig an zu sprechen.

Alter: 13 Monate
Außer Mama und Papa sagt er jetzt auch schon „da", „ba" (für Ball), „ata" (für Auto) und „mba", wenn er hungrig ist.

Alter: 18 Monate
Er fragt uns Löcher in den Bauch und will von allem wissen, wie es heißt. Wenn er dann versucht, die Wörter nachzusprechen, klappt das oft noch nicht so gut: Zum Schmetterling sagt er „bettabin", zum Schrank „bant", zur Hose „dode" und so weiter. Meist verstehen wir, was er meint. Richtig gut kann er „Nein!".

Aufgaben

1. *Versuchen Sie herauszufinden, wie die Verständigung zwischen Mutter und Kind funktioniert: Was tut Florian in den verschiedenen Entwicklungsphasen, um sich auszudrücken, und was tut die Mutter, um ihn zu verstehen?*
2. *Versuchen Sie bei Ihren Angehörigen so viele Informationen wie möglich über Ihre eigene Sprachentwicklung zu bekommen. Wann konnten Sie sprechen? Wie hat man sich vorher mit Ihnen verständigt? Gibt es besonders schöne Sprechprodukte, an die sich Ihre Angehörigen noch erinnern, so wie z. B. der „bettabin" von Florian? Tragen Sie die Informationen in einer Tabelle zusammen und berichten Sie sich gegenseitig über die individuellen Entwicklungsverläufe.*

Web

2.1.1 Wie lernen Kinder sprechen?

Wie gelingt es Kindern, innerhalb des ersten Lebensjahres die Grundlagen für das Sprechen aufzubauen, und wie schaffen sie es, in wenigen Jahren ihre Muttersprache zu erlernen? Ahmen sie mit ihren anfangs noch unzulänglichen Mitteln die erwachsenen Sprachvorbilder nach? Sind Sprachfähigkeiten und die Prozesse des Spracherwerbs angeboren oder muss Sprache Stück für Stück erlernt werden? Was passiert, bevor das Kind sein erstes Wort spricht? Wonach richtet sich, wie das erste Wort des Kindes lautet?

Diese Fragen haben Forscher zu allen Zeiten fasziniert und zu aus heutiger Sicht oft erschreckenden Experimenten geführt.

„Vor zweieinhalb Jahrtausenden machte der ägyptische König Psammetich I. [664 bis 610 v.Chr.] ein wissenschaftliches Experiment – eins von der brutalen Art, die sich der modernen Wissenschaft verbieten. Er wollte die Frage klären, welches die Ursprache des Menschen sei. Dazu ließ er zwei neugeborene Kinder in der Wildnis aussetzen, bei einem Ziegenhirten, der kein Wort zu ihnen sprechen durfte. Ihre einzigen Gefährten waren die Ziegen, die der stumme Hirt in ihre Behausung trieb und an deren Milch sie sich satt tranken. Würden sie von sich aus eine Sprache entwickeln? Welche? Nach zwei Jahren wurden sie zurück geholt. Sie sagten bek bek – vermutlich ahmten sie nur das Meckern der Ziegen nach, den einzigen Laut, den sie je gehört hatten. „Als Psammetichos es nun selbst gehört hatte, erkundigte er sich danach, ob das Wort >bekos< in irgendeiner Sprache etwas bedeutet", erzählt Herodot, der den Vorfall überliefert hat. „Er erfuhr, dass die Phryger das Brot >bekos< nannten." Für den königlichen Psycholinguisten war damit der Fall entschieden: Das Phrygische musste die Ursprache der Menschen sein, die Phryger das älteste Volk.

Genau das gleiche Experiment schreibt der Chronist Salimbene von Parma dem Staufferkaiser Friedrich II. zu – mit dem Unterschied, dass der feststellen wollte, ob die Kinder von sich aus Hebräisch, Griechisch, Latein, Arabisch oder, interessante Variante, die Sprache ihrer Eltern sprächen; dass sie ferner von Ammen aufgezogen wurden, die kein Wort an sie richten und ihnen keinerlei Zuneigung zeigen durften; und: dass sie alle starben, denn, so Salimbene, „sie vermochten nicht zu leben ohne das Händepatschen und das fröhliche Gesichterschneiden und die Koseworte ihrer Ammen und Näherinnen".
(Zimmer 1986, S. 7)

Sprechenlernen funktioniert demnach offensichtlich nicht ohne sprachliche Anregung und soziale Nähe, und noch weitergehend kann festgestellt werden, dass ohne sprachlich-kommunikative Anreize die Gesamtentwicklung des Kindes extrem gefährdet ist. Ohne eine organisch-physiologische Grundausstattung, die es dem Kind ermöglicht, diese Anregungen aufzufassen und zu verarbeiten, ist der Spracherwerb jedoch auch nicht denkbar. Die Diskussion darüber, ob der Spracherwerb vor allem auf der Basis organischer Reifung zustande kommt oder ob er auf Interaktion und Kommunikation basiert, hat zur Entwicklung von verschiedenen Spracherwerbstheorien geführt, die jeweils einen Teil des Gesamtphänomens erklären.

Kommunikation von Anfang an: Körper- und Blickkontakt haben schon bei Säuglingen Dialogfunktion.

2.1.2 Grundzüge der Spracherwerbstheorien

Die Frage, ob die kindliche Entwicklung eher auf „nature" oder „nurture", also auf Angeborenem oder auf Umweltbedingungen basiert, wurde von Psychologen, Linguisten, Soziologen, Biologen, Medizinern usw. ausführlich erörtert. Für den Bereich der Sprachentwicklung lassen sich kurz gefasst drei große Argumentationslinien unterscheiden:

- **Nativistische Theorien** gehen von einem angeborenen Lernmechanismus für Sprache aus, der sich durch den Ablauf eines genetischen Programms entfaltet: Die Strukturen der Muttersprache werden mithilfe dieses Mechanismus als Regeln erkannt.
- **Behavioristische Ansätze** betrachten den Sprachlernprozess als konditioniertes Lernverhalten: Das Kind lernt durch Verstärkung, welche Sprachelemente wichtig und richtig sind.
- **Interaktionistische Theorien** gehen davon aus, dass das Kind im Rahmen von gemeinsamen Handlungen mit den Kommunikationspartnern die Bedeutung von Sprache und Sprachstrukturen erkennt und daraus sein Regelwissen ableitet.

Das Für und Wider der Spracherwerbstheorien erschließt sich, sobald die Wirklichkeit des individuellen Spracherwerbs in den Mittelpunkt der Betrachtung rückt: Was sorgt z. B. bei Florian aus dem Anfangsbeispiel dieses Kapitels dafür, dass er sich von der Verständigung durch Schreien über die vorsprachliche Lautproduktion bis hin zum lernenden Sprecher entwickelt? Letztendlich lassen sich diese komplexen Entwicklungsprozesse nur durch ein

Zusammenwirken von Nachahmung, angeborenen Sprachlernprozessen und Umweltanregungen erklären. Sprechenlernen besteht keinesfalls nur aus der Nachahmung von erwachsenen Sprachvorbildern oder dem Erkennen von muttersprachlich korrekten Elementen, wie uns der sehr kreative Umgang von Kindern mit Sprache lehrt.

Beispiel

Kinder produzieren viele Sprachgebilde, die sie nicht von ihrer Umwelt gehört haben können, weil sie dort nicht vorkommen, z. B.

- kreative Benennungen wie „Sprungwasser" für „Springbrunnen", „Blumenkopf" für „Blüte", „Briefmann" für „Postbote" , „Schnappich" für „Wäscheklammer" oder
- Verkürzungen mit sogenannten Mehrfachbedeutungen wie bei „Schuh zumatt", was sowohl „Ich habe den Schuh zugemacht" heißen kann als auch „Du hast den Schuh zugemacht" oder „Der Schuh muss zugemacht werden" oder „Der Schuhkarton ist zu" oder „Der Schnürsenkel geht nicht auf" oder, oder, oder ...

Aufgaben

1. *Beobachten Sie ein Kleinkind im Alter von ungefähr zwei Jahren im Spiel mit Erwachsenen und/oder innerhalb einer Kindergruppe. Finden Sie bei diesem Kind weitere Beispiele für kreative Benennungen oder Verkürzungen mit Mehrfachbedeutungen und notieren Sie diese Beispiele.*
2. *Beobachten Sie dasselbe Kind im Hinblick auf seine Kommunikationsfähigkeiten: Wie nimmt es Kontakt auf? Wie verhält es sich bei Missverständnissen oder Konflikten? Wie drückt es Wünsche, Bedürfnisse oder Emotionen aus? Welche Kommunikationsformen wendet es an und welche Entwicklungsschritte hat es schon geschafft? Eine Entwicklungstabelle zum Vergleich finden Sie im Zusatzmaterial im Internet.*

Web

Das Sprechenlernen ist immer ein Zusammenspiel aus den persönlichen Voraussetzungen, die das Kind mitbringt, seinen Entwicklungsbedingungen und den Anregungen und Erfahrungen, die es mit den Dingen und Personen seines Umfeldes macht. Der Spracherwerb ist offensichtlich weder vollständig angeboren noch lässt er sich als ausschließlich nachahmendes Erlernen der Vorbildsprache verstehen. Aber wie funktioniert er dann?
Hierzu sind in den letzten Jahren eine Fülle von Forschungsergebnissen aus der (Entwicklungs-)psychologie, Linguistik und Säuglingsforschung entstanden, die vor allem eine Annahme bestätigen:

Sprache wird nicht durch Vormachen und Nachsprechen gelernt: Das Kind lernt keine einzelnen „Vokabeln", sondern Regeln.

Das Kind eignet sich seine Muttersprache nicht Wort für Wort an, so wie größere Kinder oder Erwachsene eine Fremdsprache erlernen, sondern es filtert aus dem sprachlichen Alltagsangebot seiner Kommunikationspartner bestimmte Merkmale heraus, die regelhaft wiedererkennbar sind. Das Kind erkennt im Lautstrom seiner Umgebungssprache u. a. die Regeln für Lautbildung und Grammatik, es bildet ein unbewusstes Wissen über die Fälle, in denen diese Regeln angewandt werden können, es wendet dieses Wissen in seiner Sprachproduktion an und bekommt eine Rückmeldung über diesen Produktionsversuch.

Beispiel

Julia (3;2 Jahre alt) entdeckt, dass der Plural durch ein angehängtes -n ausgedrückt werden kann (z. B. Augen, Fahnen, Blumen, Affen). Diese Pluralregel wendet sie nun auch auf die Fälle an, in denen die Pluralbildung anders funktioniert: Sie sagt „Hausen“ statt „Häuser“, „Kuhen“ statt „Kühe“, „Löffeln“ statt „Löffel“ usw.

Ein wichtiges Medium zum Sprechenlernen: Beim Betrachten von Bilderbüchern werden Benennungen und erste grammatische Regeln eingeübt.

Diese Ausdehnungen von Regeln werden als **Übergeneralisierungen** bezeichnet und sind keine Fehler, die das Kind macht, sondern Anzeichen seines Regelerwerbs, d. h. von sprachlichen Fortschritten. Wenn das Kind diese Regeln in der Kommunikation anwendet, bekommt es von seinen Kommunikationspartnern oder aufgrund seiner eigenen Wahrnehmungen eine Rückmeldung darüber, ob seine Regelanwendung im Einzelfall richtig war oder nicht. War sie korrekt, kann sich das Muster verfestigen, war sie nicht korrekt, muss eine neue Hypothese und eventuell eine neue Regel entworfen werden. Im folgenden Kapitel wird darauf eingegangen, wie und mit welchen Entwicklungsvoraussetzungen es dem Kind gelingt, diese Regeln zu erkennen und anzuwenden.

Aufgaben

1. *Können Sie anhand der Neuschöpfungen und Verkürzungen, die Sie in der vorherigen Aufgabe gesammelt haben, ebenfalls Ausdehnungen von Regeln erkennen? Welche?*
2. *Gruppenaufgabe: Suchen Sie Bilderbücher, die für zwei- bis dreijährige Kinder geeignet sind, und stellen Sie Ihre Auswahl in der Klasse vor. Erläutern Sie, warum Ihre Bücher für die Altersgruppe angemessen sind und welche sprachlichen Anforderungen diese Bilderbücher stellen und fördern.*

2.2 Voraussetzungen für den Spracherwerb

Dem Kind scheinen angeborene Mechanismen zur Verfügung zu stehen, die es ihm erleichtern, aus dem Lautstrom die für den Spracherwerb bedeutsamen Regeln herauszufiltern. Es bringt für die Sprachentwicklung also bereits eine ganze Menge an Fähigkeiten und Voraussetzungen mit auf die Welt. Andere Voraussetzungen entwickeln sich im Laufe des ersten Lebensjahres, an dessen Ende zumeist das erste sinnvolle Wort produziert wird.

2.2.1 Wie schaffen es Babys, die Spracherwerbsaufgaben zu lösen?

Babys kommen mit einem angeborenen Wissen über Sprache zur Welt. Bereits im Mutterleib entwickelt sich das Hörorgan so weit, dass der Fötus vollständig hörend auf die Welt kommt. Bereits in der Schwangerschaft haben die Babys daher die Sprechmelodie und Betonung ihrer Muttersprache kennengelernt und können deshalb, wenn sie auf die Welt kommen, schon Sprachlaute von anderen Umgebungsgeräuschen unterscheiden. Damit ist eine Grundvoraussetzung für den Spracherwerb gegeben, nämlich Sprache überhaupt als unterscheidbares Signal wahrnehmen zu können. Aber Säuglinge verfügen noch über weitere erstaunliche Fähigkeiten, die für den Spracherwerb von Bedeutung sind:

- Bereits wenige Tage alte Babys können zwischen ihrer Muttersprache und anderen Sprachen unterscheiden. Offensichtlich nutzen sie die vorgeburtlichen Wahrnehmungen und Erfahrungen für ihre schon präzisen Erkennungs- und Unterscheidungsfähigkeiten.
- Bereits in den ersten Lebenswochen können Babys winzige Lautunterschiede wahrnehmen, wie z. B. bei den Silben /ba/ und /pa/.
- Ab der Geburt können Babys schon die kennzeichnenden Betonungsmuster ihrer Muttersprache wahrnehmen. Sie können also z. B. unterscheiden zwischen der deutschen Betonung des Wortes „**Au**to“ und dem französischen Betonungsmuster „au**to**“.
- Ab einem Alter von ungefähr vier Monaten richten Babys ihre Aufmerksamkeit aktiv auf die Art von Sprache, die direkt an sie gerichtet ist. Dabei handelt es sich um den typischen Baby-Talk, also eine Sprechweise mit hoher Tonlage und deutlicher Sprechmelodie, mit kurzen Äußerungen und klarer Pausenstruktur.
- Mit ca. acht Monaten können Kinder einzelne Wörter im Lautstrom erkennen und deren Bedeutung verstehen.

(vgl. Grimm 2012; Pauen o. J., Wendlandt 2016)

2.2.2 Woher weiß man, dass Säuglinge zu diesen Leistungen fähig sind?

Babys können über ihre Wahrnehmungen noch keine Auskunft geben, trotzdem kann man erkennen, wenn sie etwas wahrnehmen, z. B. einen sprachlichen Unterschied. Die am häufigsten verwendete Methode bei Babys, die noch wenig motorische Kontrolle haben, ist die sogenannte Saug- oder Nuckelfrequenz-Messung. Bei gewohnter Lautumgebung, z. B. dem Anhören von muttersprachlichen Texten oder von /bababa/-Silbenketten, sinkt die Nuckelrate nach einer Weile auf eine ruhige Grundfrequenz ab. Auf neue Reize, also auf einen vom Baby wahrnehmbaren Unterschied zu dem, was es bisher gehört hat, reagiert es mit Aufmerksamkeit und Steigerung der Nuckelfrequenz. Der Anstieg der Nuckelrate nach der Veränderung eines akustischen Reizes zeigt also, dass das Baby diese Veränderung wahrgenom-men hat. Messen und aufzeichnen lässt sich dies mit einem Schnuller, der mit einem Computer verbunden ist, welcher die Nuckelbewegungen zählt. Bei älteren Säuglingen, die den Kopf wenden oder schon sitzen können, wird kontrolliert, ob und wie lange sie ihren Kopf einem neuen Schallreiz zuwenden.

Kinder sind also nachweislich schon sehr früh in der Lage, Grundregeln ihrer Muttersprache zu erkennen. Sie wenden diese Grundregeln auch schon sehr früh an, wie neuere Untersuchungen der ersten Lautproduktionen von Kindern gezeigt haben: Die Schreimuster von wenige Tage alten Babys und die Lautmuster ihrer ersten Lallproduktionen im Alter von zwei bis drei Monaten zeigen schon deutlich die Silbenstrukturrhythmen der Muttersprache, also bei deutschen Babys eher eine Betonung der Anfangssilbe, bei französischen Babys eine Betonung der Endsilbe (vgl. Grimm 2012; Meinke 2012; Pauen o.J.; Wendlandt 2016).

Aufgabe

Finden Sie in den Tagebuchaufzeichnungen von Florians Mutter am Kapitelanfang Hinweise darauf, dass Florian schon vor dem Beginn des Sprechens über ein gewisses „Sprachwissen" verfügt.

LESE-TIPP

Wenn Sie sich für weitere Ergebnisse der Säuglingsforschung interessieren, bei denen die Babys als kompetente Säuglinge, kleine Wissenschaftler und „Sprachgenies in Windeln" (morgenpost.de 27.03.2012) ihren Wissenserwerb offenbaren, sei Ihnen als Einstiegslektüre folgende Literatur empfohlen:

- Dornes, Martin: Der kompetente Säugling. Frankfurt/M., 2009
- Pauen, Sabine: Wie Babys Begriffe lernen. www.uni-heidelberg.de/presse/ruca/ruca08-3/wie.html, [30.05.2020]

2.2.3 Basis des Sprechenlernens

Die Ergebnisse der aktuellen Säuglingsforschung zeigen nicht nur die großen frühen Sprachkompetenzen und Kommunikationsfähigkeiten von Babys, sondern auch, dass der Spracherwerb nur im Dialog funktioniert. Ohne die kommunikative und sprachliche Anregung des sozialen Umfeldes kann das Sprechenlernen nicht gelingen, weil dann die Modelle für das Regelerkennen fehlen. Aber das Kind muss außer seinen Sprachlernfähigkeiten noch über weitere grundlegende Entwicklungsvoraussetzungen verfügen, damit die Sprachentwicklung ungestört verlaufen kann. Dazu gehören die sogenannten sprachtragenden Basisfunktionen, die aus sensorischen, motorischen, sozialemotionalen und kognitiven Entwicklungsbereichen bestehen. Wenn sich diese Basis ungestört entwickelt, sind dadurch die Voraussetzungen für das Erkennen und Produzieren von Sprache geschaffen. Zur weiteren Entwicklung tragen vor allem zwei Faktoren bei:

- Erfahrungen von Selbstwirksamkeit im Handlungsdialog: Das Kind erfährt, dass es als Kommunikationspartner etwas bewirkt, also dass z. B. sein Durst gestillt wird, wenn es schreit, oder dass es etwas bekommt, worauf es geschaut hat. Solche frühen Erfahrungen bilden die Grundlagen der Kommunikationsentwicklung.
- Erfahrungen mit kindgemäßer Sprache in zuverlässiger, vorhersagbarer Form: Wenn zu gleichen Handlungen (z. B. anziehen, füttern, baden) immer die gleichen Sprachformen verwendet werden, bildet sich beim Kind eine zuverlässige Verknüpfung von Handlung, Personen, Objekten und der dazugehörigen Sprache. Damit ist die Grundlage der Regelerkennung gegeben.

Aufgaben

Web

1. *Lesen Sie das Beispiel der Kommunikation zwischen Mutter und Kind im Zusatzmaterial im Internet.*
2. *Welche Ziele verfolgt das Kind? Mit welchen kommunikativen Mitteln schafft es das?*
3. *Welche Ziele verfolgt die Mutter? Mit welchen kommunikativen Mitteln schafft sie das?*
4. *Wodurch entstehen Missverständnisse und wie werden sie geklärt?*
5. *Notieren Sie Ihre Überlegungen in Stichworten.*

Zusammenfassung

Der frühe Spracherwerb, der sich bereits vor dem Auftreten des ersten Wortes vollzieht, lässt sich als Zusammenwirken von verschiedenen Entwicklungsebenen bezeichnen: sozialkommunikative, sprachliche und nicht sprachliche Voraussetzungen führen dazu, dass das Kind Sprache wahrnehmen, ihre einzelnen Elemente erkennen, diesen eine Bedeutung zuordnen und schließlich selbst produzieren kann. Die frühe Kommunikation und Interaktion zwischen dem Kind und seinen Sozialpartnern hat dabei den entscheidenden Anteil. Durch das gemeinsame dialogische Sprach- und Bewegungshandeln, so wie es z. B. bei der Pflegeroutine oder bei ersten Spielen auftritt, lernt das Kind eine zuverlässige Verknüpfung von Sprachstruktur und Sprachbedeutung, d. h. die Einheit von Wortklang und Wortbedeutung.

Aufgabe

Beobachten Sie einen Säugling im Alter von acht bis zwölf Monaten.

1. *Woran erkennen Sie, dass das Kind schon Wörter versteht?*
2. *Mit welchen Aktionen und Reaktionen beeinflusst das Kind die Interaktion?*

Grundlegende Voraussetzungen

Sensorik:
Objekte und Personen der Umgebung hören und sehen können

Motorik:
sich bewegen können, Objekte und Personen begreifen können

Emotion:
Bedürfnisse befriedigt bekommen, Zuverlässigkeit erfahren

Kognition:
Aufmerksamkeit, Wiedererkennen, Gedächtnis

↓

Kommunikation und Interaktion von Anfang an

Das Kind beeinflusst mit seiner Bedürfnislage und deren Mitteilung (Schreien, Strampeln, Lallen, Gurren usw.) die Kommunikation. Es gestaltet den interaktiven Dialog aktiv mit.

↓

Spezielle sprachrelevante Fähigkeiten

soziale Kognition:
- Aufmerksamkeit für Gesicht und Stimme
- soziale Imitation (Lächeln, Tonfall, Gesten, Lallen)

Sprachwahrnehmung:
- Wahrnehmung sprachlicher Unterschiede
- Bevorzugung von Muttersprache und Baby-Talk
- Erkennen von Silbenrhythmus und Wörtern

sprachliche Kognition:
- Erkennen und Kategorisieren von Objekten
- Bedeutung konventioneller Gesten (Winken, Kopfschütteln)
- Bedeutung referenzieller Gesten (Zeigen, Bitten, Hinweisen)
- Gedächtnis für Sprache

↓

Sprachliche Perzeption

Erkennen von Wörtern, Begriffsbildung,
Erkennen des Zusammenhangs von Bezeichnung und Objekt

↓

Sprachliche Produktion

erste sinnvolle Wörter im Alter von zehn bis 14 Monaten

↓

Voraussetzungen für den Spracherwerb (vgl. Grimm 2012, S. 25)

2.3 Der Verlauf der Sprachentwicklung

Der weitere Verlauf der Sprachentwicklung kann nicht losgelöst von der Gesamtentwicklung des Kindes betrachtet werden, weil seine sensorischen, motorischen, emotionalen und kognitiven Erfahrungen entscheidenden Einfluss auf die Geschwindigkeit, die Qualität und die Dynamik des Spracherwerbs haben. Diese Bereiche stoßen sich im Entwicklungsprozess gegenseitig an und beeinflussen sich. Die Tabelle auf S. 50/51 verdeutlicht einige Meilensteine auf den Ebenen der Gesamtentwicklung, Kommunikationsentwicklung und Sprachentwicklung. Bei den Altersangaben, die hierbei aufgeführt sind, handelt es sich um grobe Richtwerte, von denen das einzelne Kind erheblich nach oben oder unten abweichen kann.

Auf drei besonders bedeutsame Faktoren des Spracherwerbs sei an dieser Stelle noch verwiesen:

1. ***Das Verstehen geht der Produktion immer voraus.*** *Lange vor dem ersten Wort versteht das Kind viele Wörter und kurze Sätze und lange bevor es selbst Sätze bildet, kann es schon Sätze und kurze Texte verstehen.*

2. *Der Bedeutungserwerb und der* ***Aufbau des Wortschatzes*** *spielen für den produktiven Spracherwerb eine zentrale Rolle. Dem Aufbau des passiven Wortschatzes, also der Menge von Worten, die verstanden werden, folgt der Aufbau des aktiven Wortschatzes, also der Worte, die verwendet werden. Hat dieser aktive Wortschatz die besondere Schwelle von 50 Wörtern erreicht, steigt das Kind in den Grammatikerwerb ein, weil seine Speicherkapazitäten für Einzelelemente erschöpft sind und es sein Sprachwissen nun anders organisieren muss.*

3. *Die* ***Schwellenwerte von ca. 50 Wörtern im Alter von 18 Monaten*** *und 200 Wörtern im Alter von 24 Monaten geben einen ersten konkreten Hinweis auf mögliche Spracherwerbsstörungen: Bei Kindern, die diese Schwellenwerte zu den angegebenen Zeitpunkten nicht erreichen, ist davon auszugehen, dass ihre gesamte Sprachentwicklung verzögert ist, auf einer zu geringen (Sprach-)Wissensbasis verläuft und sich auch auf die Bereiche der Grammatikentwicklung negativ auswirken wird.*

Überblick über ausgewählte Bausteine der kindlichen (Sprach-)Entwicklung

Lebensalter	allgemeine Entwicklung	Kommunikationsentwicklung	Sprach- und Sprechentwicklung
1. bis 3. Monat	• Erkennen von Gesichtern, Tönen und Geräuschen • Kopf heben und drehen • Gegenstände greifen	• Erkennen der Mutterstimme und -sprache, von verschiedenen Betonungsmustern	• Schreien und Gurren • Lautproduktion nicht auf Muttersprachlaute beschränkt, erste Nachahmungen
4. bis 6. Monat	• Oberkörper aufstützen • Drehen und Rollen • Gegenstände in den Mund nehmen	• Zuwendung zu Personen und Stimmen • Lachen und Bewegungsreaktionen auf Ansprache	• lange Lautketten • intensive Nachahmung eigener und fremder Laute; erstes Wortverständnis

Lebensalter	allgemeine Entwicklung	Kommunikations-entwicklung	Sprach- und Sprechentwicklung
7. bis 9. Monat	• freies Sitzen • Robben und Krabbeln als Fortbewegung	• Dialogspiele wie „Werfen und Aufheben“ • Gesten wie Winken, Nicken, Zeigen	• Lallen mit Betonung • Wortverständnis für ca. 60 Wörter
10. bis 12. Monat	• Pinzettengriff • freies Stehen und erste Schritte	• eigener Vorname wird erkannt • Bitten und Danken	• Lall-„Sätze“ mit muttersprachlicher Betonung • Protowörter
13. bis 18. Monat	• freies Laufen • Fingerspiele • Trinken aus der Tasse	• sprachliche Dialoge • handlungsbeglei-tendes Sprechen	• erste sinnvolle Wörter • Verständnis für ca. 200 Wörter • mit 18 Monaten: Gebrauch von mindestens 50 Wörtern
19. bis 24. Monat	• Treppen steigen • kritzeln und malen • Ich-Bewusstsein	• Ausdruck von Wünschen und Gefühlen • Handlungsergeb-nisse erkennen	• „Wortschatzspurt“: mit 24 Monaten • Gebrauch von mindestens 200 Wörtern • erste Zweiwortsätze
24. bis 36. Monat	• Dreirad/Roller fahren • Ball spielen	• Fragen stellen und Hilfe erbitten • Bilderbücher ansehen • mit Fremden sprechen	• Geschichten verste-hen und erzählen • Kinderverse und Lieder • Ich- und Du-Formen • Grammatikregeln grundlegend erworben

2.4 Sprachkompetenz als Ergebnis des Spracherwerbs

Der bisherige Überblick über Spracherwerbsprozesse bietet noch relativ grobe Informationen darüber, wie es dem Kind gelingt, seine Sprachkompetenzen aufzubauen. In diesem Kapitel steht die genauere Betrachtung der einzelnen Sprachebenen (vgl. Kap. 2.1) im Vordergrund, auf denen sich dieser Kompetenzzuwachs vollzieht.

2.4.1 Semantik und Lexikon

Der Aufbau semantisch-lexikalischer Fähigkeiten beginnt, wie in Kapitel 2.3 bereits ausgeführt, schon sehr früh, nämlich mit dem Verstehen von Wortbedeutungen im Alter von ca. acht Monaten. In diesem Alter hat das Kind eine Vorstellung davon, dass bestimmte Bezeichnungen zu bestimmten Objekten oder Personen gehören, und hat diese Bezeichnungen abgespeichert. Es kann auf dieses Begriffswissen zurückgreifen, ohne dass das Objekt selbst sichtbar sein muss.

Die weitere Wortschatzentwicklung vollzieht sich mit fest im Gehirn verankerten Verbindungen zwischen Wortform, Wortbedeutung und Kategorienbildung (semantische Ebene) und dem rasanten Zuwachs an Bezeichnungen und Wortarten ab ca. dem 18. Lebensmonat (lexikalische Ebene). Unter „Kategorienbildung" versteht man hierbei die Verknüpfungen in einem stabilen System von Unter-, Ober- und Nebenbegriffen, die den Zugriff auf die einzelnen Elemente des Wortschatzes ermöglichen. Dabei kann die Zuordnung sowohl vom Speziellen zum Allgemeinen stattfinden (ein Schnauzer ist ein Hund, d.h. ein Vierbeiner, d.h. ein Säugetier, d. h. ein Lebewesen) oder vom Allgemeinen zum Speziellen (zu den Lebewesen gehören z.B. Säugetiere, dazu z.B. Vierbeiner, dazu z.B. Hunde, dazu z.B. Schnauzer). Die folgende Abbildung verdeutlicht die Struktur dieses Begriffssystems als Netz von Verknüpfungen.

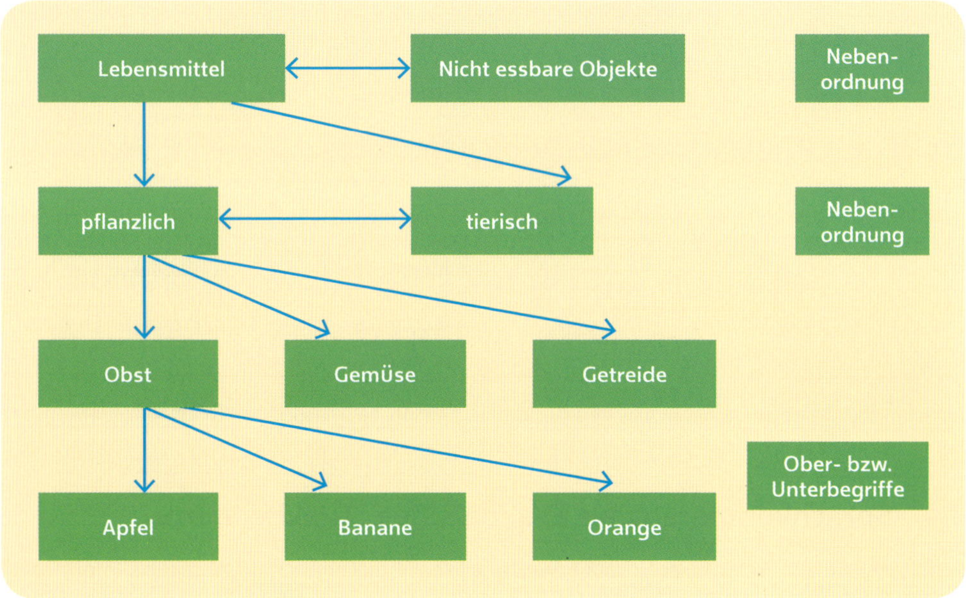

Semantische Hierarchie am Beispiel des Wortfeldes „Lebensmittel"

Aufgaben

1. *Erstellen Sie ein ähnliches Schema für das Wortfeld „Lebewesen".*
2. *Erstellen Sie ein Schema für das Wort „Puppe".*

Das dargestellte System der Begriffsorganisation basiert auf den vom Kind erkannten Merkmalen und Eigenschaften, die es einem Objekt bzw. dessen Begriff zuordnet. So enthält der Begriff „Ball" für das Kind sicher übergreifende Merkmale, wie z. B. die Qualitäten „rund, unbelebtes Objekt, kann rollen", aber auch individuell wahrgenommene Qualitäten, wie die Farbe und Größe des dem Kind bekannten einzelnen Balls.

Beispiele

Bei der Kategorienbildung kann es zu Über- und Untergeneralisierungen kommen, weil Kinder noch nicht sicher über alle Merkmale und Unterscheidungskriterien verfügen. Ist der Ball des Kindes beispielsweise orange, kann es sein, dass es auch Apfelsinen als „Ball" bezeichnet (Übergeneralisierung). Andererseits kann es sein, dass ein Kind mit einem Begriff nur einen einzigen Gegenstand meint, nicht aber alle ähnlichen Objekte der gleichen Kategorie. Dies ist z. B. der Fall, wenn es zwar seine Milchflasche als „Flasche" bezeichnet, aber nicht alle anderen Flaschen (Untergeneralisierung).

Die Geschwindigkeit und der Umfang der semantisch-lexikalischen Entwicklung sind maßgeblich von den Erfahrungen und dem Wissen, welches das Kind zu Objekten, Handlungen, Personen, Eigenschaften usw. erwirbt.
Im Alter von 18 Monaten beherrscht das Kind ungefähr 50 Wörter, im Alter von 24 Monaten schon etwa 200, und im Laufe der nächsten Jahre wächst der Wortschatz bis auf ca. 60.000 Wörter an, über die ein erwachsener Mensch aktiv verfügen kann.

2.4.2 Grammatik

Wie bereits ausgeführt, steigt das Kind mit ungefähr 18 Monaten in den Grammatikerwerb ein, d. h. zu dem Zeitpunkt, wenn sein aktiver Wortschatz eine Größe von ungefähr 50 Wörtern erreicht hat. Ab dieser Wortschatzgröße und aufgrund seiner kommunikativen und kognitiven Entwicklung ist es dem Kind nun nicht mehr möglich, alle Gedanken, Wünsche und Mitteilungsbedürfnisse mithilfe der bislang beherrschten Einzelelemente auszudrücken. Es fängt an, die Elemente nach den aus der Umgebungssprache erkannten Regeln miteinander zu kombinieren. Dies geschieht in folgenden Schritten.

Phase 1: Vorläufer zur Syntax
Im Alter von ca. 18 Monaten beginnt das Kind, einzelne Wörter miteinander zu kombinieren bzw. sie zu wiederholen, z. B. als „butt butt butt (= kaputt) oder „mama, auf“ (Kind will, dass die Mutter die Spielkiste öffnet).

Phase 2: Erwerb des Syntaktischen Prinzips
Im Alter von ca. 2;0 Jahren kombiniert das Kind zwei bis drei verschiedene Wörter bzw. Wortarten miteinander. Das Kind verwendet Äußerungen wie z. B. „Stuhl sitzen“ (Nomen und Verb), „Wauwau bös“ (Subjekt und Adjektiv), „Micha Haus“ (Subjekt und Objekt).

Phase 3: Vorläufer der einzelsprachlichen Grammatik
Im Alter von ca. 2;6 Jahren steigt die Äußerungslänge deutlich an. Das Kind beachtet schon einige grundlegende Grammatikregeln, wie z. B. die Regel zur Zweitstellung des Verbs im Hauptsatz („Ich leg Puppi Bett“) oder die Regel zur Anpassung des Adjektivs an die Form des Nomens (= Kongruenzregel: „schöne blaue Mütze habe“).

Phase 4: Erwerb einzelsprachlicher syntaktischer Besonderheiten
Im Alter von ca. 3;0 Jahren ist das Kongruenzsystem vollständig erworben, die Kinder beherrschen korrekte Formen für Haupt- und Nebensätze (z. B.: „Gleich fährt er los“). Der Gebrauch von Verben in der 2. Person Singular (z. B. „Du gehst“) markiert den vollständigen Erwerb aller Verbformen.

Phase 5: Komplexe Sätze
Im Alter von ca. 3;6 Jahren kann das Kind Nebensätze bilden, es beherrscht die Passivund Vergangenheitsformen, Verneinungen, Fragesätze und das gesamte Kasussystem. Es äußert Sätze wie z. B. „Das geht nicht, weil der zu groß ist“.

Fünf Phasen des Grammatikerwerbs nach Dannenbauer (vgl. Beushausen/Klein 2015, S. 15)

Bei aller gebotenen Vorsicht gegenüber Altersangaben bleibt festzuhalten, dass Kinder im Laufe des vierten Lebensjahres die grundlegenden Regeln des grammatischen Systems ihrer Muttersprache erworben haben und sie fast immer korrekt anwenden können.

Aufgabe

Finden Sie für jede Phase weitere Beispiele für Äußerungen von Kindern im jeweiligen Alter. Notieren Sie diese Beispiele und stellen Sie sich gegenseitig Ihre Ergebnisse vor.

2.4.3 Aussprache

Das Lautsystem der Muttersprache wird von Geburt an trainiert und ist mit ca. sechs Jahren vollständig erworben. Das Training der Lautbildung beginnt bereits mit den frühen Vokalisationen unmittelbar nach der Geburt und setzt sich mit den Gurrlauten und der Nachahmung von Lauten fort. Konsonant-Vokal-Verbindungen und Lautierungsketten wie „babababab a" stellen vom sechsten bis zwölften Lebensmonat eine wichtige Übungsphase dar, in welcher der Säugling Kontrolle über seine Sprechwerkzeuge erhält und sich so auf die erste Wortproduktion vorbereitet (vgl. Grimm 2012, S. 37).

Die am häufigsten gebrauchten ersten Wörter sind in allen Sprachen „mama" und „papa" oder ähnlich lautende Worte, was zum einen mit der anfänglich vorhandenen und in den vorsprachlichen Stadien geübten Fähigkeit zur Bildung von Konsonant-Vokal-Verbindungen zusammenhängt und zum anderen damit, dass dies die emotional wichtigsten Personen für das Kind sind.

Aufgaben

1. *Diskutieren Sie die Frage nach „Henne oder Ei": Werden die Eltern in fast allen Kulturen „Mama" und „Papa" genannt, weil das Kind solche Laute schon mit sechs bis acht Monaten produzieren kann oder produziert das Kind diese ersten Worte, weil die Eltern sich selbst so benennen? Notieren Sie Ihr Diskussionsergebnis.*
2. *Befragen Sie so viele mehrsprachige Personen wie möglich nach deren Bezeichnungen für die Eltern: auf Englisch „mum" und „dad", Französisch „maman" und „papa", Italienisch, Griechisch, Türkisch, Polnisch, ...*

   Welche Lautketten hat das Kind wohl vorsprachlich produziert?

Die ersten Wörter des Kindes werden normalerweise noch nicht gemäß der Erwachsenennorm ausgesprochen, sondern enthalten typische Vereinfachungen, weil das Kind noch nicht alle Sprechbewegungen und deren Verbindungen beherrscht. Das Kind erarbeitet sich die einzelnen Laute des Deutschen in folgender Reihenfolge:

Aufbau des Lautsystems: Phonetische Entwicklung

Alter	beherrschte Laute
1. Lebensjahr	Labiallaute (p, b, m) und Vokale werden gezielt zu Lallmonologen und Silbenketten verbunden, z. B. mamamam, babababa.
2. Lebensjahr	Alveolarlaute (t, d, n, l) werden gebildet, erste Worte bestehen aus Alveolar- und Labialkonsonanten plus Vokalen, z. B. /bap/ für Birne, /ata/ für auto, /mim/ für Milch, /pip/ für Vogel, /baba/ für Baby.
3. Lebensjahr	Erste Frikative (f und w, stimmhaftes s) können gebildet werden, ebenso wie erste Konsonantenverbindungen, z. B. /bla/ für blau, /flassa/ für Flasche, /anda/ für anderes.

4. Lebensjahr	Weitere Frikative (ch, sch, stimmloses s) kommen hinzu sowie die Velarlaute (g, k) und Vibranten (r), werden aber noch nicht sicher beherrscht, z. B. /iss/ statt ich, /dün/ statt grün, /ssu/ statt Schuh.
5. Lebensjahr	Die vorhandenen Laute werden gefestigt, in den meisten Fällen korrekt angewandt und in einfachen Kombinationen richtig eingesetzt, z. B. Blume, fliegen, Schnee, Hampelmann. S- und Sch-Laute werden evtl. noch als Lispellaut produziert.
6. Lebensjahr	Das Kind beherrscht nun auch die S- und Sch-Laute und alle Lautkombinationen, auch so schwierige wie z. B. in Straße, springen, Pflanze.

(vgl. Beushausen/Klein 2015, S. 12; Bunse/Hoffschildt 2014, S. 67 ff.)

Weitere Vereinfachungsprozesse kommen hinzu, weil das Kind noch nicht genau weiß, wo welche Laute hingehören. Es bildet deshalb noch viele Auslassungen, Vertauschungen und Ersetzungen. Diese Vereinfachungen werden als *phonologische Prozesse* bezeichnet und in drei Hauptgruppen eingeteilt:

Aufbau der Lautstruktur: Phonologische Entwicklung

phonologische Prozesse	Erläuterungen und Beispiele
Silbenstrukturprozesse	Das Kind vereinfacht, indem es bei mehrsilbigen Wörtern die unbetonten Elemente auslässt, z. B. /nane/ statt Banane, /tive/ statt Lokomotive, oder indem es Konsonantenkombinationen auf eines der Elemente reduziert, z. B. /blume/ statt Blume.
Harmonisierungsprozesse	Das Kind gleicht einzelne Elemente der Lautstruktur an vorangehende oder nachfolgende Elemente an, z. B. /pibel/ statt Spiegel als Angleichung an den vorangehenden Konsonanten, /gok/ statt Stock als Angleichung an den nachfolgenden Konsonanten.
Substitutionsprozesse	Das Kind ersetzt einen Laut durch einen anderen z. B. Frikative durch Plosive wie bei /tate/ statt Tasse, oder sch/ und /ch/ durch /s/: /sif/ statt Schiff, /nis/ statt nicht.

(vgl. Fox-Boyer/Groos/Schauß-Golecki 2015, S. 30)

Im Rahmen der zunehmenden Übung und Sicherheit der Aussprache werden diese Prozesse überwunden, die Vereinfachungen verschwinden und gehen in die korrekte Sprechweise über. Im Alter von vier bis fünf Jahren sind die o. g. Prozesse überwunden und das Kind kann die meisten Laute im einzelnen Wort, aber auch im Satz richtig anwenden.

3 Sprachförderung in pädagogischen Handlungsfeldern

In diesem Kapitel werden folgende Kompetenzen erworben:

- Theoretische Grundlagen und praktische Vorgehensweisen der Unterstützung von Spracherwerb und Sprachentwicklung
- Prinzipien der alltagsintegrierten Sprachförderung
- Nutzen des eigenen Sprach- und Stimmvorbildes für die Sprachförderung

Die Inhalte dieses Kapitels sind den **Lernfeldern 2 und 3** zuzuordnen. Im Mittelpunkt steht der Erwerb von pädagogischen Sprachförderkompetenzen, um im Alltag von Kindertageseinrichtungen möglichst optimale Bedingungen zur Unterstützung von Sprachentwicklungsprozessen herstellen zu können.

3.1 Pädagogische und alltagsintegrierte Sprachförderung: Was ist das?

Lernsituation zum Einstieg in das Thema

Die sehr individuellen Entstehungsbedingungen und Formen von Sprach-, Sprech- und Kommunikationsfähigkeiten machen es unmöglich, festgelegte Förderprogramme zu entwickeln, die dann für alle Kinder Gültigkeit haben. Pädagogische Sprachförderung heißt, die Individualität des Kindes zu akzeptieren, die sich auch im Tempo, in der Art und dem Umfang seiner Spracherwerbsfähigkeiten zeigt. Aus der Fülle von Sprachfördermöglichkeiten müssen demnach immer individuell diejenigen ausgewählt werden, die zu den Fähigkeiten, Bedürfnissen und Förderzielen des einzelnen Kindes passen.

Sprachförderung geschieht im Alltag vor allem dadurch, dass erwachsene Kommunikationspartner des Kindes auf seine individuellen Lernprodukte reagieren und ihm fördernde Sprachangebote machen. In den folgenden Dialogausschnitten zwischen Anton, 3;11 Jahre alt, und seiner Mutter finden sich sowohl Beispiele für förderliche als auch für weniger förderliche Kommunikationsweisen.

Dialogbeispiel 1

Anton kommt vom Spielplatz ins Haus und hat ein Schneckenhaus gefunden.

Anton: „Tutt mal, iss habe ne Snette defundet!"

Mutter: „Du bist ja ganz schmutzig! Zieh erst mal die Gummistiefel aus, komm her, ich helfe dir."

Anton: „Iss will niss die Stiefel, tutt doch mal die Snette, ne Snette hab iss, ne danz droße!"

Mutter: „Und die Jacke ist auch dreckig, zieh schnell aus! Ein Schneckenhaus hast du? Iih, da ist ja auch Dreck dran, das müssen wir erst mal waschen."

Anton: „Au ja, die Snete wassen, tomm, wir dehen ans Wasser."

Mutter: „Nein, halt, erst ausziehen!"

Dialogbeispiel 2

Anton und seine Mutter fahren im Bus durch die Stadt.

Anton: „Oh, ssau mal, eine Ta – äh – Laterne, die is danz drün."

Mutter: „Ja, da steht eine grüne Laterne, da beim Kaufhaus."

Anton: „Am Taufhaus is auch danz viel drün dran."

Mutter: „Ja, das stimmt: Da sind grüne Schilder, da ist grüne Farbe an der Wand, die Fenster sind grün."

Anton: „Und da, eine Polizei, die is auch drün!"

Mutter: „Ja, die Polizei ist auch grün und weiß. Eine Feuerwehr ist nicht grün, die ist ...?"

Anton (laut): „Rot!"

Mutter (lacht): „Ja klar, die ist rot!"

Dialogbeispiel 3

Anton und seine Mutter machen ein Sprechspiel, um herauszufinden, wer mit dem Tischdecken dran ist.

Mutter: „Ene – mene – Miste …“

Anton: „Es rappelt in der Tiste!“

Mutter: „Ene – meine – Muh …“

Anton: „Und raus bist duuuu! Du sollst den Tiss detten, du bist dran.“

Dialogbeispiel 4

Anton und seine Mutter schauen ein Bild mit vielen Tieren an. Anton hat schon viele Tiere erkannt und benannt, aber jetzt wird ihm langsam langweilig.

Mutter: „Und wie heißt das Tier hier?“

Anton: „Weiss iss niss.“

Mutter: „Doch, ganz bestimmt, das weißt du, das hast du schon mal im Zoo gesehen.“

Anton: „Im Zoo? Weiß iss niss. Tönn wir was andernes machen?“

Mutter: „Können wir was anderes machen? Na gut, was möchtest du denn tun?“

Anton: „Weiss iss niss.“

Mutter: „Ach, Anton! Anton Weiss-ich-nicht!“

Anton (kichert): „Weiss iss auch niss!“

Dialogbeispiel 5

Anton und seine Mutter schauen Antons Lieblingsbilderbuch an.

Anton: „Und da is die Tatze.“

Mutter: „Ja, das ist die Katze, die hat Hunger. Weißt du, was als Nächstes passiert?“

Anton: „Die sucht die Maus!“

Mutter: „Ja, genau, die sucht die Maus und will sie fressen. Was meinst du, ob sie die Maus schnappen kann?“

Anton: „Das haben wir doch sson delesen, die Maus is slau und läuft dleis weg.“

Mutter: „Die Maus ist schlau und läuft schnell weg, stimmt, hier sieht man sie laufen.“

Anton: „Die läuft danz snell weg.“

Mutter: „Ja, ganz schnell ist die, die flitzt. Und die Katze kommt nicht hinterher.“

Anton: „Nee, die tommt niss hinterher. Die muss Hunger behalten.“

Mutter: „Ja, die muss hungrig bleiben.“

Aufgaben

1. *Versuchen Sie herauszufinden, mit welchen Vorgaben und Antworten die Mutter positiv auf Antons Sprachgebrauch und Kommunikationsverhalten einwirkt. Was genau tut sie da?*
2. *Was passiert im Dialog der beiden, wenn es nicht so gut läuft? Wer behindert wodurch die Kommunikation?*

Web

Zusätzliche Anregung:
Beobachten Sie Kinder unterschiedlichen Alters (z. B. zwei Jahre, drei Jahre, vier Jahre) in verschiedenen Dialogsituationen, z. B. mit einem gleichaltrigen Kind, einem deutlich jüngeren Kind, in einer entspannten Situation, beim Streit, im Gespräch mit einer erwachsenen Person. Schreiben Sie kleine Dialogsequenzen auf und suchen Sie darin Beispiele für gelungene Kommunikation.

Im Zusatzmaterial finden Sie eine Vorlage zum Notieren und Auswerten der Dialoge.

„Normale" Sprachförderung geschieht im Alltag der Familien und der pädagogischen Einrichtungen vor allem dadurch, dass die Kommunikationspartner des Kindes auf seine Sprech- und Kommunikationsaktivitäten reagieren und ihm fördernde Sprachangebote machen. Hierbei handelt es sich also um eine eher intuitive Unterstützung der Sprachentwicklung, die im Alltag des Kindes eher ungeplant stattfindet, aber von Eltern und anderen Bezugspersonen effektiv eingesetzt wird.

Die **professionelle, pädagogische Sprachförderung** geschieht ebenfalls in der alltäglichen Lebenswelt der Kinder, ist aber ein gezielter Prozess und strebt zweierlei Zielsetzungen an:

» Den Kindern sollen im Rahmen ihrer normalen Entwicklung möglichst optimale Sprachlernbedingungen zur Verfügung gestellt werden.

» Die sprachlichen und kommunikativen Handlungsmöglichkeiten von Kindern, deren Sprachlernfähigkeiten aufgrund ungünstiger (sozialer) Entwicklungsbedingungen beeinträchtigt sind, sollen systematisch erweitert werden.

Eine **pädagogische, alltagsintegrierte Sprach- und Kommunikationsförderung** versteht sich als eine ganzheitliche (Sprach-)Entwicklungsförderung, bei der Lernziele mit Bezug zur normalen Entwicklungsreihenfolge geplant werden. Diese Förderangebote vollziehen sich in alltagsnahen, natürlichen Kommunikationssituationen und sollten auf die lebensweltlichen und entwicklungsgerechten Bedürfnisse des einzelnen Kindes eingehen.

Zielsetzungen pädagogischer Sprachförderung

pädagogische Sprachförderung ist ...	pädagogische Sprachförderung soll funktionieren für ...
ein gezielter Bildungsprozess zum Ausgleich von Bildungsbenachteiligung	Vorschulkinder mit Deutsch als Muttersprache
eine am normalen Spracherwerb orientierte pädagogische Maßnahme	Kinder mit Migrationshintergrund
ein planvoller Prozess auf Basis genauer Sprachlern-Beobachtung	Kinder aus einem anregungsarmen sozialen Umfeld
ein pädagogisch gezielter Einsatz von sprachlern-unterstützenden Angeboten	die Prävention von Lese-Rechtschreib-Störungen

An die pädagogische Sprachförderung, wie sie in der Kindertagesstätte durchgeführt werden kann, werden von bildungs- und sozialpolitischer Seite, aber auch von Eltern und Schulen große Anforderungen gestellt. So sollen sowohl normal entwickelte Kinder in ihrer Sprach- und Kommunikationskompetenz unterstützt werden als auch spracherwerbsgefährdete Kinder, die in einem mehrsprachigen oder anregungsarmen Umfeld aufwachsen. Nicht zuletzt soll, da man den großen Wert der Sprachkompetenz für das schulische Lernen mittlerweile deutlich erkannt hat, mit der Sprachförderung auch noch das Ziel der Prävention von Lese-Rechtschreib-Störungen verfolgt werden. Tatsächlich lässt sich auch eine ganze Menge dieser Zielsetzungen verwirklichen.
Die planvolle Bereitstellung eines sprachentwicklungsanregenden Alltags führt bei

- sich normal entwickelnden Kindern dazu, dass sie schneller und sicherer lernen,
- mehrsprachigen Kindern dazu, dass sie die deutsche Sprache leichter erlernen,
- Kindern aus einem anregungsarmen Umfeld dazu, dass sich das Kind viel mehr an Sprachkompetenz aneignen kann, als dies ohne Förderung der Fall wäre.

Eine frühzeitige pädagogische Sprachförderung kann also dazu führen, dass die Sprach- und Schriftsprachentwicklung so optimal wie möglich verläuft.

Sprachentwicklung und sprachlich-kommunikative Fähigkeiten sind ein ganz entscheidender Faktor für schulischen und beruflichen Erfolg. Seit der Einführung vergleichender Lernentwicklungstests, z.B. der seit dem Jahr 2000 europaweit durchgeführten PISA-Studie, aber auch mit den international gültigen Verpflichtungen zur Förderung der sozialen Teilhabe wurde deutlich, dass in Deutschland die Unterstützung behinderter, sozial oder sprachlich benachteiligter Kinder ausgebaut werden musste.

Als Konsequenz aus dieser Erkenntnis wurde die frühkindliche Sprachförderung als vorschulisches Bildungsziel festgeschrieben. Um dieses Ziel zu erreichen, wurden in den Bundesländern oft zufällig Sprachentwicklungs-Überprüfungen und Sprachförderprogramme ausgewählt, deren Umsetzung in den Kindertagesstätten immer noch oft von ungeschultem Personal und `nebenbei´ erfolgt. Manche Bundesländer schreiben genau vor, welche Kinder zu welchem Zeitpunkt und mit welchen Programmen gefördert werden sollen, andere überlassen diese Auswahl ganz den pädagogischen Einrichtungen, sodass mittlerweile bundesweit ein unübersichtlicher Flickenteppich an oftmals sehr willkürlich eingesetzten Sprachfördermaßnahmen entstanden ist.

Die wissenschaftliche Begleitung durch bildungs- und sprachwissenschaftliche Forschung hat gezeigt, dass diese ersten Maßnahmen nach dem sogenannten PISA-Schock nur wenig Erfolg hatten:

- Programme, die sich nur auf Kinder mit Migrationshintergrund konzentrieren, vernachlässigen deutsche Kinder mit sprachlichem Förderbedarf.
- Programme, die nur im letzten Kita-Jahr ansetzen, verpassen wichtige Sprachentwicklungsphasen und kommen für viele Kinder zu spät

» Programme, die von nur kurz geschulten Erzieherinnen durchgeführt werden und deren Umsetzung im Kita-Alltag nicht weiter begleitet wird, bleiben unwirksam, weil die Erzieherinnen nicht wissen können, wie sie das Programm unter den speziellen Bedingungen vor Ort umsetzen sollen.

» Programme, die mit festgelegten Schritten und Fördermaßnahmen eine gewisse Sicherheit vermitteln, was mit den Kindern in welcher Reihenfolge getan werden soll, arbeiten nach dem Gießkannenprinzip: Sie fördern alle Kinder gleich, wobei nur wenige Kinder von diesem Angebot tatsächlich profitieren.

» Programme, bei denen bestimmte Kindergruppen (z. B. alle Kinder mit Migrationshintergrund, alle Kinder im letzten Kita-Jahr, alle Kinder mit auffälligen Testergebnissen bei einer Sprachstandserhebung) aus der Gesamtgruppe herausgeholt und mit speziell entworfenen Lernsituationen zur Sprachförderung unterstützt werden sollen, haben sich als weitgehend unwirksam erwiesen: Die Kinder erweitern zwar in aller Regel ihren Wortschatz, holen ihre Sprachentwicklungs-Rückstände gegenüber Gleichaltrigen aber nicht auf.

LESE-TIPPS

Informationen zur (geringen) Wirksamkeit von Sprachförderprogrammen und dazu, wie man es besser machen kann:

- Buschmann, Anke/Sachse, Steffi: Alltagsintegrierte Sprachförderung in der Kita. In: Textor, Martin R. (Hrsg.): Kindergartenpädagogik – Online-Handbuch. Abruf unter http://www.kindergartenpaedagogik.de/2182.html

- Götte, Rose: Vorlesen allein reicht nicht! Abruf unter http://www.zeit.de/2011/33/C-Erzieherinnen-Goette

- Lisker, Andrea: Sprachstandsfeststellung und Sprachförderung im Kindergarten sowie beim Übergang in die Grundschule. Expertise im Auftrag des Deutschen Jugendinstituts. München: Deutsches Jugendinstitut e.V., Abteilung Kinder und Kindertagesbetreuung 2010.

Im Bemühen, die Sprachförderung zu verbessern und möglichst allen Kindern mit ihren unterschiedlichen Herkunfts- und Lebensbedingungen gleiche Frühförderchancen zu ermöglichen, hat das Bundesministerium für Familie, Senioren, Frauen und Jugend im Rahmen der Initiative „Frühe Bildung: Gleiche Chancen“ zwei Programme gestartet: Dem Programm „Schwerpunkt-Kitas Sprache und Integration“ (2011–2015) schloss sich seit 2016 das „Bundesprogramm Sprach-Kitas“ an. In den Sprach-Kitas sollen vom Bundesprogramm geförderte Fachkräfte für sprachliche Bildung tätig sein, die speziell ausgebildet sind und begleitend beraten werden. Die Fachkräfte für sprachliche Bildung können im Kita-Team als Multiplikatoren für die alltagsintegrierte Sprachförderung zur Verfügung stehen. Sie beraten also ihre Kolleginnen und Kollegen im Hinblick darauf, wie Sprachförderung in die Bildungsarbeit einfließen kann, und können selbst auf ein kollegiales Netzwerk und Coaches für eine sogenannte Fachberatung zurückgreifen.

Aufgaben

1. *Finden Sie mehr Informationen auf der Internetseite des Bundesministeriums für Familie, Senioren, Frauen und Jugend zum Bundesprogramm Sprach-Kitas: www.fruehe-chancen.de/sprach-kitas*
2. *Welche Ziele verfolgt das Programm zur sprachlichen Bildung, zur inklusiven Bildung und zur Beratung von Familien?*
3. *Wie werden Kindertageseinrichtungen dabei unterstützt, zu einer Sprach-Kita zu werden?*

Aus den Ergebnissen der wissenschaftlichen Begleitung verschiedener Sprachförderkonzepte lässt sich ablesen, dass Sprachförderung wesentlich wirksamer geschieht, wenn sie am Alltagsgeschehen anknüpft und die Kinder nicht extra dafür aus ihrer Kita-Gruppe und Gruppenumgebung herausgeholt werden. Effektive pädagogische Sprachförderung wirkt gezielt, aber beiläufig. Sie geschieht planvoll und mit definierten Förderzielen, ist aber für die Kinder selbstverständlicher Teil ihrer Lebenswelt. Sie hat Alltags- und Handlungsbezug und ist für die Kinder anregend und motivierend. Zusammengefasst werden diese Merkmale unter dem Begriff der alltagsintegrierten sprachliche Bildung.

Alltagsintegrierte sprachliche Bildung:

„Alltagsintegrierte sprachliche Bildung ist entwicklungs-, lebenswelt- und kompetenzorientiert. Sie zeichnet sich dadurch aus, dass sie in bedeutungsvolles Handeln eingebettet und durch feinfühlige Beziehungsarbeit begleitet ist und in allen Situationen des Einrichtungsalltags ihre praktische Umsetzung findet. Sie schließt demnach sowohl alltägliche Routinesituationen (wie Mahlzeiten, Körperpflege, Hol- und Bringzeiten, etc.) als auch geplante und freie Spiel- und Bildungssituationen innerhalb und außerhalb der Kindertageseinrichtung (wie Projekte, Ausflüge, gemeinsame Aktionen und Veranstaltungen, etc.) ein und kann sich an die gesamte Kindergruppe, kleinere Gruppen oder ggf. einzelne Kinder richten.

(Bundesministerium für Familie, Senioren, Frauen und Jugend, Abruf unter https://sprach-kitas.fruehe-chancen.de/themen/sprachliche-bildung/alltagsintegrierte-sprachliche-bildung/ [30.05.2020])

„Der Alltag in Kindertagesstätten bietet einen hervorragenden Rahmen für vielfältige Möglichkeiten zu einer kontinuierlichen und gezielten sprachlichen Anregung. Da insbesondere der alltägliche sprachliche Umgang mit sprachschwachen Kindern und mehrsprachig aufwachsenden Kindern mit geringen Deutschkenntnissen eine große Herausforderung für das pädagogische Fachpersonal darstellt, ist auch für eine alltagsintegrierte Sprachförderung Fachwissen nötig."

(Buschmann/Sachse 2011, Abruf unter https://www.kindergartenpaedagogik.de/fachartikel/ausbildung-studium-beruf/fortbildung-aufbaustudium-supervision/2182)

Um zu erklären, wie und warum alltagsintegrierte Sprachförderung funktioniert, werden in den folgenden Kapiteln diejenigen Strategien beschrieben, die die sprachliche Entwicklung im ganz normalen Alltagsleben von Kindern vorantreiben. Darauf bauen Überlegungen auf, wie sich diese Strategien nutzen lassen, um für einzelne Kinder speziell angepasste Angebote in den Kita-Alltag zu integrieren, wie eine strukturierte Förderplanung aussehen kann und wie spezielle Förderbedürfnisse einzelner Kinder aufgegriffen werden können.

3.1.1 Förderstrategien

Betrachtet man den normalen Spracherwerb, so fällt auf, dass Eltern ganz bestimmte Strategien nutzen, um die Sprachentwicklung ihrer Kinder zu unterstützen und voranzutreiben. Aus den Forschungsergebnissen zur frühen Sprach- und Kommunikationsentwicklung weiß man mittlerweile sehr genau, was an der Elternsprache grundsätzlich so anregend wirkt und was dementsprechend für die gezielte, alltagsintegrierte Sprach- und Kommunikationsförderung genutzt werden kann.

■ ***Die Förderung von Sprache und Sprechen von Kindern beruht auf der Anpassung des eigenen Sprechens an die Bedürfnisse des Sprachlerners.***

Eltern und andere Kommunikationspartner kleiner Kinder passen ihre Sprache und ihr kommunikatives Handeln unbewusst an das an, was das Kind auffassen und verarbeiten kann. Das sprachliche Lernangebot, das das Kind bekommt, ist somit genau auf seine Fähigkeiten und Lernvoraussetzungen zugeschnitten.

Sprachförderung ist Teil des Alltags von Kindern und ihren Kommunikationspartnern.

Das Sprachlernangebot lässt sich in drei hauptsächliche Schritte unterteilen:

» Im **ersten Lebensjahr**, vor dem eigentlichen Beginn des Sprechens, ist die an das Kind gerichtete Sprache von sehr deutlicher Betonung, einem hohen Tonfall, langen Pausen und kurzen, einfachen Sätzen mit kindgemäßem Wortschatz gekennzeichnet (**früher Ammensprache; aktuell: Baby-Talk oder baby-gerichtete Sprache**). Dieses Sprachlernangebot ermöglicht es dem Kind, Sprache von anderen Geräuschen zu unterscheiden, den Zusammenhang von Worten und Gegenständen bzw. Personen zu erkennen und die Sprechmelodie der Muttersprache zu verinnerlichen. Anhand der klar erkennbaren Sprachstrukturen erwirbt das Kind ein grundlegendes Sprachverständnis und es erkennt die Beziehung zwischen Begriff und Objekt.

» Im **zweiten Lebensjahr** hat das Kind begonnen, erste Worte zu sprechen, und nun tritt eine neue Strategie in Kraft: Die Bezugspersonen richten mit dem Kind gemeinsam ihre Aufmerksamkeit auf ein Objekt, begleiten ihre Handlungen mit einfachen, kindgemäßen Äußerungen (**stützende Sprache**), benennen Objekte, Personen und Handlungen mit den immer gleichen Formulierungen (Sprachroutinen, Formate) und sorgen so für ein zuverlässiges Sprachangebot, bei dem das Kind im Dialog seinen Wortschatz und den Satzbau erweitert. Im Spiel und bei immer wiederkehrenden Alltagssituationen verknüpfen sich Sprache und Handlung zu einer festen Einheit.

» Im **dritten Lebensjahr** nimmt die Sprache der Erwachsenen eine neue Modellfunktion ein: Das Sprechenlernen wird durch Fragen, Umformulierungen oder Korrekturen angeregt (**lehrende Sprache**). Die Eltern ermöglichen es dem Kind auf diese Weise, seine grammatischen Fähigkeiten auszubauen und sich immer mehr Sprachregeln zu erschließen.

(vgl. Grimm 2012, S. 52)

Definition: Kindgerichtete Sprache (KGS)

Von Erwachsenen an junge Kinder gerichtete Äußerungen haben bestimmte Merkmale:
- kurze, einfache Sätze
- langsam, deutlich, besonders betont und melodisch gesprochen
- viele einfache Fragen
- viele Wiederholungen
- Erweiterungen der kindlichen Äußerung

Die besonderen Merkmale der KGS erleichtern dem Kind zu erkennen, dass die Kommunikation ihm gilt. Sie helfen dem Kind beim inhaltlichen Verständnis und beim Erkennen von Regeln im Sprachsystem. KGS hat also Verständnis erleichternde, aufmerksamkeitslenkende und kommunikative Funktionen.

(vgl. Bunse/Hoffschildt 2014, S. 55ff.)

Beispiele für die verschiedenen Formen der kindgerichteten Sprache:

Sprachstil	Beispieldialoge
Baby-Talk	Baby liegt auf dem Wickeltisch, die Mutter berührt es an den Füßen und begleitet dies mit: „Da ist der kleine Zeh. Du kleiner, kleiner Zeh. Wo ist der Zeh? Da ist der Zeh!“ *(hohe Stimmlage, langsames Sprechtempo, große Pausen zwischen den Sätzen, deutliche Betonung)*
stützende Sprache a) **gemeinsame Aufmerksamkeit**	Mutter und Kind spielen mit einem Teddy. Mutter *(führt den Teddy, achtet darauf, dass das Kind ihn sehen kann):* „Schau, der Teddy geht spazieren.“ Kind: „Teddy!“ Mutter: „Der Teddy kommt zu dir.“ Kind: „Teddy tomm.“ Mutter: „Ja, hier kommt der Teddy.“
b) **Sprachroutinen, Formate**	Mutter versteckt den Teddy hinter dem Rücken. Mutter: „Wo ist der Teddy?“ Kind: „Wo!“ Mutter: „Wo ist der Teddy?“ Kind: „Wo Teddy?“ Mutter holt den Teddy hervor: „Kuckuck, da ist er ja!“ *(mit deutlicher Betonung)* Kind: „Da Teddy!“ Mutter: „Ja, da ist er wieder! Und jetzt ist er wieder weg.“ Kind: „Wo Teddy?“ Mutter: „Kuckuck, da ist er wieder!“
lehrende Sprache	Mutter und Kind betrachten ein Bilderbuch. Kind: „Da Katze läuft.“ Mutter: „Ja, da läuft die Katze. Und wo läuft der Hund?“ Kind: „Da der Hund.“ Mutter: „Ja, da *läuft* der Hund.“ *(mit deutlicher Betonung)* Kind *(zeigt auf ein neues Bild):* „Und da?“ Mutter: „Da fliegt der Vogel.“

Aufgabe

Ordnen Sie die positiven Kommunikationsstrategien, die Sie am Anfang von Kapitel 3 beobachtet haben, den oben genannten Sprachstilen zu: Wo in Ihren Beispielen oder in den Beispielen von Anton und seiner Mutter finden Sie Baby-Talk, kindgerichtete Sprache, lehrende Sprache?

3.1.2 Förderprinzipien

Im normalen Spracherwerb funktioniert etwas, was man sich auch im Rahmen professioneller Pädagogik für die Sprach- und Kommunikationsförderung zunutze machen kann: Die Sprachvorgaben der Umgebung regen die Sprach-, Sprech- und Kommunikationsfähigkeiten des Kindes gezielt an. Das Sprachvorbild und die Kommunikationsstrukturen der gezielten Förderung sind an die natürliche Elternsprache angelehnt, weil sich diese als grundsätzlich spracherwerbsunterstützend erwiesen hat.

Folgende **Handlungsprinzipien** lassen sich daraus für die Sprach- und Kommunikationsförderung ableiten:

1. *Die Sprache des Erwachsenen bzw. der fördernden Person muss dem Lernniveau der zu fördernden Person angepasst sein. In der Regel bedeutet dies: kurze Sätze, einfacher Wortschatz, viele Wiederholungen, deutliche Betonung der wichtigen Elemente.*

2. *Das Sprachverständnis geht der Sprachproduktion voraus. Eine konsequente Benennung von Objekten und Tätigkeiten, auch im Dialog mit (noch) nicht sprechenden kleinen Kindern, erleichtert diesen die Sprachwahrnehmung, die Verknüpfung von Handeln und Sprechen sowie den Aufbau eines Begriffsystems.*

3. *Sprachlernen braucht Zuverlässigkeit: Gleiche Handlungen und Objekte sollten auch immer mit gleichen Begriffen und Formulierungen begleitet werden, damit das Kind oder die zu fördernde Person die Zusammenhänge von Sprechen und Handeln erkennen kann.*

4. *Sprache wird im handelnden Dialog gelernt. Im Spiel und bei der gemeinsamen Beschäftigung mit Alltagsgegenständen wird Sprache als selbstverständlicher Begleiter von Handlungen wahrgenommen. Das Kind lernt so die Namen und Beschaffenheit von Objekten kennen, lernt sprachliche Regeln zu verstehen und kann zunächst in einen handelnden Dialog treten (geben und nehmen, fallen lassen und aufheben, zeigen und bekommen usw.), bevor es selbst beginnen kann, sein Tun aktiv mit Sprache zu begleiten.*

5. *Sprache braucht Lebensweltbezug und persönliche Bedeutung. Sprache, Sprechen und Kommunikation müssen für das Kind einen persönlichen Wert haben, sonst wird es kein Interesse an der Kommunikation und keine Lernmotivation entwickeln können.*

Diese Prinzipien gelten für alle Sprachförderbereiche und lassen sich im Alltag gut verwirklichen, wenn man beim eigenen Sprechen einige Grundregeln beachtet, wie im folgenden Kapitel dargestellt wird.

3.2 Die Bedeutung des Sprachvorbildes

3.2.1 Die Funktionsweisen des Sprachvorbildes

Wie im Kapitel 2 deutlich wurde, werden die Prinzipien der KGS von Kommunikationspartnern kleiner Kinder ganz automatisch eingesetzt, um sich an deren Sprachlernniveau anzupassen. Eltern und professionelle Erziehungspartner haben hierzu eine ganze Reihe intuitiver Strategien zur Verfügung, bei der das eigene Sprechen automatisch als Förderinstrument wirkt:

Sprachlernstrategie	Beispiele für fördernden Sprachgebrauch
• **Vertraute Alltagssituationen mit zuverlässigem sprachlichem Angebot verbinden:** die gleichen Dinge und Tätigkeiten mit den gleichen Begriffen benennen, gleiche Formulierungen immer wieder wiederholen, damit sich Sprache und Gemeintes miteinander verbinden können	Beim Spiel mit Bildkarten: „Ich habe einen Schuh. Wer braucht den Schuh? Der Schuh ist für dich." Beim Tischdecken: „Hier ist ein Messer. Leg bitte das Messer neben den Teller. Leg bitte auch die Gabel neben den Teller" Beim An-/Ausziehen: „Hier gehört die Jacke hin. Die Jacke kommt an den Haken. Jetzt hängt die Jacke gut."
• **Auf das Kommunikationsangebot des Kindes eingehen:** verbale und nicht verbale Äußerungen des Kindes aufgreifen, in der Antwort erweitern	Kind: „Trinken" Erw.: „Du möchtest etwas trinken? Möchtest du Saft oder Milch trinken?" Kind: Da rot! Erw.: Ja, das Auto ist rot. Das ist ein schnelles, rotes Auto."
• **Die Struktur der Erwachsenensprache systematisch vereinfachen:** deutliche Betonung und ein klarer Rhythmus richten die Aufmerksamkeit auf bestimmte Begriffe	Beim Bilderbuchlesen: „Ein Elefant, ein grooooßer Elefant" „Der Elefant kommt angerannt." Alle Kinderverse, Kinderreime, Mitspielgeschichten usw.
• **Das Kind zum Sprechen anregen:** Fragen oder Aussagen verhelfen dem Kind dazu, sich sprachlich auszudrücken	Anregung durch Fragen: „Was passiert wohl als Nächstes?" „Warum ist die Tasse umgefallen?" Anregungen durch Aussagen: „Ich mag am liebsten das rote." „Das hast du doch bestimmt zu Hause auch."

Auch wenn diese Strategien so selbstverständlicher Bestandteil des Umgangs mit kleinen Kindern sind, sollten sie doch bewusst geübt werden, damit sie nicht nur intuitiv, sondern absichtsvoll und zielgerichtet förderlich eingesetzt werden können. Die folgenden Übungen sollen dazu dienen, das eigene sprachliche Modell zu erfahren und bewusst zu gestalten.

3.2.2 Das eigene Sprechen erfahren und bewusst verändern

Die folgenden Übungen zur Selbsterfahrung des eigenen Sprechens sollen dazu dienen, sich selbst in alltäglichen Sprechsituationen bewusst wahrzunehmen. Bitte bilden Sie hierzu Zweiergruppen, die die Übungen im Wechsel durchführen, sodass immer jeweils eine Teilnehmerin agiert, die andere protokolliert und Feedback gibt.
Beobachtungsbögen für alle Übungen finden Sie im Zusatzmaterial im Internet.

Web

Übung 1: Verschiedene Sprechsituationen, verschiedene Stimmen

Vereinbaren Sie pro Person mindestens drei verschiedene alltägliche Sprechsituationen, in denen Sie sich gegenseitig beobachten möchten, z. B. beim Melden im Unterricht, beim Telefonieren mit einer vertrauten Person, beim Gespräch mit einem Kind, beim Bericht über einen Kinobesuch oder eine Fernsehsendung, beim Abendbrottisch o. Ä.

Aufgabe für die Akteurin:

1. *Sprechen Sie in der Situation so natürlich wie möglich, lassen Sie sich möglichst wenig von der Notizen machenden Partnerin stören.*
2. *Hören Sie sich nach der Beobachtungssituation das Feedback Ihrer Partnerin an und kommentieren Sie, wie Sie selbst Ihr Sprechen empfunden haben.*

Aufgaben für die Beobachterin:

1. *Notieren Sie auf dem Beobachtungsbogen (Zusatzmaterial), wie sich Stimmlage, Sprechgeschwindigkeit, Betonung, Rhythmus, Wortwahl usw. von Situation zu Situation ändern.*
2. *Berichten Sie Ihrer Partnerin mit möglichst vielen Beispielen von den unterschiedlichen Ausdrucksformen.*

Übung 2: Verschiedene Anforderungen, verschiedene Sprechweisen

Stellen Sie sich abwechselnd jeweils eine der folgenden Situationen mit besonderen Anforderungen vor und sagen Sie jeweils einen Satz, der in dieser Situation angemessen wäre, mit der dazugehörigen Betonung, Schnelligkeit, emotionalen Beteiligung usw.

„Notruf"
Sie haben gerade einen Unfall gesehen, bei dem ein Kind angefahren wurde. Per Handy rufen Sie den Rettungswagen und schildern, was passiert ist. Was sagen Sie? Wie sagen Sie es?

„Trost"
Sie haben ein kleines Kind auf dem Schoß, das weint, weil ihm gerade sein Eis heruntergefallen ist. Was sagen Sie? Wie sagen Sie es?

„Lampenfieber"
Sie stehen das erste Mal vor einer Gruppe von Ärzten, denen Sie einen Vortrag über Sprachentwicklung halten möchten. Sie sind wegen dieser Zuhörergruppe mit großer Autorität ziemlich nervös. Sagen Sie einen Satz zur Begrüßung: Was sagen Sie? Wie sagen Sie es?

„Krank"
Sie haben sich eine heftige Erkältung eingefangen und liegen mit hohem Fieber im Bett. Ihre Mutter ruft an und fragt, wie es Ihnen geht. Was sagen Sie? Wie sagen Sie es?

Notieren Sie Ihre Beobachtungen, geben Sie sich Feedback und kommentieren Sie Ihre Erfahrungen.

Übung 3: Absichtliche Sprechveränderungen

Suchen Sie einen kurzen, einfachen Lesetext aus und lesen Sie sich ihn unterschiedlichen Formen vor, wobei jede Form mindestens drei Zeilen lang durchgehalten werden soll:

Sprecherin 1:
- *so schnell wie möglich*
- *so langsam wie möglich*
- *so piepsig hoch wie eine Maus*
- *so brummig tief wie ein Bär*
- *so wohlbetont und sauber ausgesprochen wie möglich*

Sprecherin 2:
- *so laut wie möglich*
- *so leise wie möglich (ohne zu flüstern)*
- *so monoton und abgehackt wie ein Roboter*
- *übertrieben melodiös und betont*
- *so wohlbetont und sauber ausgesprochen wie möglich*

Notieren Sie auf dem Beobachtungsbogen, welche Erfahrungen Sie mit diesen unterschiedlichen Sprechweisen gemacht haben und berichten Sie sich gegenseitig darüber.

3.2.3 Das eigene Sprechen bewusst zur Sprachförderung einsetzen

Nachdem Sie in den vorherigen Übungen erfahren haben, dass und wie Sie Ihre Sprech- und Stimmfähigkeiten variieren können, sollen Sie nun den bewussten sprachfördernden Einsatz ihres sprachlichen Modells kennenlernen. Die folgenden Übungen stellen Ihnen alltägliche Kommunikationssituationen mit kleinen Kindern vor, in denen Sie die Prinzipien der KGS erproben können.
Bitte bilden Sie erneut Zweiergruppen, die die folgenden Rollenspiele im Wechsel durchführen, sodass immer jeweils eine Teilnehmerin das Kind, die andere die Erwachsene spielt. Geben Sie sich anschließend ein Feedback zu Ihren Erfahrungen.

Web

Anleitungs- und Notizbögen für die Übungen finden Sie im Zusatzmaterial.

» ***Baby-Talk bei der Pflegeroutine***
Spielen Sie ein Baby (zehn Monate alt), das gefüttert wird, und eine Erwachsene, die dabei mit dem Baby kommuniziert. Reagieren Sie auf die Kommunikationsangebote des Kindes.

» ***Kuchen backen***
Spielen Sie ein Kleinkind (zweieinhalb Jahre alt), das im Sandkasten „Kuchen" bäckt, und eine Erwachsene, die dabei mit dem Kind kommuniziert. Reagieren Sie auf die Kommunikationsangebote und Fragen des Kindes.

» ***Spielplatz***
Spielen Sie ein Kleinkind (vier Jahre), das sich auf dem Spielplatz nicht die Rutsche heruntertraut, und eine Erwachsene, die dabei mit dem Kind kommuniziert. Reagieren Sie auf die Kommunikationsangebote und Fragen des Kindes.

» ***Baueckenärger***
Spielen Sie ein Kind (fünf Jahre), das sich über einen Spielkameraden beschwert, der gerade den Bauturm zerstört hat, und eine Erwachsene, die dabei mit dem Kind kommuniziert. Reagieren Sie auf die Kommunikationsangebote und Fragen des Kindes.

Alle diese Übungen zur Selbsterfahrung des eigenen Sprechens dienen dazu, sich selbst in alltäglichen Sprechsituationen bewusst wahrzunehmen und das eigene Sprachvorbild bewusst einsetzen zu können. Dies wird bei den gezielten Sprachförderangeboten, die im Kapitel 5 beschrieben werden, noch einmal verdeutlicht.

4 Beobachtung und Einschätzung der Sprachentwicklung als Basis der Förderplanung

In diesem Kapitel werden folgende Kompetenzen erworben:

- Grundwissen zu Meilensteinen des Spracherwerbs als Beobachtungsgrundlage
- Wissen über systematische Sprachstandsbeobachtungen
- Wissen über Verfahren zur Sprachstandsbeobachtung, deren Möglichkeiten und Grenzen
- Fähigkeiten zur Beobachtung und Einschätzung von Sprachentwicklungsverläufen
- Wissen über die Abgrenzung von Förder- und Therapiebedarf
- Kenntnisse über die Früherkennung von Sprach-, Sprech- und Kommunikationsstörungen und zur Kooperation mit therapeutischen Fachkräften

Die Inhalte dieses Kapitels sind den **Lernfeldern 3 und 4** zuzuordnen. Im Mittelpunkt stehen die Möglichkeiten zur zielgerichteten Einschätzung regelhafter und abweichender Sprachentwicklungsverläufe, sodass eine fachkompetente Basis für pädagogische Förderangebote gebildet wird.

4.1 Grundlagen der Bewertung von Sprachentwicklungsverläufen

Lernsituation zum Einstieg in das Thema

Eine Frage, die sich sowohl Eltern als auch Erzieherinnen häufig stellen, lautet: „Spricht das Kind normal?"
Mithilfe des Sprachgefühls, das jeder Mensch im Laufe der eigenen Sprachentwicklung erwirbt und mithilfe der Alltagserfahrungen mit sprachlernenden Kindern gelingt es in der Regel auch Laien, einigermaßen sicher zu beurteilen, ob das Kind alters- und entwicklungsgerecht spricht oder ob es ein Sprachentwicklungsproblem hat.
Die folgenden Beispiele stammen aus einer Gruppengesprächssituation, bei der die Kinder erzählen sollten, was sie kurz zuvor im Bilderbuch „Die Kleine Raupe Nimmersatt" gesehen hatten.

Niklas, 3;9 Jahre alt:
„Die hat Hunger habt und dann danz viel Obst dedesst. So ne Beere und ne Pflaume und n Apfel. Und dann war sie ein Metterling, ne?"

Cem, 4;5 Jahre alt:
„Die Raupe geht zum Fressen und frisst einen Apfel und zwei Pflaumen und drei Birnen. Aber satt war sie immer noch nicht. Und dann hat sie noch mehr gefressen, bis sie ganz müde war. Und im Schlaf ist sie ein Schmetterling geworden. Ein ganz schöner, großer."

Lisa, 4;9 Jahre:
„Die Haupe fresst. So Apfe und so. Und andere Apfe. Und dann fiegt. N' Metteking."

Selim, 4;0 Jahre alt:
„Da so essen und so, viel essen das da, die esst was, rot und so, und das da ein blau, und so essen. Und dann und dann, dann satt und wegfliegen, weiß nicht wie heißt."

Patricia, 4;2 Jahre alt:
„Der Metterling war ne Raupe, der muss so viel essen, bis er sich umverwandeln kann, damit er ganz bunt ist und, und schön. Der hat Flügel mit Rot und Gelb und Blau und Grün."

Aufgabe

Stellen Sie für jedes Kind dar, was Sie an sprachlichen Besonderheiten feststellen können. Versuchen Sie herauszufinden, ob es sich dabei um normale Spracherwerbskennzeichen oder um problematische Merkmale handelt. Überlegen Sie, was die Gründe dafür sein könnten.

Im Zusatzmaterial finden Sie einen Arbeitsbogen, auf dem Sie Ihre Beobachtungen, Bewertungen und Begründungen notieren können.

Web

4.1.1 Was ist normal in der Sprachentwicklung?

Um die Frage danach zu beantworten, ob sich ein Kind sprachlich normal entwickelt, benötigt man zunächst einmal das Grundwissen über die im Kapitel 2 dargestellten Spracherwerbsprozesse. Darüber hinaus sind jedoch eindeutige Beobachtungskriterien erforderlich, mit denen mögliche Abweichungen vom normalen, alters- und entwicklungsgerechten Verlauf erkannt werden können. Eine erste Orientierung bieten dabei die Meilensteine der Sprachentwicklung, die grobe Anhaltspunkte für die Einschätzung des Spracherwerbs liefern.

Meilensteine der Sprachentwicklung

Im Laufe der ersten Lebensjahre erwirbt das Kind Sprach- und Sprechkompetenzen auf folgenden Ebenen und in folgenden Schritten:

- Wortschatz: Mit acht Monaten versteht das Kind einzelne Wörter, mit zehn bis 14 Monaten produziert es erste Wörter, mit 18 Monaten hat es einen Wortschatz von 50 Wörtern, der mit 24 Monaten bereits einen Umfang von 200 Wörtern erreicht.
- Grammatik: Ab dem „Wortschatzspurt“ im Alter von 18 Monaten beginnt das Kind, zwei bis drei Wörter zu kombinieren. Mit 30 Monaten spricht es kleine Sätze. Der Grammatikerwerb ist mit ca. 3;6 Jahren weitgehend abgeschlossen.
- Aussprache: Nach den Laut-Übungen im ersten Lebensjahr beginnt die produktive Lautbildung mit dem ersten Wort. Das Kind erwirbt zuerst Lippen- und Alveolarlaute (p, b, m, t, d, n, l). Im zweiten Lebensjahr kommen Reibelaute (w, f, s) und erste Lautkombinationen hinzu. Bis zum Alter von sechs Jahren werden alle Laute und Lautverbindungen beherrscht.

Diese Aufzählung bietet einige Richtwerte für die frühe Sprachentwicklung und ermöglicht eine Einschätzung darüber, ob der Spracherwerb erwartungsgemäß begonnen hat oder ob Verzögerungen vorliegen. Ein Elterngespräch, in dem diese Entwicklungsschritte erfragt werden, bietet hier meist gute Anhaltspunkte.

Für eine Einschätzung des weiteren Sprachentwicklungsverlaufs bedarf es allerdings einer genaueren Beobachtung auf den einzelnen Sprachebenen. Dafür reicht in einem ersten Schritt meist eine normale Alltagskommunikations- und Spielsituation, in der das Kind gezielt im Hinblick auf verschiedene sprachliche Fähigkeiten beobachtet wird. Bei Verdacht auf eine Spracherwerbsproblematik sollte allerdings in einem zweiten Schritt eine systematische Beobachtung erfolgen (z. B. mit SISMIK oder SELDAK, s. Kap. 4.2) oder das Kind sollte zur genauen Diagnostik einer Sprachtherapeutin vorgestellt werden.

Aufgabe

Web

Führen Sie mit den Eltern oder einem Elternteil von mehreren drei- bis vierjährigen Kindern ein Elterngespräch, bei dem Sie die Eckdaten der Sprachentwicklung erfragen. Notieren Sie Ihre Ergebnisse auf dem Arbeitsbogen im Zusatzmaterial.

4.1.2 Fragestellungen und Risikofaktoren

Möchte man Abweichungen vom normalen Spracherwerb feststellen, müssen die Sprachfähigkeiten des Kindes anhand gezielter Fragen beobachtet und eingeschätzt werden. Dabei lassen sich sowohl erreichte Entwicklungsstufen einschätzen als auch erste Hinweise auf Problembereiche ermitteln. Folgende Beobachtungsbereiche können beispielsweise bei einer Bilderbuchbetrachtung oder einer Freispielsituation erfasst werden:

» **Wortschatz**
- Kann das Kind Bilder und Gegenstände benennen?
- Fragt das Kind nach Benennungen, die es noch nicht kennt?
- Hat es einen altersgemäßen Wortschatz?

■ ***Hinweise auf Wortschatzprobleme ergeben sich, wenn ein Kind häufig ungenaue Universalwörter wie „Dingsda" oder „das da eben" verwendet und eigentlich bekannte Wörter umschreiben muss, weil es sie nicht spontan abrufen kann.***

» **Aussprache**
- Spricht das Kind alle Konsonanten richtig aus?
- Spricht es die Konsonantenverbindungen (z. B. bl, str, schn) richtig aus?

■ ***Hinweise auf Aussprachestörungen ergeben sich, wenn ein Kind einzelne Laute gar nicht spricht oder durch das Vertauschen von Lauten sehr schlecht verständlich spricht. Die einzelnen, nacheinander erworbenen Laute sollten richtig ausgesprochen werden, und bis zum Alter von ca. fünfeinhalb Jahren sollten alle Laute und Lautverbindungen beherrscht werden.***

» **Grammatik**
- Kann das Kind Haupt- und Nebensätze altersgemäß und richtig bilden?
- Gebraucht es die Artikel richtig?
- Bildet es die richtigen Pluralformen?
- Verwendet es die richtigen Verbformen, je nachdem wie viele Personen handeln und welche Zeitform benötigt wird?
- Steht das Verb an der richtigen Stelle im Satz?
- Verwendet das Kind die richtigen Präpositionen?

■ ***Hinweise auf grammatische Entwicklungsstörungen ergeben sich, wenn ein Kind in unvollständigen, kurzen Sätzen spricht („Ich Hause gehen") und dabei wichtige grammatische Elemente oder Endungen weglässt. Ungrammatisches Sprechen fällt durch eine sehr unflexible Satzbauweise auf, bei der oft die Verben immer ungebeugt am Satzende stehen.***

» **Sprachverstehen**
- Versteht das Kind einfache Aufforderungen und handelt entsprechend?
- Kann es auch schwierigere/längere Anweisungen verstehen und umsetzen?
- Fragt das Kind nach, wenn es ein Wort oder den Sinn einer Aussage nicht verstanden hat?
- Kann das Kind Spielregeln verstehen und einhalten?
- Versteht das Kind alles, was in Gruppen oder im Stuhlkreis gesprochen wird?

■ *Hinweise auf eine Sprachverständnisstörung liegen vor, wenn ein Kind häufig unangemessen oder gar nicht auf Aufforderungen reagiert und wenn es längeren Erklärungen nicht folgen kann. Mehrfache Wiederholungen der Aufforderung führen nicht zu besseren Ergebnissen. Aus Resignation fragen Kinder mit Sprachverständnisstörungen meist nicht mehr nach, wenn sie etwas nicht verstanden haben.*

ACHTUNG: Hörstörungen können sich im Alltag sehr ähnlich auswirken wie Sprachverständnisstörungen!

» **Zuhör- und Erzählfähigkeiten**

- Kann das Kind einer Geschichten- oder Bilderbucherzählung folgen?
- Kann es neue Lieder, Singspiele oder Kinderverse rasch lernen?
- Kann es Erzählungen oder Ereignisse verständlich wiedergeben?
- Kann es Zusammenhänge in der richtigen Reihenfolge schildern?

■ *Hinweise auf Störungen der Zuhör- und Erzählfähigkeiten liegen vor, wenn das Kind Sachverhalte nicht in der richtigen Reihenfolge darstellt oder wichtige Elemente (handelnde Personen, Ziele der Handlung, wichtige Gegenstände usw.) auslässt, sodass der Zuhörer nicht rekonstruieren kann, worum es eigentlich geht.*

» **Sprechmelodie und Stimmgebrauch**

- Spricht das Kind in angemessenem Sprechtempo?
- Spricht es melodiös und mit der richtigen Betonung?
- Spricht es mit angemessener Lautstärke?
- Spricht es in altersgemäßer Stimmlage (nicht zu hoch, zu tief, heiser)?
- Singt das Kind gut?

■ *Hinweise auf eine Störung der Sprechmelodie ergeben sich, wenn ein Kind mit monotoner, oft zu lauter Stimme spricht und seinen Stimmgebrauch schlecht den unterschiedlichen Sprechsituationen anpassen kann. Lang anhaltende Heiserkeit ohne akuten Infekthintergrund kann ebenfalls die Folge unangemessenen Stimmgebrauchs sein.*

ACHTUNG: Störungen der Sprechmelodie und des Stimmgebrauchs können ein Anzeichen von unerkannten Hörstörungen sein!

Wichtig ist zu betonen, dass nicht alle der hier aufgeführten Ebenen mit Ja beantwortet werden müssen, um eine unauffällige Sprachentwicklung bestätigen zu können. Eben weil es Entwicklungsprozesse sind, in denen die Kinder stecken, müssen nicht alle der aufgeführten Kriterien positiv erfüllt sein: Manche Fähigkeiten entwickeln sich langsamer als andere und jedes Kind hat sein eigenes Entwicklungstempo. Im Jahr vor der Einschulung sollten die Ja-Antworten jedoch deutlich überwiegen.

Wenn allerdings auf einer oder mehreren der hier aufgeführten Ebenen der Verdacht auf eine Störung vorliegt, sollten die Eltern befragt werden, ob ihnen im häuslichen Umfeld Ähnliches auffällt. Ist dies der Fall, kann gemeinsam mit den Eltern überlegt werden, wie die Kontaktaufnahme zu einer Sprachtherapeutin oder zu einem Facharzt eingeleitet werden kann, um eine genaue Diagnose zu bekommen. Ein Abwarten hilft in den Fällen, wo tatsächlich eine Störung der Entwicklung vorliegt, nicht weiter, sondern verschlimmert nur die ohnehin bestehenden Rückstände. Vor allem Hörstörungen, die zu spät erkannt werden, haben gravierende Auswirkungen auf die gesamte Sprach-, Denk- und Sozialentwicklung des Kindes und sollten bei Verdachtsmomenten immer abgeklärt werden.

■ ***Wenn Hinweise auf Sprachentwicklungsstörungen bestehen, sollte das Kind auf jeden Fall einer Sprachtherapeutin oder bei Verdacht auf Hörstörungen einer Fachärztin vorgestellt werden, die eine genaue Diagnostik durchführen und eventuell bestehenden Therapiebedarf feststellen kann.***

Aufgaben

1. *Füllen Sie für ein dreijähriges, ein vierjähriges, ein fünfjähriges und ein sechsjähriges Kind den im Zusatzmaterial befindlichen Beobachtungsbogen aus.* Web
2. *Fassen Sie Ihre Beobachtungen stichpunktartig zusammen.*
3. *Führen Sie ein Rollenspiel durch, bei dem Sie üben, den Eltern die Ergebnisse mitzuteilen.*

4.2 Sprachstandserhebungen

Nachdem im Jahr 2000 die ersten Ergebnisse der PISA-Studie vorlagen, wurde der Zusammenhang zwischen sozialer und sprachlicher Herkunft, vorschulischer Sprachentwicklung und schulischem Erfolg erstmals breit diskutiert. Das im Vergleich mit anderen Nationen schlechte Abschneiden deutscher Schülerinnen und Schüler wurde vor allem auf eine nicht ausreichende Sprachförderung im Vorschulbereich zurückgeführt, auf eine zu schlechte Vorbereitung auf das Lesen- und Schreibenlernen, und hier vor allem auf gravierend schlechtere Voraussetzungen für Kinder mit Migrationshintergrund und Kinder aus den sogenannten bildungsfernen Schichten. Die aufgedeckten sozialen und schulischen Nachteile vieler Kinder waren der Anlass dafür, dass bundesweit Sprachstandserfassungen und Sprachfördermaßnahmen eingeführt wurden. Die Umsetzung dieser Maßnahmen erfolgt in den einzelnen Bundesländern jedoch sehr unterschiedlich.

4.2.1 Maßnahmen in den deutschen Bundesländern

Betrachtet man die Maßnahmen, die nach dem sogenannten „Pisa-Schock" in den einzelnen Bundesländern ergriffen wurden, um die vorschulische Erfassung von Sprachförderbedarf zu regeln, trifft man auf eine nahezu unübersehbare Vielfalt an Konzepten, Methoden, Verfahren, Materialien und Strategien. Nicht einmal die Zielgruppen, Testdurchführer und -durchführungszeiträume sind übergreifend einheitlich. Der Deutsche Bildungsserver stellt auf seiner Homepage eine fortlaufend aktualisierte Übersicht über die Sprachstandserhebungen der Länder zur Verfügung:

https://www.bildungsserver.de/Sprachstandserhebungen-und-Sprachfoerderkonzepte-der-Bundeslaender-2300-de.html

In den 16 Bundesländern gibt es mindestens 16 verschiedene Vorgehensweisen zu sehr unterschiedlichen Testzeitpunkten und mit je nach Bundesland anderen Konsequenzen, wenn eine Untersuchung auffällige Ergebnisse bringt. Von einem bundeseinheitlichen, gut untersuchten und aktuellen Wissen bezüglich der Sprachentwicklung ein- oder mehrsprachiger Kinder ist man weit entfernt. Diese Verzettelung führt unter anderem dazu, dass Kinder, die von einem in das andere Bundesland umziehen, zweimal getestet werden (z. B. bei Umzug von Nordrhein-Westfalen nach Niedersachsen) oder gar nicht untersucht werden (z. B. bei Umzug nach Nordrhein-Westfalen im Alter von fünf Jahren oder später). Kinder ausländischer Eltern werden in manchen Bundesländern verpflichtend getestet, in anderen wird kein Unterschied nach Herkunftssprache gemacht. In manchen Bundesländern wird zwar nicht flächendeckend getestet, aber alle Kinder werden gefördert, wobei die Förderung eher unspezifisch auf die allgemeine Sprachentwicklung ausgerichtet ist.

Aufgaben

Finden Sie heraus, wie die Sprachstandserhebung und vorschulische Sprachförderung in Ihrem Bundesland geregelt ist:

- *Wer wird getestet?*
- *In welchem Alter?*
- *Mit welchem Verfahren?*
- *Wer führt den Test durch?*
- *Wie wird der Förderbedarf festgestellt?*
- *Wer fördert?*
- *Mit welchem Programm?*
- *Welche sprachlichen Fähigkeiten werden gefördert?*
- *Wie lange wird gefördert?*
- *Welche Qualifikation muss die fördernde Person mitbringen?*

4.2.2 Verfahren zur Sprachstandserhebung

Die in der Sprachstandserhebung eingesetzten Verfahren sind, wie die gesamten Strategien zur vorschulischen Sprachförderung, von Bundesland zu Bundesland unterschiedlich. Auch die bildungspolitischen Hintergründe, vor denen diese Verfahren entwickelt wurden, sind verschieden: Manche möchten die Sprachlernvoraussetzungen für Kinder mit Migrationshintergrund verbessern, manche möchten alle Kinder mit sprachlichen Entwicklungsrückständen frühzeitig erfassen, manche möchten die Sprachlernbedingungen zum Zeitpunkt der Einschulung ermitteln. In manchen Bundesländern wird flächendeckend ein einheitliches Verfahren für alle Kinder verwendet, in anderen stehen bis zu acht Verfahren zur Auswahl. Weil die Erlasse zur Sprachstandserhebung und Sprachförderung häufig geändert werden und es in manchen Bundesländern auch völlig der einzelnen Einrichtung überlassen ist, mit welchen Verfahren sie einen Sprachförderbedarf feststellt und wie sie diesen dann umsetzt, ist es unmöglich, an dieser Stelle einen vollständigen Überblick zu geben. Die meisten Kultusministerien geben die Empfehlung, zur Feststellung eines Förderbedarfs auf die Beobachtungsbögen SISMIK und SELDAK zurückzugreifen, evtl. ergänzend zu weiteren Verfahren.

„SISMIK/SELDAK" (2004, 2006)

SISMIK (Sprachverhalten und Interesse an Sprache bei Migrantenkindern in Kindertageseinrichtungen, Ulich/Mayr 2004) und SELDAK (Sprachentwicklung und Literacy bei deutschsprachig aufwachsenden Kindern, Ulich/Mayr 2006) sind Beobachtungsbögen, die eine gezielte Einschätzung der Sprachentwicklung ein- oder mehrsprachiger Kinder ermöglichen. Die Beobachtung im normalen Alltag in der Einrichtung ermöglicht einen guten Überblick über Aussprache, Wortschatz, grammatikalische und kommunikative Fähigkeiten, aber da die Ergebnisse Einschätzungen sind und keine erhobenen Daten, sind die Schätzwerte eher ungenau. Die Auswertung versteht sich nicht als Diagnose von Sprachstörungen, sondern gibt Hinweise auf mögliche Förderbereiche.

Genauere Informationen zur Sprachstandserfassung und Sprachförderung mehrsprachiger Kinder finden sich in Kap. 6.

Die unterschiedlichen Verfahren zur Sprachstandserfassung haben ihre Vor- und Nachteile. Kein Verfahren erhebt den Anspruch, Sprachstörungen erkennen und diagnostizieren zu können, und das ist auch gut so: Für diese speziellen Fragestellungen gibt es spezifische Tests, die von Fachleuten durchgeführt werden. Für einen ersten Überblick über die Gesamtsprachentwicklung allerdings eignen sich SISMIK/SELDAK gut, und andere Verfahren eignen sich für unterschiedliche Schwerpunktsetzungen. Da kein Verfahren übergreifend alle erforderlichen Aspekte der Sprach- und Kommunikationsentwicklung erfasst, wäre es wünschenswert, dass sich eine Forschungsgruppe bildet, die die Vorteile der Verfahren miteinander kombiniert, um zu einer optimalen, in allen Bundesländern nutzbaren Fassung zu kommen. Da aber jedes Bundesland für seine Bildungsangebote allein zuständig ist und es daher keinen Druck zur Vereinheitlichung gibt, wird diese optimierte Lösung wohl noch auf sich warten lassen.

Aufgaben

Um genau zu wissen, wie die einzelnen Verfahren funktionieren, muss man mehr darüber wissen. Teilen Sie sich in fünf Arbeitsgruppen auf. Versuchen Sie im Internet und in Veröffentlichungen möglichst viele Informationen zu den Verfahren zu bekommen, die in Ihrem Bundesland, Ihrem Regierungsbezirk, Ihrer Stadt oder einer Ihnen bekannten Kita eingesetzt werden.

1. *Stellen Sie sich die grundlegenden Informationen zu den Vorgehensweisen, verwendeten Materialien, Anforderungen an die getesteten Kinder usw. gegenseitig vor, z. B. mithilfe eines Posters, auf dem Sie Ihre Informationen zusammenfassen.*
2. *Machen Sie sich mit den Aufgaben für die Kinder genauer vertraut: Was müssen Sie sagen und tun, was wird vom Kind erwartet, wie notiert man seine Sprache? Probieren Sie einzelne Aufgabenstellungen des Tests aus, zunächst untereinander, dann mit Kindern. Fassen Sie Ihre Erfahrungen stichwortartig zusammen.*

4.3 (Früh-)Erkennung von Sprach-, Sprech- und Kommunikationsstörungen

Neben der Einschätzung der sprachlichen Entwicklung ist es für Erzieherinnen und andere pädagogische Fachkräfte wichtig, vorhandene Sprach-, Sprech- und Kommunikationsstörungen frühzeitig zu erkennen, sodass Fachleute gezielte Diagnose- und Therapiemaßnahmen einleiten können. Damit wird gewährleistet, dass nicht unnötig Zeit mit Fördermaßnahmen vergeudet wird, die den Kindern nicht weiterhelfen, weil sie stattdessen professionelle sprachtherapeutische Unterstützung benötigen. Hierzu ist zum einen grundlegendes Wissen über Sprachentwicklungsstörungen erforderlich (s. Kap. 9), zum anderen ein Überblick über Ziele und Methoden der Früherkennung.

4.3.1 Ziele der Früherkennung

Eine möglichst früh- bzw. rechtzeitige Erkennung von Sprach-, Sprech- und Kommunikationsstörungen kann dazu beitragen, ungünstigen Entwicklungen vorzubeugen und gezielte Förder- oder Therapiemaßnahmen einzuleiten. Die Früherkennung verfolgt dabei zwei grundlegende Ziele:

- Kinder mit Sprachentwicklungsstörungen sollen möglichst früh eine angemessene Therapie erhalten, damit keine oder möglichst wenige Folgeprobleme auftreten, z. B. im Schriftspracherwerb, bei den gesamten schulischen Leistungen oder im Kommunikationsverhalten. Je früher hier therapeutisch angesetzt werden kann, umso größer sind die Chancen auf eine positive weitere Entwicklung.
- Sprach-, Sprech- und Kommunikationsstörungen sind oft die ersten auffälligen Anzeichen von gravierenderen Grunderkrankungen: So werden Hörstörungen oft durch eine verzögerte oder unvollständige Sprachentwicklung erkannt, aber auch bei Kindern mit genetischen Syndromen, wie z. B. dem Fragile-X-Syndrom, fällt oft als erstes ein ausbleibender oder verzögerter Spracherwerb auf. Die beeinträchtigten Sprach-, Sprech- und Kommunikationsfähigkeiten können also Hinweise auf bislang unerkannte Erkrankungen liefern.

4.3.2 Früherkennungszeichen und Risikofaktoren

Die aktuelle Säuglingsforschung und frühe Spracherwerbsforschung (vgl. Kap. 2.2 und 2.3) geben viele Hinweise auf die entscheidenden Erkennungszeichen. Als Kernmerkmal für eine nicht regelgerechte Sprachentwicklung gilt der Wortschatz: Wenn ein Kind im Alter von 24 Monaten „nur 50 Wörter oder noch weniger produziert, so trägt es ein hohes Entwicklungsrisiko“ (Grimm 2012, S. 208). Dies ist nach einer Untersuchung von Grimm (2012, S. 206 f.) bei ca. 14 % aller Zweijährigen der Fall. Diese Kinder haben meist spät angefangen zu sprechen und danach einen deutlich verlangsamten Spracherwerb vollzogen. Deshalb werden sie in der Fachliteratur als „Late Talkers“, also „späte Sprecher“ bezeichnet. Allerdings holt die Hälfte dieser Late-Talker-Kinder den Sprachrückstand bis zum Alter von drei Jahren auf und vollzieht danach einen regelgerechten weiteren Spracherwerb. Die Kinder, die nach spätem Start und langsamem Verlauf bis zum Alter von drei Jahren doch noch in den normalen Spracherwerb finden, werden „Late Bloomers“, also „spät Erblühende“ bzw. Spätentwickler genannt (vgl. Schlesiger/Mühlhaus 2020).

Bei den Kindern, die sich nicht zu „Late Bloomers“ entwickeln, sondern ihren Sprachentwicklungsrückstand beibehalten, sind die Ursachen dafür nicht genau bekannt. Trotzdem kann der verzögerte Sprechbeginn mit weiteren Problembereichen zusammenhängen, die unter Umständen noch nicht erkannt wurden, z. B. mit

» einer sensorischen Integrationsstörung, die den Aufbau der sprachlichen Voraussetzungen hemmt (vgl. Kap. 2.2),

» einer unerkannten oder nicht angemessen versorgten Hörstörung, z. B. nach immer wiederkehrenden Mittelohrentzündungen,

» genetischen Störungen der geistigen Entwicklung, die sich in einer insgesamt verlangsamten frühkindlichen Entwicklung zeigen, aber zu Beginn oft unklare Symptome haben (z. B. Fragile-X-Syndrom),

» Stoffwechselerkrankungen, die die frühkindliche Entwicklung hemmen.

Bei diesen Störungsformen ist es oft die nicht erwartungsgemäße Sprachentwicklung, die den Anstoß zu einer umfangreichen Diagnostik gibt und zum Erkennen des gesamten Ausmaßes der Entwicklungsstörung führt.

LESE-TIPP

Eine gute Zusammenfassung frühkindlicher Entwicklungsstörungen, die dem verzögerten oder ausbleibenden Spracherwerb zugrunde liegen können, findet sich in:

📖 Straßburg, Hans-Michael: Differenzialdiagnostik bei Sprachentwicklungsstörungen aus neuropädiatrischer Sicht, in: Früh genug, zu früh, zu spät? Hrsg. von Ulrike de Langen-Müller/Claudia Iven/Volker Maihack, Köln, Prolog Verlag, 2003, S. 52–73.

📖 Das Problem der Late-Talkers und Fördermöglichkeiten in Kita und Elternhaus werden in folgendem Ratgeber beschrieben: Schlesinger, Claudia/Mühlhaus, Melanie: Late Talker. Späte Sprecher – Wenn zweijährige Kinder noch nicht sprechen. Idstein, Schulz-Kirchner Verlag, 3. Aufl. 2020.

Viele Kinder mit gravierenden Sprachentwicklungsstörungen haben jedoch keine diagnostizierbare Grunderkrankung oder Schädigung im Sinne einer frühkindlichen Entwicklungsstörung. Bei ihnen liegt eine sogenannte funktionelle Sprachentwicklungsstörung vor, deren genaue Bedingungsfaktoren unklar bleiben. Aber auch bei diesen Kindern ist die Gefahr groß, dass die Sprachrückstände zu Lernschwierigkeiten, Schulleistungsproblemen, Lese-Rechtschreib-Störungen und Kommunikations- sowie Verhaltensstörungen führen können.

■ ***Risikofaktoren für spezifische Sprach-, Sprech- und Kommunikationsstörungen:***
- ***deutlich verspäteter Sprechbeginn (später als mit 14–18 Monaten)***
- ***Wortschatz im Alter von 18 Monaten geringer als 20 Wörter***
- ***Wortschatz im Alter von 24 Monaten geringer als 50 Wörter***

- ***Risikofaktoren für Sprach-, Sprech- und Kommunikationsstörungen, die in Zusammenhang mit generellen Entwicklungsstörungen stehen können:***
  - ***Sprachentwicklungsverzögerungen wie oben aufgeführt***
  - ***keine oder unklare Reaktionen auf akustische Reize***
  - ***wenige Kommunikationsreaktionen wie z. B. Zeigen, Blickkontakt, Beruhigen bei Körperkontakt und leiser Ansprache***
  - ***fehlende Handlungsdialoge (z. B. Gegenstände geben und nehmen, „Kuckuck"-Spiel)***
  - ***nach erwartungsgemäßem Beginn der Sprachentwicklung plötzliche Rückschritte oder Verlust bereits erworbener Fähigkeiten***

4.3.3 Möglichkeiten der Früherkennung

Zur Erkennung der Risikofaktoren genügt oft bereits das Sprachgefühl der Eltern oder anderer Personen, die das Kind gut kennen. Da jeder Mensch Kinder kennt, die sich gerade im Spracherwerb befinden, haben Eltern und andere Kommunikationspartner den Vergleich mit der Altersgruppe des Kindes und können absehen, ob sich das Kind innerhalb der nötigen Toleranzgrenzen entwickelt oder ob etwas grundlegend anders ist.

Auf den Sprechbeginn warten alle Eltern mit Spannung, sodass sie sicherlich auch bemerken, wenn dieser später als bei anderen Kindern geschieht. Auch bemerken Eltern sehr zuverlässig, wenn sich kindliche Entwicklungsbereiche sehr deutlich unterschiedlich entfalten, wenn z. B. die motorische Entwicklung gut voranschreitet, aber die Sprachentwicklung anscheinend stehen bleibt. Auch die Kommunikation mit dem Kind wird von den Eltern genau beobachtet. Unerwartete Veränderungen wie plötzliche Hörstörungen oder plötzlicher Verlust bereits vorhandener Fähigkeiten werden von Eltern und anderen Bezugspersonen ebenfalls rasch bemerkt. Ein Elterninterview oder die Befragung anderer Bezugspersonen gibt also bereits sehr viele Informationen darüber, ob Risikofaktoren vorhanden sind oder nicht.

Aufgaben

1. *Bilden Sie Dreiergruppen und entwerfen Sie einen Leitfaden für ein Elterninterview. Welche Informationen möchten Sie erfragen, um möglichst viel über die Gesamt- und Sprachentwicklung des Kindes herauszubekommen? Wie fragen Sie danach?*

2. *Bringen Sie Ihren Leitfaden in eine übersichtliche Form und präsentieren Sie ihn der Gesamtgruppe. Erläutern Sie, mit welcher Zielsetzung Sie die Fragen ausgewählt haben. Überarbeiten Sie den Leitfaden mithilfe der Anregungen aus der Gesamtgruppe.*

3. *Führen Sie mit Ihrem Leitfaden ein Interview mit einem Elternteil oder einer Erzieherin eines Kindes mit Behinderung im Vorschulalter. Fassen Sie anschließend zusammen, welche Informationen Sie über das Kind und seine Sprach-, Sprech- und Kommunikationsfähigkeiten gewonnen haben.*

Neben der Elternbefragung gibt es strukturierte Früherkennungsverfahren, mit denen Entwicklungsabweichungen aufgedeckt werden können. Hierbei handelt es sich teilweise um strukturierte Beobachtungsverfahren, bei denen die Kommunikation zwischen Eltern und Kind beobachtet wird, teilweise um sprachorientierte Untersuchungsverfahren, mit denen die Entwicklung des Kindes auf den unterschiedlichen Sprachebenen untersucht und mit einer Altersnorm verglichen wird. Im deutschsprachigen Raum steht für Kinder ab zwei Jahren als Test der SETK (vgl. Grimm/Aktas/Frevert 2016) zur Verfügung, der zuverlässigen Aufschluss über den Stand der Sprachentwicklung gibt. Darüber hinaus existieren auch Verfahren, die in der Lage sind, Risikokinder bereits im Alter von 18 bis 24 Monaten zu erkennen, nämlich ELFRA 1 und ELFRA 2 (Grimm/Doil 2019). Diese Verfahren konzentrieren sich auf den Wortschatz und das Sprachverständnis, die als Kernmerkmal der Sprachentwicklung gelten.

LESE-TIPP

Auf der Homepage des Deutschen Bildungsservers findet man eine aktuelle Übersicht und Beschreibung der Screeningverfahren zur Sprachentwicklung:
https://www.bildungsserver.de/Tests-Screenings-Beobachtung-zur-Sprachstandserfassung-2314-de.html#Screenings

Aufgrund des in den letzten Jahren erheblich angewachsenen Wissens über den Spracherwerb haben sich auch die Früherkennungsmöglichkeiten verbessert: Es ist heutzutage bereits bei Kindern im ersten und zweiten Lebensjahr möglich, Risikofaktoren zu erkennen, und spätestens im Alter von 36 Monaten können spezifische Sprachentwicklungsstörungen klar diagnostiziert werden. Die dazu erforderlichen Testverfahren können von Sprachtherapeutinnen in spezialisierten Frühfördereinrichtungen durchgeführt werden.

Der mögliche frühe Diagnosezeitraum öffnet ein großes Zeitfenster für Förder- und Therapiemaßnahmen, das genutzt werden kann. Wenn Kinder mit drei Jahren nicht oder nur sehr wenig sprechen, sollte nicht weiter auf eine positive spontane Entwicklung der Sprach-, Sprech- und Kommunikationsfähigkeiten gewartet werden, da diese wahrscheinlich nicht eintreten wird. Da der Spracherwerb in den ersten Lebensjahren des Kindes eine rasante Entwicklung nimmt, sollte man den günstigen Zeitpunkt für eine Unterstützung nicht verpassen. Spätestens im Alter von drei Jahren kann eine gezielte Diagnostik erfolgen, damit darauf aufbauende gezielte Förder- und Therapiemaßnahmen ergriffen werden können.

Eine gezielte Sprachuntersuchung ist schon früh möglich.

Aufgaben

Web

1. *Lesen Sie den Text „Früherkennung und Frühförderung im Bereich Sprache" des Deutschen Bundesverbandes der akademischen Sprachtherapeuten dbs e. V. Der Text ist im Zusatzmaterial im Internet vorhanden.*
2. *Fassen Sie zusammen, was alles an diagnostischen Ebenen aufgeführt wird. Listen Sie auf, welche dieser Informationen Sie durch Eltern- oder Anamnesegespräche erhalten können, welche durch Interaktionsbeobachtungen zu gewinnen sind und für welche eine Fachperson spezielle Testverfahren durchführen muss.*

4.3.4 Projektidee „Früherkennung"

- Mehrere Gruppen von Schülerinnen machen sich mit einem Screeninginstrument zur Erkennung von Spracherwerbsproblemen im Vorschulalter vertraut, z. B. dem Sprachscreening für das Vorschulalter (Grimm 2017).
- Sie wenden das Screeningverfahren in mindestens einer vollständigen Kitagruppe an, besser in einer ganzen Kita.
- Sie setzen sich mit einer Sprachtherapeutin vor Ort in Verbindung und lassen sich bei der Auswertung und Ergebnisinterpretation helfen.
- Sie fertigen eine Posterpräsentation mit den Ergebnissen an und stellen diese auf einer Eltern-Informationsveranstaltung zum Thema „Spracherwerb/Spracherwerbsstörungen" vor.

4.4 Förderung oder Therapie? Grenzen der pädagogischen Sprachförderung

Ein Kind mit Sprach-, Sprech- und Kommunikationsstörungen braucht eine spezielle Unterstützung, die genau auf seine Bedürfnisse und Lernfähigkeiten zugeschnitten ist. Es muss jeweils im Einzelfall entschieden werden, ob dafür die Sprachtherapie oder die Sprach- und Kommunikationsförderung oder eine Kombination von beiden die richtigen Maßnahmen zur Verfügung stellt.

Sprach**therapie** wird von Fachleuten angeboten, die für dieses Spezialgebiet in jahrelangem Studium oder Ausbildung geschult wurden. Sie beherrschen alle erforderlichen diagnostischen, therapeutischen und beraterischen Methoden, um selbstständig den Förderbedarf zu ermitteln und Therapiemaßnahmen einzuleiten. Die Sprachtherapeutin ist Spezialistin für die individuelle Anbahnung von Kommunikationsfähigkeiten und Sprachfähigkeiten und sie ist Spezialistin für die linguistische „Feinarbeit" an Laut-, Wort- und Satzstrukturen. Diese Kompetenzen kann sie bei Menschen mit und ohne Behinderung auch unter Anwendung von komplexen Methoden wie z. B. dem Bobath-Konzept umsetzen. Die Grenzen der Sprachtherapie sind jedoch oft da erreicht, wo es um die Alltagsbedeutung von Sprache und Kommunikation geht: Die Anpassung der Therapiemaßnahmen an die Alltagsbedürfnisse der Betroffenen und deren Angehörigen oder Betreuer kann nur in enger Kooperation mit diesem Personenkreis geleistet werden.

Die pädagogische Sprach- und Kommunikations**förderung** versteht sich als eine ganzheitliche (Sprach-)Entwicklungsförderung, bei der Lernfortschritte mit Bezug zur normalen Entwicklungsreihenfolge geplant werden. Die Förderung vollzieht sich in alltagsnahen, natürlichen Kommunikationssituationen, kann sehr intensiv auf die lebensweltlichen Bedürfnisse und Fähigkeiten des Einzelnen eingehen und kann therapeutische Elemente einbeziehen. Die Möglichkeiten der pädagogischen Sprach- und Kommunikationsförderung können in die Planung von Fördermaßnahmen einbezogen werden und als positive Unterstützung des Therapieangebots wirken. Die Grenzen der pädagogischen Sprach- und Kommunikationsförderung sind jedoch da erreicht, wo die Betroffenen aufgrund der besonderen organischen Verhältnisse oder der besonderen sprachlichen Problemstellungen eine spezialisierte Therapie benötigen.

■ ***Es ist unerlässlich, eine spezialisierte Diagnostik einzuleiten und spezifische sprachtherapeutische Methoden anzuwenden, wenn***
- ***ein Kind im Alter von zwei Jahren noch nicht oder erst wenige Wörter spricht,***
- ***die organischen Voraussetzungen für den Spracherwerb oder die Sprachverwendung beeinträchtigt sind,***
- ***sich trotz Förderbemühungen nach drei bis vier Monaten keine Fortschritte erkennen lassen oder sogar Rückschritte erfolgen.***

Eine **spezialisierte sprachtherapeutische Diagnose** und Beteiligung am Förderprozess ist darüber hinaus immer dann erforderlich, wenn

» ein Kind eine angeborene oder erworbene Behinderung hat, die mit Sprach-, Sprech- und Kommunikationsstörungen einhergeht,

» ein Mensch durch Krankheit oder Unfall eine Behinderung erwirbt, die mit Sprach-, Sprech- und Kommunikationsstörungen einhergeht,

» ein Mensch von einer solchen Behinderung bedroht ist,

» die Sprach- und Kommunikationsentwicklung aus anderen Gründen nicht alters- oder erwartungsgemäß verläuft.

Bei den daraufhin eingeleiteten Therapiemaßnahmen kann gerade bei Menschen mit einer Behinderung nicht auf die enge Zusammenarbeit mit den Fachkräften für die pädagogische Sprach- und Kommunikationsförderung verzichtet werden. Im Idealfall sollten also spezielle sprachtherapeutische Maßnahmen und eine Sprach- und Kommunikationsförderung in der Tageseinrichtung Hand in Hand gehen und sich positiv ergänzen.

Checklisten für die Entscheidung zur sprachtherapeutischen Diagnostik

Erzieherinnen können in der Regel gut beobachten und einschätzen, ob ein Kind Rückstände in der Sprachentwicklung zeigt oder ob es sich im Rahmen seiner Altersgruppe entwickelt. Die beiden folgenden Checklisten für verschiedene Altersstufen helfen bei der Entscheidung, ob bei einem Kind mit auffälliger Sprachentwicklung eine alltagsintegrierte Sprachförderung ausreichen könnte oder ob es besser einer Spezialistin für Sprachtherapie/Logopädie vorgestellt werden sollte.
Wenn Eltern oder Erzieherinnen weniger als die genannten Anzahl der Fragen mit Ja beantworten können, könnte eine therapiebedürftige Sprachentwicklungsstörung vorliegen. Eine pädagogische Sprachförderung in der Kindertageseinrichtung reicht für diese Kinder wahrscheinlich nicht aus. Die Kinderärztin sollte eine Diagnostik bei der Logopädin/Sprachtherapeutin verordnen, damit die Sprachentwicklung genau überprüft werden kann.

Checkliste für zwei- bis dreijährige Kinder

Ist Ihr Kind zwischen zwei und drei Jahren alt, sollten Sie vier von fünf der unten aufgelisteten Fragen mit Ja beantworten können.

	ja	nein
1. Versteht Ihr Kind kleine Aufträge und führt sie aus (Gib mir den Eimer)?	☐	☐
2. Spricht Ihr Kind ca. 50 Wörter aktiv?	☐	☐
3. Beginnt das Kind Wörter miteinander zu Sätzen zu kombinieren (Papa, da)?	☐	☐
4. Verständigt sich das Kind mehr über Sprache als über Zeigen?	☐	☐
5. Wird Ihr Kind von fremden Personen verstanden?	☐	☐

Checkliste für vierjährige Kinder

Hier finden Sie zehn Fragen, ob ein Kind mit etwa vier Jahren sprachlich den Entwicklungsstand Gleichaltriger erreicht hat. Zumindest acht Fragen sollten mit Ja beantwortet werden können. Sollte das nicht der Fall sein, wäre eine fachkundige Überprüfung ratsam.

	ja	nein
1. Versteht das Kind Aufträge mit mindestens zwei Inhalten (Bring das Handtuch in die Küche und hol mir den Ball)?	☐	☐
2. Artikuliert Ihr Kind sämtliche Vokale (Selbstlaute) des Deutschen (a, e, i, o, u, ü, ö, ä, ei, au, eu)?	☐	☐
3. Spricht das Kind sämtliche Konsonanten (Mitlaute) des Deutschen (Ausnahme sind Sch [wie in Schaf] und korrektes S)?	☐	☐

4. Artikuliert das Kind Konsonantenverbindungen wie Gl in Glocke, Fl in Flasche, Br in Brot?	☐	☐
5. Verwendet das Kind alltagssprachlich fünf Ausdrücke zum Oberbegriff Obst (z. B. Banane, Apfel, Kiwi usw.)?	☐	☐
6. Verwendet das Kind alltagssprachlich zehn Ausdrücke zum Oberbegriff Mensch (z. B. Mama, Papa, Tante, Oma, Kinder, Ritter, Mann, Frau)?	☐	☐
7. Verwendet das Kind folgende Wörter für Gegensätze (z. B. groß/klein, dick/dünn, lang/kurz)?	☐	☐
8. Sind die Tätigkeitswörter (Verben) im Satz an der richtigen Stelle (Peter rollt den Ball, nicht: Peter den Ball rollt. Ich habe ein Haustier, nicht: Ich ein Haustier hab'.)?	☐	☐
9. Steigert das Kind Adjektive wie: groß – größer – am größten, klein – kleiner – am kleinsten?	☐	☐
10. Verwendet das Kind verschiedene Mehrzahlbildungen wie z. B. ein Tisch – (viele) Tische, ein Auto – (viele) Autos, ein Kuchen – (viele) Kuchen, eine Katze – (viele) Katzen?	☐	☐

(Die Checklisten wurden dem Buch „Sprachförderung" von Beushausen/Klein (2015, S. 23 und 24) entnommen. Abdruck der Checklisten erfolgt mit freundlicher Genehmigung des Schulz-Kirchner Verlags)

5 Praxis der Sprachförderung

In diesem Kapitel werden folgende Kompetenzen erworben:

- Wissen zu den Förderzielen auf den Ebenen der Kommunikationsfähigkeit, des Wortschatzes, der Grammatik und der Aussprache
- Kenntnisse zur sinnvollen Zusammenstellung von Fördergruppen
- Methodenkenntnisse zur Durchführung von Sprachförderaktivitäten auf den verschiedenen Spracherwerbsebenen

Die Inhalte dieses Kapitels sind den **Lernfeldern 2 und 3** zuzuordnen. Vor allem geht es darum, für die einzelnen Sprachförderebenen vielfältige, kindgemäße Spiel- und Übungsformen kennenzulernen, die sich im Alltag der Einrichtung einfach umsetzen lassen.

5.1 Durchführung von Sprachförderaktivitäten

Lernsituation zum Einstieg in das Thema

Nachdem zuvor die Voraussetzungen für Sprachentwicklung und Sprachförderung beschrieben wurden, soll es in diesem Kapitel vor allem darum gehen, wie man eine alltagsintegrierte Sprachförderung mit geplanten Förderzielen umsetzen kann.

Beispiele

Die Erzieherin A sitzt mit sechs Kindern am Tisch und bastelt mit diesen Laternen für den Martinsumzug. Sie erklärt den Kindern die einzelnen Arbeitsschritte und benennt die verwendeten Werkzeuge und Materialien. Die Kinder erzählen, was sie beim Martinsumzug erleben werden und worauf sie sich besonders freuen. Gemeinsam werden Lieder zum Thema St. Martin gesungen. Nach dem Basteln schaut sich die Gruppe ein passendes Bilderbuch an, aus dem die Erzieherin vorliest.

Die Erzieherin B betrachtet mit einer Kindergruppe ein Buch mit Abbildungen, auf denen viele Dinge zu sehen sind, die nicht stimmen, z. B. ein Hund, der aus der Tasse trinkt, ein Fisch, der Flügel hat oder ein Kind, dass sich Butter mit der Säge auf das Brot streicht. Sie macht mit den Kindern ein Ratespiel: „Ich sehe Schuhe im Kühlschrank." Das Kind, das den gesuchten Gegenstand zuerst findet, darf einen Spielstein darauflegen und nun selbst eine komische Situation auf dem Bild benennen. Reihum kommen alle Kinder mehrfach mit Raten und Rätselerfinden dran.

Erzieherin C regt eine Gruppe von vier Kindern dazu an, einen Wunschzettel für Weihnachten herzustellen. Sie hat ein Poster mit vielen Spielzeugen mitgebracht und einen Spielwarenkatalog. Sie und die Kinder erzählen, was es da alles zu sehen gibt. Anschließend schneiden die Kinder ihre Wunschobjekte aus dem Katalog aus. Was dort nicht zu finden ist, malen die Kinder selbst. Jedes Kind erzählt der Gruppe, was es sich wünscht, und zeigt seinen Wunschzettel in die Runde.

Aufgabe

Alle Erzieherinnen handeln in den beschriebenen Situationen sprachfördernd, aber wie genau? Diskutieren Sie, auf welche Sprachebene jeweils Einfluss genommen wird, und was genau die Kinder bei diesen Aktivitäten lernen.

Die in diesem Kapitel aufgeführten Förderschwerpunkte verfolgen die Zielsetzung, jeweils ganz bestimmte Fähigkeiten und Kompetenzentwicklungen zu unterstützen. Die einzelnen Förderziele sind dabei für unterschiedliche Bedürfnisse, Lernausgangslagen und Vorerfahrungen der Kinder geeignet. Um eine gezielte Planung von Fördermaßnahmen zu erleichtern, die dem einzelnen Kind möglichst gerecht wird (s. Kap. 4), listet die folgende Tabelle auf, welche Förderziele für welche Kinder wichtig sind.

Wer braucht was?

Förderziel	geförderte Kompetenzen	Welche Kinder profitieren davon?
Kommunikation	Kontaktaufnahme gemeinsame Verständigung Mitteilungsbereitschaft	Kinder aus bildungsfernen Elternhäusern mit wenig sprachlicher Anregung; Kinder mit wenig Kontakt zur deutschen Sprache; schüchterne, wenig kontaktbereite Kinder
Wortschatz	Abspeicherung von mehr Wortmaterial schneller und genauer Wortabruf	Kinder aus bildungsfernen Elternhäusern mit wenig sprachlicher Anregung; Kinder mit geringen Deutschkenntnissen; Kinder mit wenig Ausdrucksmöglichkeiten
Grammatik	Regelbeherrschung für Satzbau und Wortformen	Kinder aus bildungsfernen Elternhäusern mit wenig sprachlicher Anregung; Kinder mit geringen Deutschkenntnissen; Kinder mit geringem oder fehlerhaftem Grammatikrepertoire
Mundmotorik und Aussprache	genaue Mundwahrnehmung Motorikkontrolle Aussprachegenauigkeit	Kinder mit offenem Mund, Mundatmung, unkontrolliertem Speichelfluss; Kinder mit undeutlicher Aussprache
phonologische Bewusstheit	Sprachwahrnehmung Regelkenntnis erstes Schriftwissen	alle Vorschulkinder; Kinder aus bildungsfernen Elternhäusern mit wenig sprachlicher Anregung; Kinder mit geringen Deutschkenntnissen
Deutsch als Zweitsprache	Grammatik- und Vokabelsicherheit Ausdrucks- und Verständigungsmöglichkeiten	Kinder mit geringen Deutschkenntnissen; z. T. auch Kinder aus bildungsfernen Elternhäusern mit wenig sprachlicher Anregung

5.2 Spezielle Sprachförderbereiche bei Kindern

Die in diesem Kapitel aufgelisteten Spielideen lassen sich im Alltag von Familien, von Erzieherinnen mit einzelnen Kindern sowie in Kitagruppen und in vielen anderen Kontexten verwirklichen. Die folgenden Spiel- und Übungsvorschläge zur Förderung des Spracherwerbs bzw. der Sprachfähigkeit orientieren sich am natürlichen Spracherwerb, setzen dessen Merkmale jedoch gezielter ein.

Erstens folgen die Vorschläge dem allgemeinen Sprachentwicklungs-Prinzip „Wahrnehmung vor Produktion": Die Wahrnehmung von Sprache und sprachlichen Unterschieden wird jeweils angeregt, bevor die Produktion erfolgen kann. Zweitens verstehen sich die Spiel- und Übungsvorschläge nicht als rezeptartige Handlungsvorschrift, sondern als eine Ideensammlung, aus der nach einer Analyse der Problembereiche und Fähigkeiten individuell ausgewählt werden kann. Drittens konzentrieren sich die Vorschläge auf jeweils einen ausgewählten Sprachförderbereich, sodass eine Orientierung an Problemschwerpunkten und Sprachlernzielen möglich wird.

Entsprechend der Entwicklungsreihenfolge wird zuerst auf die Kommunikationsfähigkeit und anschließend auf die spezifischen Sprachförderbereiche Wortschatz, Grammatik und Artikulation eingegangen.

5.2.1 Förderung der Kommunikationsfähigkeit

Kommunikationsfreude, Spaß am gemeinsamen Handeln und die Erfahrungen mit Verständigungsmöglichkeiten sind die grundlegenden Bausteine für eine gute Sprachentwicklung. Alle Kinder bringen eine gewisse kommunikative Neugier und kommunikative Fähigkeiten mit, die es ihnen ermöglichen, in den Spracherwerb einzusteigen. Viele Kinder mit Kommunikationsstörungen benötigen an dieser grundlegenden Stelle Unterstützung: Sie haben oft die Begrenztheit ihrer kommunikativen Bemühungen erfahren, sie haben Missverständnis- und Irritationssituationen erfahren und viele von ihnen ziehen sich aus der aktiven Kommunikation so weit es geht zurück. Diese Kinder brauchen Unterstützung dabei, Kommunikation und Sprache wieder als sinnvolles Mittel zu erfahren, mit dem man in Kontakt treten und etwas bewirken kann.

■ ***Ziel der Kommunikationsförderung ist es, das Kind zu ermutigen, aktiv mit anderen in Kontakt zu treten. Um sprechen zu wollen, muss das Kind den Spaß an der Kommunikation entdecken. Dazu ist es nötig, dass die Kommunikation frei von Kritik, Verbesserung oder Überforderung ist.***

Um die **Kommunikationsfreude** zu wecken, eignen sich alle Spielformen und Alltagsaktivitäten, bei denen Kommunikation und Sprache sinnvoll, kindgemäß und ohne Zwang zum eigenen Sprechen eingesetzt werden.

Übungen, mit denen Sie diese kommunikationsfördernden Verhaltensweisen einüben können, finden Sie im Zusatzmaterial im Internet. Web

Angebote zur Kontaktaufnahme und zum Dialog

Diese Spiele vermitteln dem Kind das Gefühl von gelingender Kommunikation, ohne dass es selbst dazu viel an Sprache beitragen muss. So gewinnt das Kind Sicherheit und Zutrauen in seine Kommunikationsfähigkeiten.

- *Suchen Sie die gemeinsame Aufmerksamkeit mit dem Kind: Schauen Sie miteinander Gegenstände, Personen oder Situationen an und stellen Sie immer wieder Blickkontakt zum Kind her. So stellen Sie fest, ob das Kind aufmerksam und aufnahmebereit ist.*
- *Das eigene Handeln und das des Kindes können Sie mit einfachen, kurzen Sätzen begleiten („Jetzt fährt das Auto los. Es fährt zur Tankstelle"). Das Kind sollte nicht zum eigenen Sprechen aufgefordert werden („Sag mal, wie das heißt"), sondern man sollte abwarten, bis das Kind von sich aus einen Sprechimpuls entwickelt.* Web
- *Besonders gut für dieses handlungsbegleitende Sprechen eignen sich gemeinsame Alltagsaktivitäten, wie z. B. die Pflege beim Wickeln oder Baden, Kuchenbacken, Bilderbuch anschauen, Essenssituationen oder auch gemeinsames Spiel in der Puppenecke, auf dem Verkehrsteppich, im Kaufmannsladen usw.*

- *Auch Wünsche oder Gefühle des Kindes können beim handlungsbegleitenden Sprechen aufgegriffen werden („Du schaust gerne in das Buch mit der Katze" oder „Du möchtest das rote Auto haben"). Beachten Sie, dass Sie möglichst oft in Aussagesätzen sprechen sollten und auf Fragen („Welches Buch willst du anschauen?", „Welches Auto möchtest du?") verzichten: Fragen erfordern eine Antwort und können das Kind überfordern. Bei Aussagen bleibt es dem Kind ohne Zwang überlassen, wie es reagieren möchte.*

Web

- *Mit Klanghölzern oder klatschend kann ein Rhythmus vorgegeben werden, den die Kinder nachklatschen oder auf den sie mit einem eigenen Rhythmus antworten. Hier können sie ohne Sprache in einen Dialog treten.*
- *Sprachspiele, bei denen Reime, Kinderverse und Kinderlieder gesprochen bzw. gesungen werden, erleichtern durch ihre wiederkehrende Struktur die Wahrnehmung sprachlicher Regeln und geben dem Kind ein Gefühl für Sprechmelodie, Pausen, Betonung usw. Damit gewinnt das Kind Kommunikations- und Sprechsicherheit.*
- *Darüber hinaus kann das Kind bei solchen Sprachspielen frei wählen, wie weit seine Kommunikationsbeteiligung gehen soll: Es kann den kompletten Text mitsprechen oder mitsingen, es kann Teile davon mitmachen, es kann das Reimwort mitsprechen, es kann den Rhythmus mitklopfen oder -summen oder es kann nur zuhören und schauen, was die anderen Kinder machen, bis es sich zutraut, mit einzusteigen.*

Web

- *Kommunikationsangebote des Kindes sollten aufgegriffen und positiv verstärkt werden. Hierzu dienen nonverbale Rückmeldungen wie Nicken, Lächeln, zugewandte Körperhaltung, Blickkontakt, aber auch unterstützende Äußerungen wie „ja", „mmh" oder eine sinngemäße Wiedergabe dessen, was das Kind gesagt hat. Das Kind erfährt so, dass sein Kommunikationsbeitrag sinnvoll ist und verstanden wurde.*

Spiele, bei denen körpersprachliche Aktivitäten gefordert sind

Mit pantomimischen Spielen gelingt die Kommunikation, ohne dass das Kind sprechen muss. Auch das handelnde Befolgen gesprochener Anweisungen sorgt für eine kommunikative Entlastung des Kindes: Bei solchen Spielen erlebt es viele angemessene Kommunikationsformen ohne sprachliche Anforderungen.

- *Kommunikation durch Körperausdruck ergibt sich z. B. bei Spielen, bei denen ein Kind pantomimisch einen Beruf, ein Tier, eine Stimmung o. Ä. vormacht und die anderen raten, was vorgespielt wurde.*
- *Das Finden von Darstellungsmöglichkeiten kann erleichtert werden, wenn z. B. ein Poster mit verschiedenen Gesichtsausdrücken an der Wand hängt, wenn das darzustellende und zu ratende Spielzeug auf einem Tisch liegt, Fotos von den Berufen vorhanden sind o. Ä.*
- *Viele Kinderlieder können mit Gestik und Pantomime begleitet werden, sodass die Kinder körperliche Ausdrucksformen kennenlernen und Freude an der nonverbalen Kommunikation bekommen.*
- *In einer Gruppe können Sie eine Art „Berührungs-Stille-Post" spielen: Das erste Kind in einer Reihe wird mit einer besonderen Geste berührt (Hand auf die Schulter legen, am Ohrläppchen zupfen, Streichen über den Rücken) und das Kind gibt dieses Zeichen an das neben ihm sitzende weiter, bis das Zeichen am Ende der Reihe angekommen ist. Danach kann sich ein anderes Kind ein Zeichen zum Weitergeben ausdenken.*
- *Spiele, bei denen auf Anweisung eine Pantomime erfolgt, stärken den Zusammenhang von Handeln und Sprechen. So kann z. B. ein Kind aufzählen, was es zum Geburtstag bekommen hat (ein Auto, eine Puppe, eine Flöte, Buntstifte ...), und die anderen Kinder stellen jeweils dar, was man mit dem Geschenk machen kann.*

Web

- *Spiele, bei denen auf Sprache mit Bewegung reagiert werden kann, verschaffen dem Kind ebenfalls das Gefühl, angemessen kommunizieren zu können, ohne Sprache gebrauchen zu müssen. Bestimmte Wörter müssen dabei mit bestimmten Bewegungen beantwortet werden, z. B. „heiß": Die Kinder setzen sich auf einen Stuhl und ziehen die Füße hoch; „kalt": Die Kinder stehen still und bibbern; „eiskalt": Jeweils zwei Kinder umarmen sich und rubbeln sich den Rücken warm.*
- *Bildkärtchen oder reale Gegenstände sind im Zimmer verteilt. Nach Anleitung („Such ein Möbelstück", „Finde ein sehr kleines Tier", „Finde etwas, das schwimmen kann") laufen die Kinder los und suchen das passende Bild oder den passenden Gegenstand. Dieses Spiel kann man einfacher durchführen, wenn man die zu suchenden Gegenstände benennt („Such das Sofa", „Finde die Maus" oder „Suche das Schiff").*

Aufgaben

1. *Bilden Sie Gruppen von mindestens fünf Personen und spielen Sie drei der oben genannten Spielideen nach. Sorgen Sie dafür, dass die Rollen von Spielleiter und Mitspieler bei jeder Runde gewechselt werden.*
2. *Diskutieren Sie den Wert dieser Spiele für die Kommunikationsentwicklung von Kindern: Was erfahren Kinder beim Spiel über sich, über Sprache, über Kommunikationsmöglichkeiten, über ihre Wirksamkeit in der Kommunikation? Halten Sie Ihre Diskussionsergebnisse stichwortartig fest.*

Spiele mit geringer Sprechanforderung

Diese Spiele zeichnen sich dadurch aus, dass auch Kinder mit geringen Sprachfähigkeiten oder mit wenig Kommunikationssicherheit mitmachen können, weil ihnen sprachlich nur sehr wenig abverlangt wird.

- *Spiele, bei denen Lautmalereien anstatt Sprechen gefordert sind, entlasten vom Sprechdruck. Man kann z. B. ein Tier-Memospiel so umfunktionieren, dass statt des Tiernamens das Geräusch produziert wird, das das Tier macht. Dann passen „muh" und „muh" zusammen, „wau" und „piep" aber nicht. Hier wird das Kind zu stimmlichen Äußerungen angeregt, die noch nicht sprachlich sind.*
- *Entlastend wirken auch Spiele, bei denen nur wenig, sicher verfügbares Sprachmaterial verwendet wird. Man kann z. B. Gegenstände, deren Bezeichnungen dem Kind bekannt sind, in einen Kissenbezug stecken und von außen fühlend oder in einem Grabbelsack tastend erraten lassen.*

Web

- *Mit sogenannten Alternativfragen kann man dem Kind eine Antwort erleichtern („Möchtest du das blaue oder das rote Auto?", „Ist der Junge fröhlich oder traurig?"). Das Kind muss sich keine Antwort ausdenken, sondern kann kurz, aber sprachlich sicher reagieren.*

» *Bei vielen Regelspielen kann man Sprachstrukturen einführen, die immer nur ein neues Element erfordern. Beim Memospiel z. B. lautet diese Formulierung „Das ist ein ...", oder „Ich habe ein ..."; beim Lottospiel heißt es „Wer braucht den ...?". Solche feststehenden Formeln erleichtern dem Kind den Sprechbeginn und sorgen für Sprechsicherheit.*

» *Wenn sich das Kind traut zu sprechen, kann man seine Mitteilungsbereitschaft steigern, indem man die Sprechanforderungen langsam erhöht. Spiele, bei denen anfänglich nur eine Benennung des Bildes erfolgt (z. B. Lotto), können beispielsweise zu Ratespielen umgewandelt werden: Statt der Benennung erfolgt nun eine Beschreibung, die erraten werden muss („Ich habe ein gelbes Obst", erweitert: „Ich habe ein gelbes Obst, das schmeckt sauer").*

Web

Wenn man die Kommunikationsfreude von Kindern wecken und unterstützen möchte, gibt es sinnvolle und weniger sinnvolle Verhaltensweisen des Kommunikationspartners. Beides wird in der folgenden Tabelle aufgeführt.

Mögliche kommunikative Verhaltensweisen

Was sinnvoll ist	Was nicht sinnvoll ist
das Kind aussprechen lassen	das Kind ermahnen, schön zu sprechen
gutes Sprachvorbild sein	kritisieren von Sprechversuchen
bei Fehlern den Satz des Kindes selbst in richtiger Form wiederholen	bei Fehlern das Kind das Wort/den Satz nachsprechen oder wiederholen lassen
zuhören und positive Rückmeldungen geben	das Kind mit Fragen überhäufen

Aufgaben

1. *Diskutieren Sie in Gruppen, warum es wenig sinnvoll ist, ein Kind zum richtigen Nachsprechen oder zum Wiederholen seiner Äußerung aufzufordern.*
2. *Erstellen Sie eine Liste mit Qualitäten, die ein gutes Sprachvorbild haben sollte.*

5.2.2 Förderung des Wortschatzes

Wenn man erreichen möchte, dass ein Kind mehr an Sprachmaterial zur Verfügung hat, kann man dieses Ziel auf zwei Ebenen verfolgen: Einerseits kann man dafür sorgen, dass mehr Elemente in den Wortschatzspeicher hineinkommen, andererseits kann man dafür sorgen, dass der Abruf der gespeicherten Elemente schneller gelingt. Um den Wortschatz eines Kindes aufzubauen, muss man diese beiden Strategien berücksichtigen: Das Kind muss mehr an Begriffen kennen, es muss sie abspeichern und es muss Techniken entwickeln, mit denen es die abgespeicherten Begriffe wiederfindet. Im ungestörten Spracherwerb tut ein Kind das alles automatisch, aber wenn in diesem Bereich Probleme auftreten, braucht das Kind gezielte Unterstützung, die an die Mechanismen des normalen Wortschatzerwerbs angelehnt ist.

Angebote für die Begriffsbildung

Um Worte verwenden zu können, muss dem Kind zunächst einmal der Zusammenhang von Gegenstand und Wort, Person und Wort, Handlung und Wort, Form und Wort, Farbe und Wort usw. ausreichend klar sein. Das Kind benötigt zum Wortschatzaufbau also vor allem sehr viele, immer gleiche Vorgaben, damit es diese Verbindungen knüpfen kann. Hier ist in besonderem Maße das sprachliche Vorbild der Bezugspersonen gefragt, die dem Kind alltagsnahe Begriffe zur Verfügung stellen können. Hierbei sind Angebote hilfreich, die sich jeweils in einem begrenzten Wortfeld bewegen, damit das Kind nicht überfordert wird. Umsetzen lässt sich das z. B. in Gruppenspielen, bei denen Benennungen erfolgen und bei denen die Kinder bei den anderen abgucken können, was zu tun ist, oder bei Spielen, in denen Handlungen und Begriffe verknüpft werden.

- *„Wackelpudding“: Die Kinder sollen mit der Hand, mit dem Kopf, mit dem Fuß, mit dem Po, mit dem Finger, mit dem Bein, mit der Nase, mit der Zunge usw. wackeln, wenn sie dazu aufgefordert werden.*
- *Geräusche raten: Von CD oder Kassette werden Alltagsgeräusche abgespielt. Die Kinder versuchen zu erraten, was sie gehört haben und den Geräuschverursacher zu finden (Wasserhahn in der Küche, Autotür auf dem Parkplatz, Klingel an der Eingangstür, Telefon im Büro, Mixer in der Küche).*
- *Gegenstände tauschen: Jedes Kind bekommt einen Gegenstand oder ein Bild in die Hand. Auf Anweisung tauschen immer zwei Kinder ihre Plätze: „Ball tauscht mit Bauklotz“, „Puppe tauscht mit Dreirad“.*
- *In der Einzelförderung bieten sich alle Spiele an, die mit Realgegenständen oder Fotos eine Benennung erfordern. Das können freie Spiele sein, bei denen bewusst auf die wiederholten Benennungen geachtet wird (Spiel auf dem Bauteppich: „Lass uns ein Haus bauen. Wir bauen mit den Steinen. Der blaue Stein kommt nach unten. Der rote Stein kommt darauf. Jetzt hast du wieder einen blauen Stein. Der Stein ist groß“) oder Regelspiele (Memospiel mit wenigen, thematisch passenden Pärchen, z. B. Tiere oder Spielzeug, Lotto mit zwei Karten: Kleidung und Möbel).*

Web

Hilfen zum Speichern der Begriffe

Begriffe lassen sich mit bestimmten Handlungen oder Situationen in Verbindung bringen und diese Themenfelder erleichtern die Abspeicherung in sinnvollen Zusammenhängen. Die Förderung des Wortschatzes erfolgt also am besten mithilfe von Situationen und Themen, die in die kindliche Lebenswelt passen und für das Kind kommunikative Bedeutung haben.

- *Aktivitäten, bei denen Begriffe gesammelt werden: Das geschieht z. B., wenn die Kinder für eine Collage Bilder zu einem bestimmten Thema aus einem Katalog ausschneiden und aufkleben (Kleidung, Spielzeug, Möbel, Tiere usw.).*
- *Begriffe zuordnen: Die zuvor gesammelten Begriffe werden in Kategorien eingeordnet, z. B. Kleidung für drinnen (Schlafanzug, Pantoffel, T-Shirt) in ein Haus malen oder kleben, Kleidung für draußen (Mantel, Gummistiefel, Mütze) neben das Haus; Tiere im Zoo und Tiere auf dem Bauernhof werden in die jeweiligen Behausungen gestellt; Möbel für die Küche und Möbel für das Wohnzimmer werden in die entsprechenden Zimmer des Puppenhauses gestellt.*
- *Handlungsreihenfolgen planen: Um z. B. einen Obstsalat herzustellen, überlegen die Kinder, was alles gebraucht wird, malen einen Einkaufszettel, gehen einkaufen, malen ein Rezept mit der Reihenfolge der nötigen Schritte, stellen den Obstsalat her und essen ihn. Ähnliche Pläne, bei denen die Begriffe immer wieder auftreten, kann man auch mit anderen Handlungsfolgen aufstellen, z. B. bei der Planung eines Zoobesuchs („Wie kommen wir hin?", „Wer soll mitgehen?", „Wie kommen wir durch die Kasse?", „Welche Tiere wollen wir sehen?", „Wann machen wir eine Pause?", „Wie kommen wir nach Hause?", „Was tun wir, wenn jemand verloren geht?") oder von Alltagsaktivitäten („Wer deckt den Frühstückstisch?", „Was muss alles auf die Tische?", „Welchen Spruch möchten wir sagen?", „Was wird gegessen und getrunken?", „Wer räumt die Tische ab?", „Wer spült das Geschirr?", „Wohin räumen wir es nach dem Frühstück?").*
- *Erlernte Begriffe müssen immer wieder Verwendung finden, damit sie ausreichend gefestigt werden. Dazu eignen sich z. B. Tastspiele, bei denen Gegenstände mit verbundenen Augen erraten werden.*
- *Such- und Ratespiele, bei denen das Kind den Begriff erneut hört, tragen ebenfalls zur sicheren Abspeicherung bei („Ich sehe auf dem Bild einen Bär. Kannst du ihn finden? Findest du die Kuh? Und die Fliege?", „Ein Spielzeug, mit dem man auf Schienen fährt und in dem die Puppen mitfahren können, ist die: ...").*
- *Vielfältige Spiele, bei denen das Kind die Begriffe immer wieder selbst verwendet, verankern sie ebenfalls. Dazu kann man sich viele verschiedene Spiele ausdenken, die z. B. mit dem Benennen von Bildkärtchen arbeiten: Bilder mit einem Wattebausch abwerfen; Bilder mit Büroklammern versehen und mit der Magnetangel angeln; Bilder mit Wäscheklammern auf eine Leine hängen und im Sprung abreißen lassen; jeweils ein Bild von Memospiel-Pärchen auf einer großen Fläche (Tisch, Boden) auslegen, das andere Bild von einem verdeckten Stapel ziehen und schnell das dazugehörige Bild finden.*

Web

Hilfen zur Kategorienbildung

Das Zuordnen von Begriffen zu bestimmten Kategorien ist eine gute Vorbereitung dafür, dass das erlernte Wortmaterial auch wieder abgerufen werden kann, wenn es gebraucht wird. Kategorien können z. B. Ort, Form und Beschaffenheit, Farbe, Verwendung, Ober- und Unterbegriffe oder Gegenteile sein.

- *Alltagsaktivitäten, wie z. B. das Aufräumen, können mit Zuordnungen des Ortes verbunden werden („Die Tasse gehört in den Schrank. Der Teller gehört auch in den Schrank", „Das Sofa steht im Wohnzimmer, das Bett steht im Schlafzimmer", „Gibst du mir die Bilderbücher? Dann stelle ich sie ins Regal. Kannst du noch mehr Bücher finden?").*
- *Nach dem Ort kann man auch Personen oder Tiere zuordnen, z. B. alle möglichen Tiere malen oder auf Bildern oder beim Spielzeug finden und danach sortieren, wo sie wohnen: im Stall, auf der Wiese, im Zoo, im Zirkus, im Meer, im Wald usw. Bei Personen kann man danach sortieren, wo sie arbeiten, wo sie leben, wo sie ihre Freizeit verbringen o. Ä.*
- *Die Form und Beschaffenheit von Objekten bietet ebenfalls viele Zuordnungsmöglichkeiten, bei denen die Kinder nicht nur Nomen, sondern auch Adjektive zuordnen lernen: Bilder oder Gegenstände können auf dem Boden verteilt und nach rund/eckig, weich/hart, süß/sauer, schnell/langsam, groß/klein, leicht/schwer, laut/leise usw. geordnet werden. Besonders gut gelingen diese Einteilungen, wenn das Kind vorher selbst mit nach den geeigneten Gegenständen oder Bildern suchen konnte („Komm, wir schauen mal, wie viele runde Sachen wir hier im Zimmer finden können").*
- *Die Farbe ist eines der wichtigsten und am besten erinnerbaren Merkmale von Gegenständen. Die Farbwörter sollten Kindern daher sicher zur Verfügung stehen. Spiele mit Farbwürfeln und farbigen Spielsteinen sind dazu hilfreich, aber auch Aufgaben, bei denen Gegenstände einer bestimmten Farbe zu finden sind: alle roten Autos, alle gelben Legosteine, alle grünen Luftballons.*

Web

- *Ober- und Unterbegriffe lassen sich finden, wenn Bilder oder Gegenstände zu Begriffsgruppen gesammelt werden: so viele Möbel, wie man finden kann, verschiedene Schuhe, Steine, Blumen usw. Für kleine Gegenstände kann man Sammelkisten anlegen, z. B. einen Karton mit einer aufgeklebten Muschel, in der die verschiedensten Formen liegen oder eine Kiste mit einem Tiergesicht darauf, in der alle Tierfiguren gesammelt werden.*

Angebote für den Wortabruf

Nicht nur das Kennen von Begriffen gehört zu einem funktionierenden Wortschatz, sondern auch das Erinnern und der sichere Abruf der Worte aus dem Gedächtnis. Zur Förderung des Zugriffs auf die gespeicherten Worte sind alle Spiele geeignet, die die schnelle Benennung von sicher bekanntem Wortmaterial erfordern.

- *Erinnern, was alles vorhanden war: Nach dem Anschauen und Benennen von einigen Gegenständen (Bilderbuch, Auto, Würfel, Tasse, Stofftier, Handtuch) werden diese unter einem Tuch versteckt. Anschließend soll das Kind sich erinnern, was alles unter dem Tuch liegt, die noch sichtbaren Formen helfen dabei. Im nächsten Schritt können die Gegenstände in einer Kiste versteckt werden, sodass die Erinnerungshilfe entfällt.*
- *Erinnerungsspiele nach dem Kimspiel-Prinzip: Bilder oder Gegenstände liegen offen auf dem Tisch, das Kind schließt die Augen und einer der Gegenstände wird fortgenommen. Das Kind soll raten, welcher Gegenstand fehlt.*
- *Benennungsspiel nach dem Kofferpacken-Prinzip: Reihum wird jeweils ein sprachliches Element hinzugefügt: „Ich packe in meinen Koffer eine Zahnbürste", „Ich packe in meinen Koffer eine Zahnbürste und eine Eisenbahn" und so weiter.*
- *Schnell-Benennungen: Wer als Erstes den gezeigten Begriff sagt, darf das Bild behalten. Hierzu eine große Abbildung mit kleinen Karten verdecken und einzeln aufdecken, oder eine Zeichnung anfertigen und möglichst früh erraten lassen.*

Aufgaben

1. *Bilden Sie Gruppen von mindestens fünf Personen und spielen Sie drei der oben genannten Spielideen nach. Wechseln Sie zwischen Erwachsenen- und Kinderrollen. Spielen Sie die Spiele jeweils so lange, bis Ihre Gedächtnisgrenzen erreicht sind (z. B. Erinnern von über 20 Gegenständen, Kofferpacken mit mehr als 20 Wörtern).*
2. *Spielen Sie das Gedächtnisspiel aus dem Zusatzmaterial im Internet.* Web
3. *Berichten Sie sich gegenseitig über Ihre Strategien des Merkens und Erinnerns: Woran haben Sie sich orientiert?*
4. *Welche Erkenntnisse über die Möglichkeiten zur Unterstützung des Wortabrufs von Kindern haben Sie nun gewonnen?*

Mögliche Verhaltensweisen zum Aufbau des Wortschatzes

Was sinnvoll ist	Was nicht sinnvoll ist
konsequent gleiche Wörter für gleiche Dinge oder Tätigkeiten verwenden	Bezeichnungen mischen, z. B. „Hausschuh" und „Pantoffel", „Becher" und „Tasse" nebeneinander benutzen
Zusammenhänge von Wort und Objekt oder Tätigkeit im Spiel erfahren	mit dem Kind Bildersammlungen anschauen und alles benennen lassen
wenige Begriffe immer wieder anbieten	viele neue Begriffe gleichzeitig anbieten

5.2.3 Förderung der Grammatik

Im normalen Spracherwerb steigen die Kinder in die grammatische Entwicklung ein, wenn sie ein genügend großes Wortschatzwissen aufgebaut haben. Für die Förderung grammatischer Fähigkeiten ist es demnach oft grundlegend, zunächst im Bereich des Wortschatzes für ausreichende Sicherheit zu sorgen. Wenn das Kind danach die nächsten Schritte in Richtung Grammatikerwerb vollzieht, kann man es dabei mit gezielten Angeboten zur Erkennung und Anwendung grammatischer Regeln unterstützen.

Als Kernregeln, die ein Kind lernen muss und die, wenn es sie einmal beherrscht, alle anderen grammatischen Fähigkeiten quasi mitziehen, haben sich die Regeln der Verbstellung im Satz und der Pluralbildung sowie die sogenannten Kongruenzregeln erwiesen. Mit Kongruenz ist die Beugung von Verben, Nomen, Adjektiven usw. je nach Zeit, Subjekt oder Fall gemeint: Das gelbe Auto fährt; die gelben Autos sind gefahren; ein gelbes Auto fuhr; die Fahrt des gelben Autos usw.

Das Lernen dieser Regeln geschieht bei normal entwickelten Kindern automatisch: Sie sind in der Lage, aus dem sprachlichen Angebot ihrer Umgebung die Regeln für den grammatischen Aufbau zu erkennen und sie anzuwenden. Kinder mit Sprach-, Sprech- und Kommunikationsstörungen benötigen hierzu mehr und gezieltere Angebote, die sich auf die oben genannten Kernregeln beziehen. Auch diese Angebote wirken vor allem durch das sprachliche Vorbild der fördernden Person: Die Verwendung von kurzen, einfachen Sätzen mit einer deutlichen Betonung der grammatischen Struktur, die wahrgenommen werden soll, erleichtert dem Kind die Wahrnehmung der wichtigen Elemente.

Angebote für die Regelerkennung der Verbstellung

Web

Verben stehen im Deutschen in Hauptsätzen an zweiter Stelle, nach dem Subjekt (z. B. „Die Maus frisst Käse", „Peter hat neue Schuhe"), bei Fragesätzen an erster oder zweiter Stelle („Hast du ein Taschentuch für mich? Wo liegt das?"), bei Nebensätzen an letzter Stelle („..., den er gesehen hat", „..., weil ich das gerne esse"). Kinder müssen lernen, dass Verben an verschiedenen Stellen stehen können und bei welcher Satzform welche Stellung richtig ist. Ein sprachliches Angebot, bei dem viele Beispiele mit richtigen Sätzen vorkommen, hilft ihnen bei der Erkennung der Satzbildungsregeln.

» *Als Grundprinzip gilt auch hier, das eigene und das Handeln des Kindes mit kurzen, klaren Sätzen zu begleiten. Um die Verbstellung besonders hervorzuheben, kann man das Verb deutlicher betonen: „Ich* ***brauche*** *zwei Eier.* ***Gibst*** *du mir die Eier? Und ich* ***brauche*** *Zucker.* ***Holst*** *du mir den Zucker bitte? Du* ***kannst*** *das schon ganz prima."*

» *„Stimmt das?"-Spiele: Mit Bildkarten oder Spielgegenständen werden dem Kind Rateaufgaben gestellt, bei denen es entscheiden soll, ob die Aussage richtig oder falsch war: „Der Eisbär frisst am liebsten Heu. Stimmt das? Das Mädchen spielt mit einem grünen Ball. Ist das richtig?" Das Kind lernt so korrekte, kurze Hauptsatzmuster kennen.*

» *Bilder finden: Auf dem Tisch werden Karten verteilt, die zunächst von der erwachsenen Person beschrieben werden: „Mein Tier hat keine Beine. Mein Tier schwimmt im Wasser. Mein Tier hat bunte Schuppen.", „Mein Spielzeug hat Räder. Mein Spielzeug hat einen Sitz. Mein Spielzeug fährt auf dem Feld." Das Kind kann selbst mit in die Beschreibungen einsteigen, wenn es möchte. Dazu kann man es mit „Möchtest du mir auch mal ein Rätsel sagen?" auffordern. Wenn das Kind noch keine richtigen Formen produziert, kann man mit korrektivem Feedback antworten (s. u.).*

» *Spiele mit fester Sprachbegleitung: Wie bereits im Bereich Wortschatz aufgeführt, lassen sich viele Regelspiele gut zur Sprachförderung nutzen, wenn man die dabei vollzogenen Handlungen mit formelhafter Sprache begleitet: „Das ist ein Fisch, das ist ein Hut, das ist kein Pärchen. Das ist ein Gespenst und das ist noch ein Gespenst, das ist ein Pärchen." Auch hierbei lernt das Kind die korrekte Satzbildung kennen und es kann diese selbst produzieren, sobald es sich dazu sicher genug fühlt.*

» *Sprechspiele, bei denen das Kind vorformulierte Sätze anwendet, geben ihm sprachliche Sicherheit und ein Modell für richtige Satzbildung. Dazu gehören die Benennungsspiele wie „Kofferpacken" oder „Ich sehe was, was du nicht siehst", aber auch Kinderverse, -lieder und Gruppenspiele.*

Angebote für die Regelerkennung der Pluralbildung

Je nach der Stammform und des Geschlechts des Nomens gibt es im Deutschen unterschiedliche Pluralbildungen, wie die unten stehende Tabelle zeigt.

Pluralformen des Deutschen

Pluralendung	männliche Form	weibliche Form	neutrale Form
keine Veränderung	Koffer – Koffer	nicht vorhanden	Kissen – Kissen
Grundform +e	Hund – Hunde	nicht vorhanden	Gedicht – Gedichte
Grundform +(e)n	Motor – Motoren	Decke – Decken	Herz – Herzen
Grundform + er	Leib – Leiber	nicht vorhanden	Kind – Kinder
Grundform +s	Teddy – Teddys	Oma – Omas	Sofa – Sofas
Grundform mit Umlaut	Apfel – Äpfel	Tochter – Töchter	Kloster – Klöster
Grundform, Umlaut +e	Knopf – Knöpfe	Kuh – Kühe	Floß – Flöße
Grundform, Umlaut +er	Mann – Männer	nicht vorhanden	Huhn – Hühner

Das Kind muss lernen, sich in dieser Vielfalt zurechtzufinden und zu erkennen, dass das Geschlecht der Grundform und deren Endung die Pluralform bestimmen. Am besten kann man diesen Prozess der Regelerkennung unterstützen, indem man dem Kind während natürlicher Spielsituationen Angebote mit der Plural-Singular-Unterscheidung macht.

» *Plural-Memospiel: Hier passen nicht zwei gleiche Bilder zusammen, sondern immer eins und viele: ein Stuhl und viele Stühle, ein Mann und viele Männer, ein Teller und viele Teller, eine Flasche und viele Flaschen usw. Dieses Prinzip lässt sich leicht auch bei Lottospielen (immer noch eins auf die vielen legen) oder Dominospielen (immer eins an viele anlegen) anwenden.*

» *Beim Zählen die Pluralform wiederholt benennen: „Eine Feder, zwei Federn, drei Federn …"*

» *Ratespiel mit Bildpaaren: Bilder auf dem Tisch auslegen und das Kind zum Suchen auffordern: „Ich sehe zwei Häuser. Ich sehe zwei Schiffe." Das Kind kann sich mit eigenen Ratesätzen beteiligen, wenn es das möchte.*

» *Dem Kind Antwortalternativen vorgeben, die die richtige Pluralform bereits enthalten: „Brauchen wir eine Tasse oder viele Tassen? Hast du einen Teddy oder viele Teddys?" Damit fällt dem Kind der Einstieg in die richtige Produktion leicht. (Achten Sie einmal darauf, wie oft Sie statt der hier vorgegebenen Formulierung „Brauchen wir eine oder zwei Tassen?" sagen. Dabei wird der Unterschied zur Einzahl nicht deutlich, weil diese nicht benannt wird.)*

» *Die Unterschiede zwischen Ein- und Mehrzahl deutlich betonen, auch im Hinblick auf die sich verändernde Verbform bei Mehrzahl: „Die Katzen schlafen in der Küche, die Kühe schlafen im Stall, die Menschen schlafen im Bett, die Vögel schlafen im Baum." Auch hier lässt sich das Erkennen von Unterschieden fördern, indem man Plural- und Singularformen abwechselt: „Der Bus fährt zur Schule, die Fahrräder fahren zum Eismann, der Polizist fährt zum Unfall, die Autos fahren nach Hause."*

Angebote für die Kongruenzregeln

Das Kind muss lernen, dass sich Nomen und Verb, Adjektiv und Verb, Artikel und Nomen usw. aneinander anpassen müssen. Die Wahrnehmung dieser Beziehungen der Wörter untereinander wird dem Kind durch Spiele vereinfacht, bei denen die Wörter in Beziehung gesetzt werden.

» *Der Zusammenhang von Adjektiv- und Substantivform lässt sich gut mit Farbadjektiven verdeutlichen. Alle Spiele, bei denen Farbsteine oder Farbwürfel benötigt werden, können für ein gezieltes Angebot genutzt werden: „Ich brauche noch zwei blaue Steine." „Die roten Autos fahren ganz schnell." „Das blaue Auto muss warten."*

» *Um bestimmte oder unbestimmte Artikel zu verankern, sollte man sie dem Kind möglichst oft besonders betont anbieten. Das kann bei Alltagsaktivitäten geschehen („Der Schuh gehört an den linken Fuß, der Schuh an den rechten Fuß") oder bei Spielen mit Bildmaterial („Ein Pferd und eine Schnecke" beim Memospiel, „Ich brauche die Gabel" beim Lotto, „Das ist eine Mütze" beim Tastspiel usw.).*

» *Zuordnungsspiele, bei denen Bilder nach bestimmten Merkmalen miteinander in Verbindung gebracht werden können, fördern ebenfalls die Mitbenennung von Artikeln. Man kann eine Bildauswahl von jeweils zwei zueinander passenden Tieren/Gegenständen zusammenstellen: zwei fliegende Tiere, zwei schwimmende Tiere, zwei Werkzeuge, zwei Besteckteile, zwei Spielzeuge, zwei Regensachen usw. Gemeinsam mit dem Kind kann man überlegen, was warum zusammenpasst: „Der Fisch und das Seepferdchen passen zusammen, weil sie beide schwimmen können.“*

Das Prinzip des korrektiven Feedbacks

Wenn das Kind Sätze bildet, die grammatisch nicht korrekt sind, muss man darauf reagieren. Als ungünstig hat es sich erwiesen, das Kind auf seinen Fehler aufmerksam zu machen und es zur Korrektur aufzufordern („Das heißt nicht *gegesst*, das heißt *gegessen*. Sag's noch mal!“). Solch eine Sprachkorrektur wirkt für das Kind oft unangenehm und darüber hinaus ist es oft noch gar nicht auf dem Entwicklungsstand, die richtige Form produzieren zu können. Damit es das schaffen kann, ist es günstiger, dem Kind nach seiner Äußerung die richtige Form noch einmal vorzugeben, aber ohne es zum Nachsprechen aufzufordern. Diese Form korrigierender, aber eben nicht kritisierender sprachlicher Rückmeldung heißt „korrektives Feedback“. Das Kind bekommt dabei eine Bestätigung seines sprachlichen Bemühens und ein Modell der richtigen Sprachform, aber keine Kritik.

Beispiele für korrektives Feedback

Kind: „Da Auto fahr.“
Mutter: Ja, da fährt ein Auto.

Kind: „Puppe lieb.“
Erzieherin: „Du hast deine Puppe lieb. Deine Puppe ist lieb.“

Das korrektive Feedback beruht auf der Annahme, dass ein Kind zunächst viele klar erkennbare Modelle von richtiger Sprache braucht, bevor es sie selbst anwenden kann. Daher vertraut das korrektive Feedback darauf, dass das Kind in eigenem Tempo von allein die Regeln der Sprache erkennt und anwenden lernt. Korrektives Feedback verzichtet deshalb auf die Aufforderung zum Nachsprechen oder zur Selbstkorrektur des Kindes. Bei ausreichend klarem Angebot wird das Kind dies automatisch lernen.
Weitere Informationen und Übungen zum Erlernen des korrektiven Feedbacks finden Sie im Zusatzmaterial. Web

Mögliche Verhaltensweisen zur Unterstützung der grammatischen Entwicklung

Was sinnvoll ist	Was nicht sinnvoll ist
in alltagsnahen Spielhandlungen mit einfachen Sätzen sprechen	Satzmusterübungen oder Nachsprechaufgaben
korrektives Feedback anwenden	das Kind zum korrekten Sprechen auffordern
Unterschiede und richtige Formen deutlich betonen	viel Sprache produzieren, das Kind mit Sprache „zuschütten“

Aufgaben

1. *Versetzen Sie sich in Ihrer Vorstellung in eine Familie mit zwei kleinen Kindern. In welchen Situationen könnte es Ihnen gelingen, auf die grammatischen Strukturen Ihres eigenen Sprechens zu achten, um dem Kind ein klares Modell zu bieten?*
2. *Wann ist im Familienalltag die Gefahr groß, dass kaum auf die eigene und die Sprache des Kindes geachtet werden kann?*
3. *Stellen Sie sich vor, Sie arbeiten in einer Kindertagesstätte. In welchen Situationen wäre es hier möglich, auf die grammatischen Förderbedürfnisse einzelner Kinder einzugehen?*

5.2.4 Förderung von Mundmotorik und Aussprache

Damit der Sprechablauf gut gelingen kann, müssen die Sprechwerkzeuge sehr genau aufeinander abgestimmt funktionieren. Die Kinder können in spielerischer Form erfahren, wie vielfältig und gezielt sie ihren Mund bewegen können.

Spiele zur Förderung der Mundmotorik

Hier sind alle Spielformen günstig, die eine gezielte, bewusste Bewegung von Zunge und Lippen erfordern.

- *Zungenakrobat: Ein kleiner Gegenstand, z. B. eine Nuss oder ein kurzes Stück Strohhalm, wird auf die Zunge gelegt und soll balanciert werden: Das Kind streckt die Zunge heraus, nach links und rechts, hebt und senkt sie. Wer den Gegenstand am längsten balancieren kann, hat gewonnen. (Achtung: Dieses Spiel nur mit Kindern durchführen, bei denen nicht die Gefahr besteht, dass sie den Gegenstand verschlucken!)*
- *Zungenangel: Aus einem Stück Schnur eine große Schlaufe knoten und an deren Ende einen Magneten oder einen Haken aus einer Büroklammer befestigen. Die Schlaufe über die Zungenspitze legen, den Faden mit der Zunge festhalten (ohne Hilfe der Zähne!) und mit dieser Angel Bildkarten, Papierfische o. Ä. einsammeln.*

- *Staubsauger: Aus dünner Plastikfolie, Pappe oder Styropor kleine eckige und runde Formen ausschneiden. Ein Papprechteck und einen Pappkreis bereitlegen. Das Kind darf auswählen, ob es die eckigen oder runden Formen sammeln möchte. Mit einem Strohhalm saugt es die Formen an und transportiert sie zum Lagerplatz, d. h. die eckigen Formen auf das Rechteck, die runden Formen zum Kreis.*
- *Gespensterwettlauf: Aus Seidenpapier oder einem Papiertaschentuch kleine Gespenster ausschneiden, mit einem Trinkhalm ansaugen und dann so weit es geht wegpusten. Wessen Gespenst am weitesten fliegt, hat gewonnen.*
- *Kerzenwackeln: Eine Kerze mit dem Atemstrom zum Flackern bringen, ohne sie auszupusten. Wessen Kerze am längsten flackert, hat gewonnen.*
- *Zielpusten: Bunte Pappkreise auf den Tisch kleben. Die Kinder dürfen sich einen Platz am Tisch aussuchen. Wer dran ist, würfelt mit dem Farbwürfel sein Ziel und versucht, einen Wattebausch, ein leichtes Plastikfahrzeug, eine Feder, einen geknüllten Seidenpapierball o. Ä. genau auf den Kreis zu pusten. Wer das geschafft hat, erhält einen Spielstein, wer nach fünf Runden die meisten Steine hat, hat gewonnen.*
- *Torpusten: Aus Pappe mehrere Torbögen ausschneiden und mit verschiedenen Punktwerten versehen. Jeder Mitspieler darf einen Tischtennisball, einen Wattebausch o. Ä. fünfmal in Richtung Tor pusten, für jeden Treffer werden die entsprechenden Punkte notiert und zusammengezählt. Gewonnen hat der Spieler mit den meisten Punkten.*
- *Schiffe im Sturm: Auf den Rand einer kleinen Plastikschüssel Mauersteine aufmalen, die den sicheren Hafen darstellen. Die Schüssel mit etwas Wasser füllen. Jeder Mitspieler erhält ein kleines Papier- oder Plastikschiff. Wer dran ist, versucht sein Schiff an die Hafenmauer zu pusten, wobei die Mitspieler versuchen, dies durch „Sturm“ zu verhindern. Wer sicher an der Mauer angekommen ist, darf sein Schiffchen behalten und ins Trockene retten.*
- *Pusteparcours: Aus Bausteinen, Holzstäbchen, Papprohren und anderem Bastelmaterial wird ein Parcours gebaut, sodass die Kinder eine leichte Kugel oder einen kleinen Plastikball zwischen seitlichen Begrenzungen, über Hindernisse, durch Tunnel hindurch pusten müssen. Es hat gewonnen, wer am schnellsten ans Ziel kommt oder wer im Parcours am weitesten gekommen ist.*

Im Zusatzmaterial im Internet finden Sie weitere Spiele zur Förderung der Mundmotorik. **Web**

Aufgaben

1. *Probieren Sie alle diese Spiele in Dreier- oder Vierergruppen aus. Notieren Sie, welche Beobachtungen Sie dabei bei sich selbst gemacht haben.*
2. *Probieren Sie mindestens eines der Spiele mit einem Kind im Vorschulalter aus. Notieren Sie, was das Kind schon kann und wobei es eventuell noch Probleme hat.*

Angebote für die Mundwahrnehmung

Übungen, die Beweglichkeit von Zunge und Lippen trainieren, erfordern kontrollierte Bewegungen und Wahrnehmungen. Diese Übungen müssen in kindgerechter Form angeboten und in ihrer Ausführung überwacht werden, damit das Kind sich keine fehlerhaften Bewegungsabläufe angewöhnt.

- *Saug- und Pusteübungen: Papierschnipsel oder leichte Gegenstände mit verschieden dicken Strohhalmen ansaugen; feststellen, mit welchem Strohhalm man die meiste Kraft braucht. Verschieden große Seifenblasen machen: für viele kleine schnell und kräftig blasen, für große langsam und vorsichtig blasen.*

- *Lippen lecken: Dem Kind wird mit einem Wattestäbchen ein kleiner Klecks Nougatcreme, ein paar Brausekrümel o. Ä. auf die Lippen getupft: Zuerst auf die Mitte der Oberlippe, dann auf den rechten Mundwinkel, den linken Mundwinkel und schließlich auf die Mitte der Unterlippe. Das Kind leckt jeden Klecks einzeln ab. Diese Übung funktioniert auch als Eis-Stimulation: dabei den Mund mit einem gefrorenen Wattestäbchen oder einem Eisstick berühren, das Kind sucht anschließend mit der Zunge die Stelle, an der es die Kälte gespürt hat.*

- *Tauziehen mit den Lippen: Verschieden große Knöpfe werden mit einer Schnur verbunden. Das Kind nimmt den Knopf hinter die Lippen, aber vor die Zähne und hält ihn also nur mit den Lippen fest. Der Spielpartner versucht, den Knopf vorsichtig herauszuziehen, das Kind hält den Knopf so lange wie möglich fest. Diese Übung fällt mit größeren Knöpfen leichter als mit kleinen.*

- *Wechselbewegungen: Das Kind soll im Wechsel ein langes /uuuu/ und ein langes /iiii/ sagen und diesen Wechsel immer schneller vollziehen. Anschließend mit dem Wechsel von /o/ nach /a/ und dem von /f/ nach /s/ durchführen.*

- *Zungenkräftigung: Ein kleines Stück Esspapier mit der Zungenspitze hinter den oberen Schneidezähnen festhalten und so ein Bild benennen: Das Kind soll versuchen, trotz der Fixierung der Zunge so deutlich wie möglich zu sprechen. Diese Übung gelingt auch mit einem kleinen Korken zwischen den Zähnen. Auch hierbei muss die Zunge mehr arbeiten als gewohnt.*

- *Zungensensibilität: Das Kind soll mit verbundenen Augen raten,*
  - *wie oft ihm mit einem Wattestäbchen auf die Zunge getupft wurde,*
  - *ob die Zunge mit einem angewärmten Löffel oder mit einem Eiswürfel berührt wurde,*
  - *ob das Wattestäbchen mit Zucker- oder Salzwasser getränkt war.*

- *Zungenraten: Aus einem Apfel oder einer Möhre verschiedene kleine Formen ausschneiden (Kreis, Dreieck, Viereck, Wellenform, Kreuz usw.). Dem Kind bei verbundenen oder geschlossenen Augen auf die Zunge legen. Es soll die Form erraten. Diese Übung kann man auch mit verschiedenen Nudeln (Buchstabennudeln, Sternchennudeln, Suppennudeln, Schmetterlingsnudeln) durchführen.*

Spiele zur genauen Lautwahrnehmung und -produktion

Damit Kinder genau artikulieren können, müssen sie die Unterschiede zwischen den Sprechlauten wahrnehmen können. Erst wenn das gelingt, können sie auch ihre eigene Lautbildung genau genug steuern. Angebote, die die Wahrnehmung fördern, unterstützen daher immer auch die Produktion. Selbstverständlich kann die Lautbildung auch gezielt gefördert werden.

- *Sprechlaute erkennen: Die Kinder sollen die Sprechlaute voneinander unterscheiden können. Die Erzieherin gibt ein Geräusch vor und das Kind soll unterscheiden, ob es ein /ffff/ wie beim Entweichen von Luft aus dem Fahrradreifen gehört hat, ein /sss/ wie die zischende Schlange, ein stimmhaftes /sss/ wie beim Summen der Biene, ein /sch/ wie bei der Dampflokomotive, ein /k/ wie das Geräusch beim Holzhacken, ein /www/ wie der Staubsauger, ein /rrr/ wie das Knurren des Hundes, ein /p/ wie beim Auftreffen eines Regentropfens usw. Bilder dieser Situationen und Vorstellungshilfen können als Unterstützung hinzugenommen werden.*
- *Einzelne Sprachlaute produzieren: Entsprechend der oben genannten Vorstellungen kann das Kind selbst versuchen, die Laute zu bilden: Wenn das Regentropfenbild gezeigt wird, macht es /p-p-p/, wenn das Schlangenbild dran ist, macht es /ssssss/. Das Kind darf auch der Erzieherin Anweisungen geben, welches Geräusch sie als Nächstes machen soll.*
- *Mit Sprechlauten spielen: Die Kinder können mit Sprechlauten experimentieren, z. B. ausprobieren, ob man eine Kerze besser mit /p/ oder /fff/ zum Flackern bringen kann, ob man mit /sch/ oder /sss/ einen Wattebausch pusten kann, ob man mit /k/ oder /www/ eine Feder in die Luft pusten kann usw.*
- *Sprechlaute im Wortzusammenhang erkennen: Stellen Sie ein Memospiel zusammen, bei dem Bilder zusammengehören, die sich nur in einem Laut unterscheiden: Maus und Haus, Tasse und Kasse, Topf und Kopf, Hand und Sand oder andere Reimwörter. Beim Spielen mit und Benennen der Bilder erkennen die Kinder feinste Lautunterschiede und können sie selbst bilden.*

Mögliche Verhaltensweisen zur Artikulationsförderung

Was sinnvoll ist	Was nicht sinnvoll ist
den Sprechwerkzeugen vielfältige Bewegungserfahrungen ermöglichen	die Beweglichkeit der Sprechwerkzeuge durch Schnuller oder andere Lutschobjekte behindern
Sprechbewegungsspiele anbieten	einzelne Bewegungen trainieren
langsam und deutlich sprechen	schnell, leise, vernuschelt sprechen

5.3 Gruppenzusammenstellung für Sprachförderaktivitäten

Einige der in diesem Buch vorgestellten Aktivitäten lassen sich mit der ganzen Gruppe durchführen, aber die meisten sind besser für den Einsatz in einer kleineren Fördergruppe geeignet. Kleinere Gruppen erweisen sich vor allem dann als günstiger, wenn man die Förderbedürfnisse einzelner Kinder beobachten und ermitteln möchte oder wenn man auf diese Förderbedürfnisse besonders eingehen möchte. Aber nach welchen Kriterien soll man die Gruppen zusammensetzen?

Grundsätzlich gilt, dass Sprechen nur durch Sprechen gelernt wird. Ein sprachliches Vorbild, das automatisch die richtigen Formen anwendet, bietet den Kindern, die im Lernprozess stehen, ein gutes Modell dafür, wie es richtig geht. Günstig ist es daher immer, in der Fördergruppe auch ein oder zwei Kinder zu haben, die eine gute Sprachentwicklung aufweisen und eigentlich gar keinen Förderbedarf haben. Diese Kinder regen an, liefern korrekte Muster, gestalten die Kommunikation aktiv mit und wirken sich in jeder Hinsicht positiv aus. Ausschließlich mehrsprachig aufwachsende Kinder mit ihren jeweils sehr unterschiedlichen Kenntnissen ihrer Herkunftssprache und ihrem individuellen Beherrschungsgrad des Deutschen zusammenzuführen, ist dagegen nicht so günstig, weil die Kinder hier in der Kommunikation viel weniger voneinander lernen können.

Die Gruppenzusammenstellung sollte sich insgesamt vor allem an den Förderbedürfnissen und den Förderzielen orientieren. Daher kommt der Beobachtung des Sprachentwicklungsstandes und der individuellen Sprachfähigkeiten, aber auch der Defizite eine so große Bedeutung zu. Die erfassten Förderschwerpunkte sollten also die Gruppenbildung leiten. Das bedeutet, dass es günstig ist, z. B. die Kinder mit Wortschatzdefiziten in eine Fördergruppe zusammenzufassen, in der vor allem Aktivitäten zur Wortschatzerweiterung durchgeführt werden. Schüchterne Kinder oder solche mit noch geringen Kommunikationsfähigkeiten werden in einer Gruppe gefördert, die Kommunikationsbereitschaft und Sprechfreude in den Mittelpunkt stellt. Kinder mit grammatischen Problemen gehen in eine Fördergruppe, in der sich die Aktivitäten auf Regellernen und Sprachstrukturen konzentrieren.

Eine sinnvolle Gruppenbildung nach Förderzielen bedeutet auch, dass manche Kinder, die mehrere Förderbedürfnisse haben, an mehreren Gruppen teilnehmen und dass die Fördergruppen altersgemischt zusammengesetzt werden: Der Förderbedarf ergibt sich nicht automatisch dadurch, dass ein Kind das letzte Kitajahr absolviert, sondern lässt sich nur durch gezielte Beobachtung der individuellen Sprachlernbedingungen ermitteln.

■ ***Keine Angst vor altersgemischten Gruppen:***
Die sprachlichen Lernziele stehen im Vordergrund und können mit Kindern, die ähnliche Förderbedürfnisse haben, besser verfolgt werden als mit Kindern, die zwar gleich alt sind, aber völlig unterschiedliche Sprachlernbedürfnisse haben.

Was sinnvoll ist	Was nicht sinnvoll ist
Sprachmodell gut sprechender Kinder für die Kommunikation in der Gruppe nutzen	nur mehrsprachige oder schlecht sprechende Kinder in die Fördergruppe nehmen
Gruppen nach Förderzielen der einzelnen Kinder zusammenstellen	Gruppen nach „objektiven" Kriterien zusammenstellen (z. B. Alter, Mehrsprachigkeit)
altersgemischte Gruppen	Gruppen nur für Vorschulkinder

6 Sprachförderung bei Mehrsprachigkeit

In diesem Kapitel werden folgende Kompetenzen erworben:

- Kenntnisse über die sprachliche und interkulturelle Situation von Migranten
- Grundlagenwissen über die Zusammenhänge von Erst- und Zweitsprache
- Wissen über die Formen des Zweitspracherwerbs
- Beobachtungsfähigkeiten zum Spracherwerb mehrsprachig aufwachsender Kinder
- Fördermöglichkeiten und -programme für mehrsprachige Kinder

Die Inhalte dieses Kapitels sind vor allem dem **Lernfeld 3** und teilweise dem **Lernfeld 1** zuzuordnen. Im Mittelpunkt stehen Kenntnisse über die besondere Sprachlernsituation von Kindern mit nicht-deutscher Muttersprache und die Konzepte zur gezielten Förderung von Deutschkenntnissen und Mehrsprachigkeit.

6.1 Spracherwerb unter den Bedingungen der Mehrsprachigkeit

Lernsituation zum Einstieg in das Thema

Zu Beginn des Kitajahres kommt Samir neu in die Gruppe. Er ist bereits fünf Jahre alt und hat bislang in seiner iranischen Großfamilie gelebt. Er hat drei ältere und zwei jüngere Geschwister, die älteren gehen zur Schule, die jüngeren werden gemeinsam mit einigen Cousinen und Cousins zu Hause von der Mutter und mehreren Tanten betreut. In einem Gespräch vor der Aufnahme in die Kindertagesstätte haben die Eltern zu Samirs Sprachkompetenz berichtet, dass er seine persische Muttersprache sehr gut beherrscht und auch schon einige Schriftzeichen kennt, er kann seinen Namen schreiben. Die Eltern haben sich, da sie Deutsch zwar recht gut, aber nicht perfekt sprechen, dazu entschlossen, Samir zunächst nur mit der persischen Sprache aufwachsen zu lassen. Die Eltern haben als selbstständige Kaufleute beruflich viel Kontakt mit deutschen Kollegen und Kunden, sind aber privat vor allem mit iranischen Freunden und Verwandten zusammen. Auch ihre Kinder sind in der persischen Kulturgemeinschaft aktiv, z.B. in Tanz- und Musikgruppen. Die persische Kultur wird von den Eltern und der gesamten Familie sehr bewusst gepflegt.

Die Eltern legen sehr viel Wert darauf, dass Samir die deutsche Sprache bis zur Einschulung in einem Jahr gut beherrscht. Vor der Aufnahme in die Kita haben sie ihm einige Worte und Sätze auf Deutsch beigebracht, damit er nicht ganz ohne Sprache dasteht. Die Eltern haben die Erzieherin gebeten, ihnen genaue Rückmeldungen über Samirs Lernprozess zu geben und ihnen mitzuteilen, falls sie ergänzend private Förderangebote in Anspruch nehmen sollten.

Die Erzieherin hat sich entschlossen, ein Beobachtungstagebuch zu führen, um für sich und Samirs Eltern Fortschritte und eventuelle Auffälligkeiten dokumentieren zu können. Hieraus einige Auszüge:

Zeitraum	Spiel- und Sozialverhalten	sprachliches Handeln
Woche 1	S. sitzt meist ruhig auf seinem Platz und beobachtet die anderen Kinder. Wenn ich etwas erkläre, hört er zu, reagiert aber nicht, bevor die anderen Kinder nicht zeigen, worum es ging. Bei Kontaktaufnahme der anderen lächelt er, geht aber nicht mit. Er spielt nicht mit angebotenem Spielzeug, sondern betrachtet es nur.	S. sagt „gutem Morgen“ wenn er hereinkommt und immer, wenn er mich etwas fragen möchte. Er kann „Ja“ und „Nein“, „essen“, „trinken“, „Pipi“ sagen. Fragen („Hast du Hunger?“) versteht er nicht und schüttelt immer den Kopf. Von sich aus spricht er nicht mit mir, auch nicht auf Persisch.

Zeitraum	Spiel- und Sozialverhalten	sprachliches Handeln
Woche 2	Gina hat S. eine Auswahl an Autos gebracht und ihm gezeigt, wie er damit auf dem Verkehrsteppich spielen kann. S. ist das erste Mal mit dorthin gegangen und hat Gina alles nachgemacht, was sie ihm gezeigt hat. Ende der Woche: S. und Gina gehen quasi Hand in Hand durch den Kita-Alltag: Gina erklärt und macht vor, S. macht nach und lernt Vokabeln.	S. hat angefangen, mir auf Persisch zu erklären, was er möchte oder mitteilen will, und ist enttäuscht, wenn ich ihn gar nicht verstehen kann. Durch Nachfragen kann ich aber oft herausbekommen, was er will. Ende der Woche: Er lässt sich von Gina die deutschen Worte für Spielzeug und anderes sagen und läuft dann immer zu mir, um mir das persische Wort zu sagen. Er erkennt, dass die Dinge in beiden Sprachen einen Namen haben.
Woche 5	S. spielt nicht mehr nur mit Gina, sondern auch mit den anderen Kindern. Beim Basteln ist er sehr geschickt und hat anderen Kindern gezeigt, wie man Scherenschnitte aus gefaltetem Papier herstellt. Er war sehr stolz, als die anderen ihm das nachmachen wollten. Sing- und Bewegungsspiele macht er gerne mit, er kennt auch schon Textteile.	S. versteht immer besser, was man sagt: Er kennt viele Wörter und kann viele Situationen auf Anhieb richtig einschätzen. Wenn er dringend etwas haben oder erklären möchte, spricht er persisch mit deutschen Brocken. Die anderen Kinder und ich verstehen ihn dann meistens. Er fängt an, nicht mehr nur einzelne Wörter zu sagen, sondern Sätze zu bauen, z. B. „Samir spielen will".
Woche 12	S. ist sozial völlig unauffällig in die Gruppe integriert. Es kommt selten zu Missverständnissen, er kommt mit den meisten Kindern gut zurecht und ist als Spielpartner beliebt. Er zeigt den anderen Kindern gerne persische Spiele und hat uns schon ein persisches Begrüßungslied beigebracht.	S. bemüht sich, alles auf Deutsch zu sagen. Er fragt nach „Wie heißt das?" und „Wie sagst du deutsch?". Die Sätze sind nicht immer grammatisch richtig, werden aber länger. Er stellt das Verb immer an das Satzende. Dass er persische Brocken einstreut, passiert nur noch ganz selten. Wenn die Mutter ihn abholt, spricht er aber sofort wieder persisch mit ihr.

Aufgabe

Versuchen Sie aus dem Beispiel herauszulesen, welche positiven Bedingungen für Samirs Sozial- und Sprachentwicklung bestanden haben:

1. *Was haben die Eltern beigetragen?*
2. *Was hat Samir getan, um Deutsch zu lernen?*
3. *Was hat die Erzieherin getan (und unterlassen!), um ihn zu unterstützen?*
4. *Was hatte die Kindergruppe für einen Einfluss?*

Stellen Sie sich vor, Sie wären die Erzieherin von Samir oder anderen ausländischen Kindern. Was können Sie tun, um ihnen den Einstieg in die Kita zu erleichtern? Sammeln Sie möglichst viele Ideen für den ersten Kitatag und stellen Sie sie auf einem Poster vor.

6.1.1 Grundsätzliche Überlegungen zur Mehrsprachigkeit

Unter **Mehrsprachigkeit** versteht man die Fähigkeit, mehr als ein Sprachsystem funktional zu gebrauchen, unabhängig davon, welche Sprache die Muttersprache ist, welche hinzukommt oder wie gut der Grad der Beherrschung ist. Mehrsprachigkeit schließt als Oberbegriff die häufigste Form, nämlich die Zweisprachigkeit, mit ein. In dieser sehr weiten Definition sind sowohl Personen als mehrsprachig zu bezeichnen, die als Kinder zwei Sprachen parallel und perfekt erworben haben, als auch solche, die nach Fremdsprachkursen die nötigen Kenntnisse haben, um im Urlaub oder beruflich die wichtigsten Alltagsbedürfnisse fremdsprachlich ausdrücken zu können. Die Unterschiede zwischen den verschiedenen Formen der Mehrsprachigkeit werden in Kapitel 6.1.2 erläutert.

Zwei- oder Mehrsprachigkeit hat sich unter den Bedingungen der Arbeitsmigration, d. h. der Zuwanderung ausländischer Arbeitnehmer in die Industriestaaten, seit der Mitte des letzten Jahrhunderts eher als die Regel, nicht als Ausnahme entwickelt. Diese Tendenz zeigt sich nicht nur in Deutschland, sondern weltweit. Mehr als die Hälfte der Weltbevölkerung befindet sich in einer Lebenssituation, die von Mehrsprachigkeit geprägt ist. Länder, deren Sprachraum rein einsprachig gestaltet ist, sind weltweit eindeutig in der Minderheit und es gibt viele mehrsprachige Länder, die sich trotz verschiedener Sprachsysteme als eine einheitliche Nation empfinden. In unmittelbarer europäischer Nachbarschaft gilt dies z. B. für Belgien, Luxemburg oder die Schweiz, und in vielen anderen Ländern gibt es ebenfalls sprachliche Minderheiten, wie z. B. die Gruppe der deutschsprachigen Südtiroler in Italien, der deutschsprachigen Elsässer in Frankreich, der deutschsprachigen Süddänen, der dänisch sprechenden Minderheit in Schleswig-Holstein, der sorbisch sprechenden Bevölkerung in Ostdeutschland, der friesisch sprechenden Gruppe in Norddeutschland usw. Darüber hinaus gehört es z. B. in den Niederlanden oder den skandinavischen Staaten selbstverständlich dazu, englisch sprechen zu können. Hier laufen beispielsweise viele Fernsehprogramme unsynchronisiert in der englischen Originalversion, sodass sich der ungesteuerte Fremdspracherwerb ganz nebenbei beim Fernsehen vollziehen kann.

Sowohl die Zuwanderungssituation als auch die Mehrsprachigkeit innerhalb eines Landes stellen die Betroffenen vor sprachliche und kulturelle Herausforderungen. Die Muttersprache vermittelt nicht nur ein sprachliches Regelsystem, sondern auch historische, kulturelle, moralische und religiöse Wertvorstellungen und Grundhaltungen einer Sprachgemeinschaft. Das Erlernen der Muttersprache ermöglicht dem Kind das Hineinwachsen in seine Kultur- und Sozialgemeinschaft. Ein Hineinwachsen in zwei Kulturen, egal ob gleichzeitig oder nacheinander, ist immer mit größeren Entwicklungsaufgaben verbunden.

Menschen, die aus ihrem eigenen Sprach- und Kulturraum in ein anderes Land einwandern, haben gar keine andere Wahl, als ihr Leben mehrsprachig zu gestalten. Diese Anpassung an die sprachlichen Umgebungsbedingungen bezeichnet man als **lebensweltliche Mehrsprachigkeit**. Die Sprachlernsituation von eingewanderten Kindern, Jugendlichen oder Erwachsenen besteht vor allem darin, sich so schnell wie möglich so viel wie möglich des neuen Sprachsystems anzueignen, sodass alltägliche Anforderungen gemeistert werden können. Je früher dabei die Auseinandersetzung mit einer zweiten Sprache stattfindet, umso größer sind die Chancen, dass eine gleich gute Beherrschung beider Sprachsysteme entstehen kann.

Nie lernen Kinder eine zweite (oder auch dritte, vierte ...) Sprache so mühelos wie im Vorschulalter. Kinder, die parallel zum eigenen Spracherwerb Erfahrungen mit einer oder mehreren weiteren Sprachen machen, können diese wie eine zweite Muttersprache lernen und beherrschen. **Zwei- oder mehrsprachig aufzuwachsen, ist also prinzipiell eher ein Vor- als ein Nachteil**. Es gibt allerdings hoch und weniger hoch angesehene Formen der Mehrsprachigkeit. So wird es in Deutschland als Vorteil angesehen, eine Sprache des eher nördlichen europäischen Auslandes zu sprechen (Englisch, Französisch, Schwedisch usw., sogenannte privilegierte Zweisprachigkeit), aber als Nachteil, als Muttersprache z.B. griechisch oder türkisch zu sprechen und Deutsch als Zweitsprache hinzu erworben zu haben (nicht privilegierte Zweisprachigkeit). Diese Unterscheidung lässt sich nicht allein mit den unterschiedlichen Sprachsystemen erklären, da keine Sprache von vornherein besser oder schlechter ist als die andere. In diese Bewertung fließen eher kulturelle Vorurteile ein, die nicht der Sprache, sondern der Volksgruppe weniger positive Eigenschaften zuschreiben. So werden in weiten Bevölkerungsteilen die Sprachen der „armen" südeuropäischen Einwandererländer gegenüber den Sprachen der Industriestaaten als minderwertig betrachtet, auch wenn dafür kein Grund besteht.

Einige Fakten über Mehrsprachigkeit und Migration in Deutschland:

- Im Jahr 2019 betrug der Anteil der ausländischen Bevölkerung in Deutschland ca. 11,2 Millionen, das entspricht einem Ausländeranteil von rund 13,5 Prozent.
- Die größten Gruppen der Migranten sprechen folgende Muttersprachen: Türkisch (1,5 Millionen), Polnisch (ca. 863.000), Arabisch/Syrien (789.000), Rumänisch (748.000) und Italienisch (646.000), Hinzu kommen Angehörige fast aller Nationen dieser Welt, d.h. auch Muttersprachler aus fast allen Sprachräumen.
- Fast 25 Prozent aller in Deutschland geborenen Kinder haben mindestens ein Elternteil nicht deutscher Muttersprache und damit die Chance, bilingual aufzuwachsen.

(vgl. Statistisches Bundesamt (2019): Bevölkerung mit Migrationshintergrund. https://www.destatis.de/DE/Presse/Pressemitteilungen/2019/08/PD19_314_12511.html

6.1.2 Formen der Mehrsprachigkeit

Mehrsprachigkeit ist ein Sammelbegriff für alle möglichen Formen der Beherrschung verschiedener Sprachen. Früher wurden nur diejenigen Personen, die zwei Sprachen wie eine Muttersprache beherrschen, als zwei- oder mehrsprachig bezeichnet, aber heutzutage dominieren wesentlich offenere Definitionen, die jede Art des Mehrsprachenerwerbs einschließen. Zwei- oder mehrsprachig ist jede Person, die sich außer in ihrer Muttersprache in einer weiteren Sprache verständigen kann. Zweit- oder Mehrsprachenerwerb ist somit ein Lernprozess, der sich gleichzeitig mit dem Erstspracherwerb vollziehen oder sich an ihn anschließen kann. Es gibt unterschiedliche Lernwege zur Mehrsprachigkeit, die sich nach ihrem Zeitpunkt, ihren Erwerbsbedingungen und ihren Ergebnissen unterscheiden lassen.

Früher und später Zweitspracherwerb

Als „früh" werden alle Erwerbsformen bezeichnet, die sich im Kindesalter vollziehen. Dies betrifft sowohl Kinder, die mit mehrsprachigen Eltern aufwachsen, als auch solche, die mit verschiedenen Familien- und Umgebungssprachen konfrontiert sind, oder solche, die in jungen Jahren in eine neue Sprachumgebung einwandern. Auch der Zweitspracherwerb durch gezielte Fremdsprachangebote in der Kita oder der Grundschule zählt zum frühen Zweitspracherwerb.

Später Zweitspracherwerb findet im Jugendlichen- oder Erwachsenenalter statt. Dies gilt vor allem für Arbeitsmigranten, die im Erwachsenenalter in ein Arbeitgeberland einwandern und sich dort die Sprache ihres Gastlandes aneignen müssen, aber auch für das Fremdsprachenlernen nach der Grundschule.

Simultaner Zweitspracherwerb

Beim simultanen Zweitspracherwerb lernt das Kind beide (oder mehrere) Sprachen in der natürlichen Umgebung, d. h. in der Familie. Ein simultaner Zweitspracherwerb ergibt sich dann, wenn beide Eltern verschiedene Muttersprachen sprechen und sich bewusst für eine mehrsprachige Erziehung entscheiden. Als günstigste Form hat sich hierbei das Prinzip **eine Person – eine Sprache** bzw. „Vatersprache – Muttersprache" erwiesen. Dabei spricht ein Elternteil konsequent in der einen Sprache mit dem Kind, der andere konsequent in der anderen. Diese klare Trennung von Personen und dem zugeordneten Sprachsystem erleichtert es dem Kind, beide Sprachen als eigenständige Systeme wahrzunehmen und deren Unterschiede sowie Gemeinsamkeiten zu entdecken.

Diese Form des Zweitspracherwerbs bietet dem Kind besonders günstige Lernbedingungen, weil

- die Eltern der Mehrsprachigkeit gegenüber positiv eingestellt sind und das Kind motivierend unterstützen,
- das Kind mit der selbstverständlichen Anwendung zweier Sprachen aufwächst und
- beide Sprachen im natürlichen Lernumfeld der Familie erworben werden.

Auch als Erwachsene können sich diese Kinder oft in beiden Sprachen gleich gut verständigen, wenn sie weiterhin mit beiden Sprachen Kontakt haben und sie zu deren Gebrauch motiviert sind. Deshalb wird diese Form der Zweisprachigkeit als **echter Bilingualismus** bezeichnet.

Sequenzieller Zweitspracherwerb

Als „sequenziell" oder „sukzessiv", d.h. nachfolgend, bezeichnet man den Zweitspracherwerb dann, wenn er in der natürlichen Sprachumgebung zu einem Zeitpunkt erfolgt, zu dem der Erstspracherwerb schon begonnen hat und das System der Muttersprache zumindest in seinen Anfängen bereits gefestigt ist. Dieser Lernprozess ist ebenfalls eine natürliche Form des Zweitspracherwerbs, weil sich das Lernen auch hier in der natürlichen Sprachumwelt des Kindes und seiner Familie vollzieht. Der Unterschied zum simultanen Zweitspracherwerb besteht darin, dass hier zunächst eine Familiensprache gelernt wird, bevor das Kind mit der Umgebungssprache in Kontakt kommt. Das kann der Fall sein, wenn ein Kind mit seinen Eltern im Einwanderungsland ankommt und nun die neue Sprache lernen muss; es kann aber auch sein, dass die Familie schon lange im Einwanderungsland lebt, zu Hause in der Familiensprache spricht und das Kind erst mit zunehmendem Alter mit der Außenwelt in kommunikativen Kontakt tritt, etwa durch den Eintritt in die Kindertagesstätte. Wenn das Kind die zweite Sprache vor der Pubertät erlernt und intensiv anwendet, kann es sie wie eine Erstsprache akzentfrei und fehlerlos sprechen.

Kinder mit sequenziellem Zweitspracherwerb sind in der Regel älter als bilingual aufwachsende Kinder, wenn sie in den Zweitspracherwerb einsteigen. Dies ist jedoch nicht der einzige Unterschied: Die Eltern haben sich nicht bewusst dafür entschieden, ihr Kind zweisprachig zu erziehen, sondern die Bedingungen der Migration erfordern diese Anpassung. Das Angebot der Zweitsprache ist weniger gezielt und konstant, weil die Sprachlernsituationen eher zufällig bei Alltagskontakten zustande kommen, z.B. beim Einkaufen, auf dem Spielplatz o.Ä.

Das Ergebnis des sequenziellen Zweitspracherwerbs wird oft als **natürliche Zweisprachigkeit** oder „ungesteuerter Zweitspracherwerb" bezeichnet, weil auch hier das Sprachlernen durch den täglichen Kontakt des Kindes in natürlichen Kommunikationssituationen erfolgt. Sequenzieller Zweitspracherwerb kann auch im Jugendlichen- oder Erwachsenenalter erfolgen, wenn die Personen erst in diesem Alter mit einer neuen Sprachumgebung konfrontiert werden, z.B. bei Auswanderung. Diese Personen werden die neue Sprache in der Regel aber nicht so vollständig und mühelos erlernen wie frühe Zweitsprachenlerner.

Fremdsprachenerwerb

Unter „Fremdsprachenerwerb" versteht man den zumeist schulisch gesteuerten Prozess der Aneignung einer neuen Sprache. Dieser Lernprozess lässt sich vor allem aufgrund der Erwerbsbedingungen von den bisherigen Formen abgrenzen: Beim Fremdsprachenlernen wird eine Sprache unabhängig von ihrer Alltagsverwendung erlernt, meist in Form eines systematischen Unterrichts. Das Lernen der Sprache findet nicht in natürlichen Kommunikationsbeziehungen, sondern in künstlich hergestellten Lernsituationen statt

Fremdsprachenlernen erfolgt in der Regel im Schulalter und wird daher zu den späten Formen des Zweitspracherwerbs gezählt. Da diese Sprachlernform zum einen später erfolgt als der simultane oder sequenzielle Zweitspracherwerb und zum anderen das Lernen isoliert von einem sprachlichen Alltag stattfindet, werden Fremdsprachenlerner meist nur ein lückenhaftes System erwerben: Es fehlen Wortschatz- und Grammatiksicherheit und es bleibt oft ein deutlicher Akzent hörbar, der die Muttersprache erkennbar macht.

Aufgabe

Lesen Sie das Beispiel von Samir zum Einstieg in dieses Kapitel erneut durch.

Welche Form des Zweitspracherwerbs durchläuft Samir? Begründen Sie Ihre Wahl.

Die folgende Abbildung fasst die Formen der Mehrsprachigkeit zusammen.

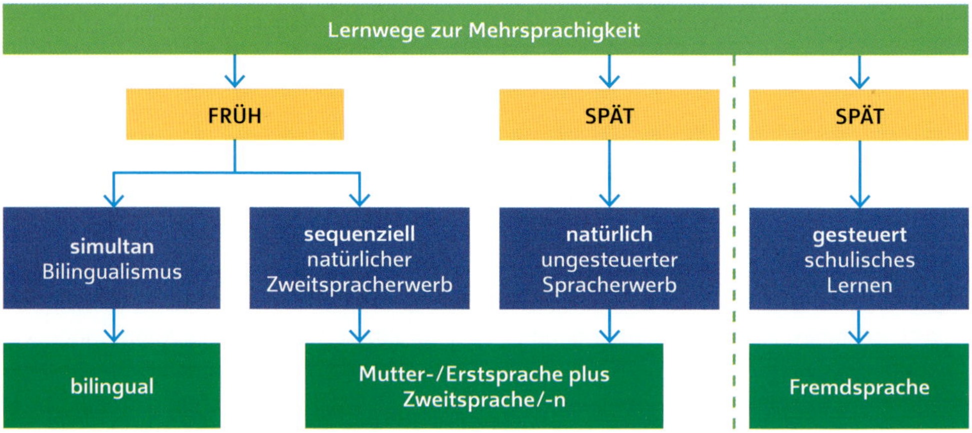

Lernwege zur Mehrsprachigkeit (vgl. Lengyel 2001, S. 73)

6.2 Erstsprache – Zweitsprache: Was hat Vorrang?

Die Erstsprache hat für das Kind nicht nur eine kommunikative Bedeutung, sondern trägt als Familiensprache auch entscheidend zur Rollen- und Selbstbildentwicklung des Kindes bei. Ausländische Kinder in deutschen Kindertageseinrichtungen bringen also immer schon ein eigenes Sprachentwicklungsgerüst mit, das aus der Muttersprache und individuell unterschiedlichen Deutschkenntnissen besteht.

In diesem Kapitel werden die Zusammenhänge von Erst- und Zweitsprache erläutert, da sie die Basis für gezielte Förderangebote für Kinder mit nicht deutscher Muttersprache bilden.

6.2.1 Die Bedeutung der Erstsprache

Die Erstsprache oder Muttersprache hat für das Kind schon vor der eigentlichen Sprachentwicklung eine ganz besondere Lernbedeutung: Bereits im Mutterleib hat es die Melodie und den Rhythmus dieser Sprache verinnerlicht. Stimme und Sprache der Mutter sind von Anfang an vertraut und Vertrauen schaffend; die Muttersprache hört der Säugling, wenn er von den Eltern beruhigt wird; in der Muttersprache wird die Basis für den Spracherwerb gelegt. In der Muttersprache werden darüber hinaus auch familiäre und kulturelle Normen vermittelt: Die Sprache drückt aus, was erlaubt ist und was nicht, worüber man sich freut, was man sich wünscht, welche Werte in der Familie geachtet werden usw. Die Sprache, mit der das Kind aufwächst, vermittelt ihm Sicherheit und Vertrauen, und in diesem Sprachraum kann das Kind seine eigene Sprachentwicklung vollziehen.

Das Hineinwachsen in eine Familiensprache sorgt für ein sicheres Sprachfundament

Im normalen Erwerb der Erstsprache lernt das Kind alle sprachlichen Regeln, die zu dieser Sprache gehören, aber auch die Kommunikationsregeln, mit denen es die Interaktionen seiner Lebenswelt aktiv mitgestalten kann. Das Lautinventar, die grammatischen Regeln und die Regeln, mit denen durch Gestik, Mimik und Sprechmelodie emotionale Inhalte ausgedrückt werden, können dabei von Sprache zu Sprache sehr unterschiedlich sein. Das Kind lernt mir der Muttersprache sein ganz individuelles Grundgerüst.

„Die Erstsprache des Kindes ist
- die Sprache seines ersten Dialogs,
- sein erstes Programm für motorische Experimente mit Lauten und Wörtern,
- die erste sprachliche Hülle seiner sinnlichen Wahrnehmungen, Erfahrungen und Emotionen,
- ein Klang, der es emotional mit den wichtigsten Menschen in seinem Leben, den Eltern, Geschwistern und Familienangehörigen verbindet.

In der Erstsprache werden die Wurzeln der kindlichen Sprachentwicklung gebildet.
Erstsprache: Das Grundgerüst und ‚Betriebssystem' für den Erwerb der Zweitsprache."
(Fuchs/Siebers 2002, S. 36)

Die Erstsprache spielt auch bei der emotional-sozialen Entwicklung des Kindes eine wichtige Rolle: In dieser Sprache lernt das Kind, seine Bedürfnisse und Wünsche auszudrücken, in dieser Sprache kann es seine Sorgen und Nöte ausdrücken, in dieser Sprache lernt es, „ich" zu sagen und sich als eigenständige Persönlichkeit zu erkennen. Die Muttersprache ist also ein Teil der Identität des Kindes und bildet einen wichtigen Teil seines Selbstwertgefühls.

Wächst ein Kind unter den günstigen Bedingungen des simultanen Zweispracherwerbs, also mit einer Mutter- und einer Vatersprache auf, wird es wahrscheinlich auch die kulturellen und kommunikativen Regeln beider Sprachen lernen, weil die Elternteile beides mit in den Familienalltag hineintragen. In diesem Fall erlernt das Kind gleichzeitig zwei Sprach- und Kultursysteme und es wird sich in beiden Systemen gleich sicher fühlen und ausdrücken können. **Bilinguale Kinder wachsen daher in der Regel auch bikulturell auf.**

Beim sequenziellen Zweitspracherwerb baut das Lernen der zweiten Sprache auf dem Grundgerüst der ersten Sprache auf: Zunächst wird die Muttersprache als zuverlässiges Regelsystem erworben, und mithilfe dieses Wurzelwerks kann eine zweite Sprache hinzugelernt werden. Das Kind nutzt das Wissen über den Aufbau der Muttersprache, um die Strukturen der Zweitsprache damit zu vergleichen, Gleiches und Abweichendes zu erkennen und seine Sprachkompetenz zu erweitern. Mithilfe des muttersprachlichen Wissens sucht sich das Kind eigene Lernwege, um sich die Zweitsprache anzueignen. Je besser es dabei seine Muttersprache beherrscht, umso leichter wird es die Regeln und Strukturen einer zweiten Sprache lernen können. Daher kann man die Muttersprache als das **Betriebssystem** bezeichnen, das störungsfrei funktionieren muss, damit das Programm der Zweitsprache geöffnet werden kann.

Für die Sprachförderung mit Kindern, deren Muttersprache nicht Deutsch ist, bedeutet das, dass die muttersprachliche Identität und die Kultur des Kindes Wertschätzung erfahren und die Erstsprachkompetenzen des Kindes gefördert werden müssen und dass die Zusammenarbeit mit den Eltern, die die Erstsprache des Kindes beherrschen, eine wichtige Hilfe bei der mehrsprachigen Erziehung sein kann.

LESE-TIPP

Informationen zur mehrsprachigen Entwicklung und zu Möglichkeiten, mehrsprachige Kinder in der Familie und der Kindertageseinrichtung zu fördern, finden sich in:

Chilla, Solveig/Fox-Boyer, Annette: Zweisprachigkeit/Bilingualität. Idstein, Schulz-Kirchner Verlag, 2. Aufl. 2016.

■ ***Die Muttersprache bildet das Fundament für das Erlernen der Zweitsprache, Muttersprachkompetenz ist die Voraussetzung für Zweitsprachkompetenz.***
Daher gilt: Eine konsequent in der Familie gesprochene Erstsprache bietet bessere Voraussetzungen für einen späteren deutschen Zweitspracherwerb als der Versuch, ein lückenhaftes Deutsch in die Familiensprache zu integrieren.

Aufgaben

1. *Erstellen Sie eine Liste mit Wörtern, die im Alltag von Vorschulkindern eine wichtige Bedeutung haben (Spielzeug, Lieblingsnahrungsmittel, Kleidung, Familienmitglieder, Alltagsaktivitäten wie Frühstück oder Spielplatzbesuch usw.).*
2. *Suchen Sie zu diesen Begriffen eindeutiges Bildmaterial.*
3. *Befragen Sie möglichst viele ausländische Vorschulkinder danach, wie diese Dinge oder Personen in ihrer Muttersprache heißen. Erstellen Sie eine Wörterliste.*
4. *Fertigen Sie ein großes Plakat an, auf dem zu einigen Bildern die Wörter in verschiedenen Sprachen stehen. Lassen Sie sich beim Schreiben der Wörter von den Eltern der Kinder helfen.*

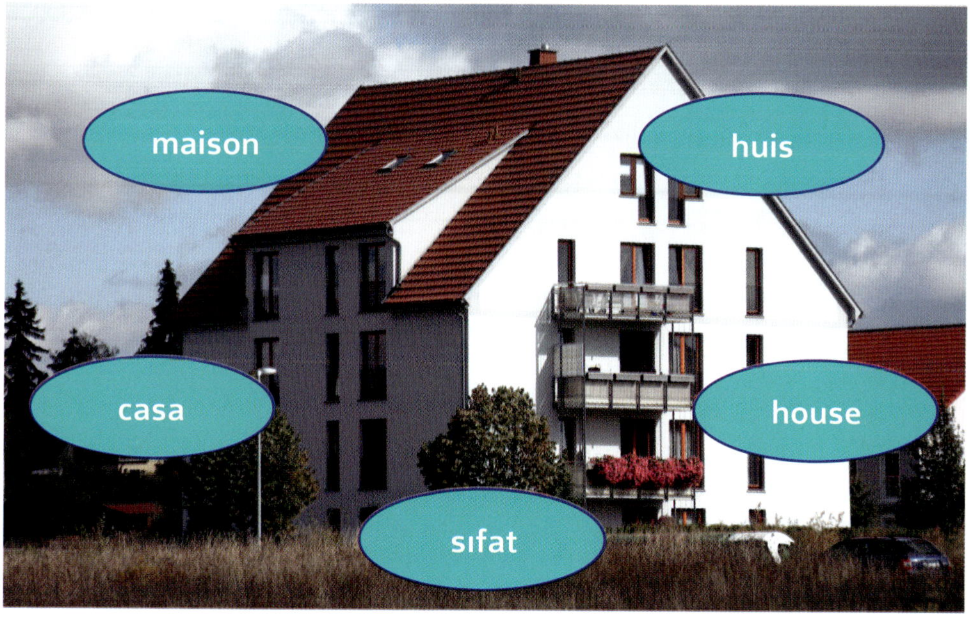

6.2.2 Die Entwicklung der Zweitsprache

Ein problemloser Erwerb einer zweiten Sprache kann sich am besten vor dem Hintergrund eines stabilen Sprachwissens aus der Muttersprache vollziehen. Kinder aus nicht-deutschsprachigen Familien durchlaufen zumeist einen ungesteuerten Zweitspracherwerb (s. Kap. 6.1.2), indem sie in ihrem Alltag mit beiden Sprachen Kontakt haben und sich deren Regelsysteme selbstständig aneignen können. Die Kinder gehen in diesem Lernprozess vor wie beim Erstspracherwerb: Sie nehmen zunächst viel der neuen Sprache auf, bevor sie sie selbst sprechen.

Dabei haben Kinder sehr unterschiedliche Strategien, um sich dem Gebrauch der Zweitsprache anzunähern: Manche Kinder sind zu Beginn der Kitazeit längere Zeit stumm, beobachten ihre neue Umgebung und erschließen sich zunächst die Zusammenhänge von Handlung und Sprache. Diese Kinder fangen oft mit ganzen Sätzen oder zumindest längeren Äußerungen an, die neue Sprache zu verwenden, weil sie sie bereits in größeren sinnvollen Einheiten gespeichert haben. Manche Kinder plappern sofort in ihrer Muttersprache los und scheinen erst nach und nach zu bemerken, dass sie sich in einer neuen Sprachumgebung befinden. Diese Kinder verwenden am Anfang meist einzelne Wörter, die sie in ihre muttersprachlichen Äußerungen einbauen oder die sie isoliert verwenden. Sie bauen ihren Wortschatz meist im direkten und bewussten Vergleich mit ihrer Muttersprache auf.

Zumeist beginnt der Wortschatzerwerb mehrsprachiger Kinder mit einzelnen Wörtern, die die Kinder für die Verständigung im Alltag brauchen, die ihre Grundbedürfnisse ausdrücken, für die Kinder eindeutig einen bestimmten Sinnzusammenhang ausdrucken und die eine persönliche Bedeutung haben. Dabei werden oft diejenigen Wörter zuerst gelernt, die in einen eindeutigen Handlungsrahmen eingeordnet werden können und dort häufig wiederholt werden. Diese Begriffe können als Erstes zuverlässig zugeordnet und von den Kindern sicher angewandt werden.

Beispiele für einige frühe deutsche Wörter mehrsprachig aufwachsender Kinder:

Ahmad verwendete das Wort „Schaukel", wenn er nach draußen zum Spielen gehen wollte. Er meinte mit „Schaukel" sowohl den Spielplatz als auch die Aktivität des Spielens und das Herausgehen aus dem Gruppenraum.

Lucia verwendete einzelne Wörter, um ganze Sätze auszudrücken: „Puppe" stand für „Ich will mit der Puppe spielen", für „Da ist die Puppe", für „Das ist meine Puppe", für „Ich ziehe der Puppe ein Kleid an" und vieles mehr. Sie lernte am Anfang vor allem die Wörter hinzu, die wichtige Aktivitäten bezeichneten: essen, trinken, spielen usw.

Sergio kannte schon einige deutsche Wörter, als er in die Kita kam, vor allem die für Spielzeug. Als er verstanden hatte, dass er das benannte Spielzeug bekam, versuchte er in rasantem Tempo alle Wörter zu lernen, die für ihn attraktive Dinge bezeichneten, damit er sie einfordern konnte. Er lernte in den ersten zwei Wochen pro Tag zehn bis 20 neue Wörter hinzu, danach ging es etwas langsamer voran, aber nun auch mit längeren Äußerungen.

Aufgaben

1. *Befragen Sie Erzieherinnen, die häufig mit mehrsprachigen Kindern arbeiten, nach den Wörtern, die die Kinder ihrer Erfahrung nach am ehesten benutzen.*
2. *Fertigen Sie eine Liste mit den am häufigsten genannten Wörtern an.*
3. *Diskutieren Sie darüber, warum es gerade diese Wörter sind, die die Kinder am Anfang verwenden.*

Der **Verlauf der Zweitsprachentwicklung** folgt meistens den Phasen des Erstspracherwerbs, d. h., die Kinder schreiten nach einer Phase von Einzelwortäußerungen zum Erwerb einfacher grammatischer Kombinationen bis hin zum Gebrauch aller sprachlichen Strukturen fort. Dabei vollzieht sich auf dem Hintergrund der bereits erworbenen Sprachregeln der Muttersprache jedoch ein zusätzlicher Lernprozess, bei dem die neuen und gewohnten Strukturen miteinander verglichen werden und die Kinder erkennen, wo sie sich neue Regeln aneignen müssen. Sie verändern anfangs oft die Regeln der Zweitsprache nach denen der Muttersprache, sodass sich je nach Muttersprache andere Abweichungen von der Sprachnorm finden lassen. Beim Regelerwerb verfolgen die Kinder unterschiedliche Lernwege:

- Zur systematischen Vereinfachung wenden sie aus der unüberschaubaren Menge an möglichen Wortformen nur einige wenige an, z. B. nur die Grundform der Verben („fahren" für „Ich fahre", „Ich will fahren", „Er fährt weg"), Hauptwörter ohne Artikel („Junge sitzt auf Stuhl") oder mit immer dem selben Artikel („die Brot", „die Mann", „die Hund").

- Sie lassen Funktionswörter anfangs meist aus, weil die Inhalte der Mitteilung oft auch ohne sie verständlich sind. Vor allem werden Präpositionen, Konjunktionen oder Hilfsverben ausgelassen („Ich geh Bett", „Hat er Auto, kein Auto?" „Das ausschneiden").
- Sie konzentrieren sich auf das Erlernen von Inhaltswörtern, mit denen vieles genau ausgedrückt werden kann („Auto schnell", „Kiste Regal stellen") und lernen die Wörter, die wenig Information enthalten, erst später hinzu.
- Sie vereinfachen die Grammatikregeln, indem sie zunächst nur einige wenige anwenden und andere weglassen, z. B. Pluralbildungsregeln („ein Hund" – „zwei Hund", „ein Mann" – „zwei Mann") oder Regeln zur Bildung von Vergangenheitsformen („spielen" – „gespielt", „trinken" – „getrinkt"). Hier vollziehen sie genau die gleichen Übergeneralisierungen wie Kinder im Erstsprach-Grammatikerwerb.
- Sie erfinden neue Wörter, z. B. „Treckermann" für Landwirt, „Tierhaus" für Stall, „Wehdrauf" für Pflaster.
- Wenn sie in der einen Sprache nicht weiterkommen, brechen sie manchmal ab, manchmal wechseln sie in die andere Sprache, manchmal fragen sie gezielt nach Übersetzungshilfen („Wie ist zapato auf Deutsch?").

(vgl. Fuchs/Siebers 2002, S. 40)

Für diese kreativen und selbst gesteuerten Lernwege benötigen die Kinder unterschiedlich lange, weil der Weg zur Veränderung des schon gewohnten Sprachmusters unterschiedlich lange dauert. Manche Kinder eignen sich die Vorbilder ihrer Umgebungssprache rasch an und scheinen wie von selbst zu lernen, andere haben mehr Mühe und bleiben länger bei den oben genannten Zwischenstufen der Annäherung an die deutschen Sprachregeln stehen. Das Tempo, mit dem die neue Sprache erworben wird, hat nicht nur mit dem Umfang von Kontakten mit der neuen Sprache zu tun, sondern auch mit der Ähnlichkeit oder den Unterschieden der beiden zu lernenden Sprachen: Kinder, die aus einer dem Deutschen ähnlichen Muttersprache kommen, finden sich schneller im neuen Regelsystem zurecht als Kinder, die aus einem sehr anderen Sprach- und Kultursystem in den Zweitspracherwerb starten.

Kinder, die simultan bilingual, also mit zwei Sprachen gleichzeitig aufwachsen, brauchen normalerweise kaum länger für den Spracherwerb als einsprachig aufwachsende Kinder. Es kann jedoch sein, dass sich die eine Sprache zunächst dominant entwickelt und die andere etwas hinterherhinkt. Auch kann es dazu kommen, dass sich Strukturen der einen Sprache auf den Erwerb der anderen auswirken, sodass deren Erwerb verzögert wird. Chilla/Fox-Boyer (2016, S. 23) geben dafür das anschauliche Beispiel der Verb-Subjekt-Entwicklung eines Kindes, das Deutsch und Italienisch lernt: Die für das Italienische korrekt erworbene Form des Verbs ohne Subjekt („gioco" heißt „ich spiele", obwohl kein Personalpronomen verwendet wird) führt dazu, dass das Kind die deutsche Form mit Subjekt bzw. Personalpronomen deutlich später verwendete als seine Altersgenossen. Zusammenfassend lassen sich für mehrsprachige Kinder folgende Meilensteine der Sprachentwicklung festhalten:

Meilensteine des simultan-bilingualen Spracherwerbs

Alter	Merkmale
sechs Monate bis ein Jahr	Lallen von Silben, die beiden Sprachen ähneln
ca. ein Jahr	Verständnis für Wörter und kurze Sätze aus beiden Sprachen
ab einem Jahr	erste Wörter, die Wörtern aus einer oder beiden Sprachen ähneln
zwischen 1;6 und zwei Jahren	Wortschatzspurt in beiden Sprachen
ca. zwei Jahre	Zweiwortäußerungen in beiden Sprachen
zwischen 2;6 und drei Jahren	kurze (unvollständige) Sätze
ca. 3;6 Jahre	Äußerungen für fremde Personen beider Sprachen verständlich
ca. vier Jahre	Sätze mit Nebensätzen werden gebildet
ab ca. 4;6 Jahren	zusammenhängende Erzählungen möglich

(vgl. Chilla/Fox-Boyer 2016, S. 24)

Festzuhalten bleibt, dass bei den meisten Kindern auch der frühe sequenzielle Zweitspracherwerb, d. h. das Eintauchen in eine von der Familiensprache unterschiedliche Umgebungssprache, problemlos verläuft und dass die Kinder beide Sprachen vollständig erwerben können. Die Vorteile der frühen Zweisprachigkeit haben sich dabei in den letzten Jahren wissenschaftlich nachweisen lassen: Zweisprachige Kinder haben bei sprachlichen und nicht sprachlichen Intelligenztests oft bessere Werte als einsprachig aufwachsende Kinder, und sie können mit sprachlichen Anforderungen und Prüfungen besser umgehen, weil sie sprachliche Regeln besser verstehen. Insgesamt haben mehrsprachige Personen Vorteile, weil sie bewusster mit Sprache umgehen können. Darüber hinaus lassen die Denkfähigkeiten mehrsprachiger Menschen im Alter weniger stark nach als die von einsprachigen Menschen.

Beispiel

Auch ein Dialekt kann eine Zweitsprache sein!

Dialekt: Vorteil oder Nachteil?

„Das Vorurteil, dass die Kleinen im Kindergarten und in der Schule durch Dialekt Nachteile haben könnten, stammt aus den 1960er-Jahren. Damals war man in Deutschland, vor allem in den Großstädten, der Meinung, dass Kinder möglichst ausschließlich auf Hochdeutsch erzogen werden sollten. Dialekte wurden mit einem niedrigen sozialen Status verbunden. Inzwischen zeigten Studien aber: Ob Bayerisch, Sächsisch oder Platt – Kinder, die zusätzlich zum Hochdeutsch einen Dialekt sprechen, sind im Vorteil.

Dialekt als Zweitsprache

‚Wenn ein Kind gleichzeitig mit Dialekt und Standardsprache aufwächst, gilt das für die Hirnforschung als eine Variante von Mehrsprachigkeit', sagt Professor Anthony Rowley, Sprachforscher und Mundart-Experte an der Ludwig-Maximilians-Universität München. ‚In der Wissenschaft weiß man heute, dass Mehrsprachigkeit von Vorteil für die geistige Entwicklung von Kindern ist.' Kinder, die Hochdeutsch und einen Dialekt lernen, werden sich später wahrscheinlich leichter tun, Fremdsprachen zu erlernen.

Mädchen und Jungen bis zum vierten Lebensjahr fällt es meist sehr leicht, sich in unterschiedlichen Sprachsystemen zurecht zu finden. Egal, ob die Kinder mit Fränkisch oder Französisch als ‚Zweitsprache' aufwachsen: Sie lernen von klein auf, mit verschiedenen Sprachgefügen und Aussprachen, einem umfangreicheren Wortschatz und unterschiedlichen grammatikalischen Strukturen umzugehen. [...]

Der Dialekt ist auch immer Ausdruck der eigenen Identität und bietet den Kindern die Möglichkeit, ihren Gefühlen und Gedanken auf unterschiedliche Art Ausdruck zu verleihen. Ein zusätzlicher, authentischer regionaler Wortschatz ist gut für das Sprachverständnis und vermittelt den Kindern ein besseres Sprachgefühl. Deswegen wenden sich Sprachdidaktiker wie Dr. Rupert Hochholzer von der Universität Regensburg oder Mundart-Verbände in Deutschland gezielt an Kindergärten, um bei den Erzieherinnen für die Akzeptanz und Wertschätzung der Dialekte zu werben."

Sandra Schmid 2019, https://www.baby-und-familie.de/Entwicklung/Dialekt-Vorteil-oder-Nachteil-fuer-Kinder-153687.html [16.11.2020] (verändert).

Was in diesem Zeitungsartikel für die Dialektsprecher dargestellt wird, gilt ebenso für frühe Zweitsprachlerner, die zwei Sprachen neben- oder nacheinander erwerben: Sie haben große Vorteile bei sprachlichen, aber auch nicht sprachlichen Anforderungen, weil sie ein anderes Lerngerüst als Basis haben. Das ist neben der Tatsache, dass junge Kinder eine zweite Sprache sehr viel müheloser lernen als ältere Menschen, ein Grund dafür, warum so viele Bemühungen für frühes Fremdsprachlernen in der Kita unternommen werden.

Zweisprachigkeit hat aber nicht nur Vorteile. Kinder, bei denen der Erst- und Zweitspracherwerb unter problematischen Bedingungen und nicht vollständig verläuft, können von den positiven Aspekten der Mehrsprachigkeit nicht profitieren, sondern haben schulische und soziale Nachteile in Kauf zu nehmen. **Unter folgenden Bedingungen sind die Voraussetzungen für einen ungestörten Zweitspracherwerb ungünstig:**

» Kinder aus der sogenannten dritten Generation der Zuwanderer wachsen oft in einem sprachlichen Umfeld auf, in dem ihre Eltern die eigene Herkunftssprache nicht mehr vollständig beherrschen. Die Kinder bekommen also aus der Familie ein lückenhaftes „Wurzelwerk" in Form eines individuellen Gemischs aus Deutsch und Muttersprache mit, auf dem die Zweitsprache Deutsch nur lückenhaft aufbauen kann.

- Eltern, die sich trotz eigener unvollständiger Deutschkenntnisse dazu entschließen, mit dem Kind nicht in der Muttersprache, sondern auf Deutsch zu kommunizieren, geben nicht nur ein großes Stück ihrer eigenen Kultur und Identität auf, sondern verhindern auch einen zuverlässigen Regelaufbau in der Erstsprache. Viele Eltern, die aus Ländern mit niedrig bewerteten Muttersprachen stammen (s. Kap. 6.1.1), möchten ihren Kindern durch das frühe (aber unzureichende) Deutschangebot den Start erleichtern, behindern dabei aber den Aufbau eines tragfähigen Sprachfundaments.
- Kinder mit Sprachentwicklungsstörungen erwerben ihre Muttersprache nicht alters- und entwicklungsgerecht. Das kommt selbstverständlich auch bei Kindern aus mehrsprachigen Familien vor und bedeutet, dass diese Kinder mit einem Zweitspracherwerb eindeutig überfordert sind, weil ihnen schon der Erwerb der Erstsprache nicht ausreichend gelingt. Diese Kinder werden in beiden Sprachen Entwicklungsrückstände aufweisen.

Zusammenfassung

Aus all diesen Feststellungen lässt sich zusammenfassen, dass die Erst- oder Muttersprache als Basis für kulturelle und sprachliche Identität betrachtet werden muss, als Wurzelwerk, Grundgerüst oder „Betriebssystem" für den Zweitspracherwerb. Daraus folgt, dass bei Kindern mit (noch) unzureichenden Muttersprachkenntnissen auch dort mit Förderangeboten angesetzt werden sollte, bevor der Zweitspracherwerb gelingen kann. Die folgende Abbildung fasst die Beziehungen zwischen Erst- und Zweitspracherwerb zusammen.

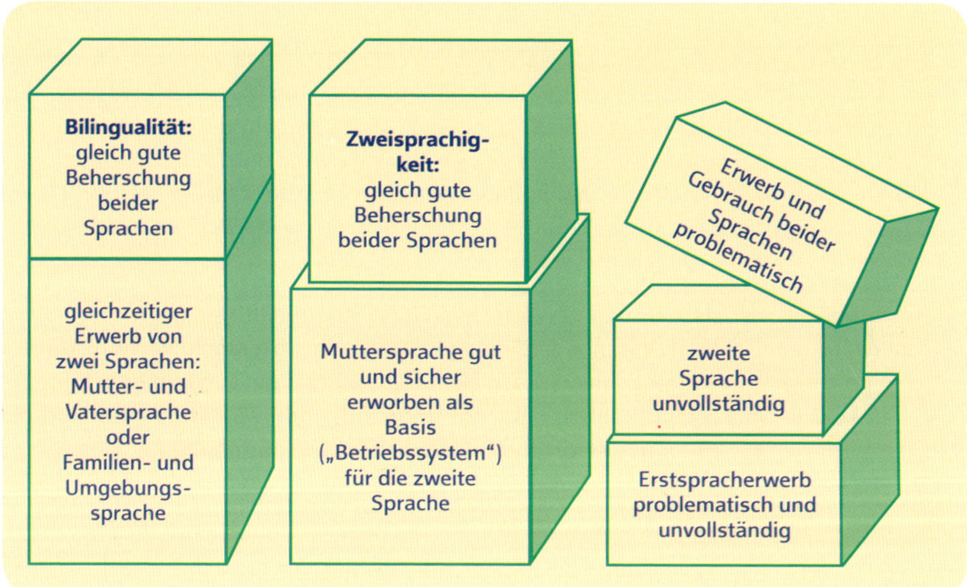

Zusammenhänge von Erst- und Zweitsprache(n)

6.3 Sprachstandsbeobachtung bei mehrsprachigen Kindern

Auch wenn sie häufig im Mittelpunkt der aktuell erfolgenden Sprachfördermaßnahmen stehen, brauchen nicht alle Kinder aus einer Migrantenfamilie oder einem mehrsprachigen Familienhintergrund eine gezielte Sprachförderung. Kinder aus zweisprachigen Elternhäusern sprechen oft beide Sprachen gleich gut, und Kinder mit vielen deutschen Kontaktpersonen erwerben die deutsche Sprache oft mühelos zu ihrer Muttersprache hinzu. Um aber in den Fällen, in denen der Zweitspracherwerb unterstützt werden soll, angemessen fördern zu können, muss eine genaue Beobachtung der sprachlichen Kompetenzen des Kindes erfolgen. Dieses Kapitel soll Hinweise für die gezielte Beobachtung sprachlicher Voraussetzungen und Fähigkeiten geben.

6.3.1 Beobachtung der Sprachlernbedingungen

Um ein Kind auf der Grundlage seiner bereits vorhandenen Sprachfähigkeiten fördern zu können und die familiären Unterstützungsmöglichkeiten kennenzulernen, muss zunächst eine genaue Analyse der Sprachlernbedingungen erfolgen. Bei vielen Kindern ist nicht mehr eindeutig feststellbar, welche Sprache als Erstsprache gelten kann, weil das Kind, seine Eltern und weitere Familienangehörige verschiedene Sprachen mit unterschiedlichen Niveaus beherrschen. Oft ist es so, dass eher die Großeltern diejenigen sind, die die ursprüngliche Familiensprache vollständig beherrschen, während die Eltern diese Sprache nur noch in Teilen beherrschen und verwenden. **Die Nationalität einer Familie ist also in Bezug auf die Sprachlernbedingungen keine ausreichende Information.**

Fragen nach den familiären Sprachlernbedingungen können beispielsweise folgende Informationen erheben:

- Wer spricht mit dem Kind welche Sprache?
- Wer verfügt über welche Sprachkompetenzen in der Familiensprache und der deutschen Sprache?
- Gibt es eine Sprache, die hauptsächlich gesprochen wird?
- Gibt es bestimmte Situationen, in denen nur die eine oder die andere Sprache gesprochen wird?
- Wird in der Familie viel und gern miteinander gesprochen?
- Gibt es für das Kind neben den Eltern andere wichtige Bezugspersonen in der Verwandtschaft? Welche Sprache(n) sprechen sie?
- Gibt es Freunde oder Nachbarn, die mit dem Kind eine andere als die Familiensprache sprechen?
- Welche Sprachen werden hauptsächlich in der Nachbarschaft oder dem Stadtteil, in dem die Familie wohnt, gesprochen?
- Werden die Kinder in der Familie auf ihrem jeweiligen Sprachentwicklungsniveau unterstützt?

- Erleben die Kinder Druck, Deutsch zu lernen, der ihnen möglicherweise die Freude an neuen (sprachlichen) Lernerfahrungen nehmen kann?
- Wie viel Wert legen die Eltern auf das Erlernen der deutschen Sprache?
- Was tun die Eltern dafür, dass ihr Kind Deutsch lernt?

(vgl. Fuchs/Siebers o. J., S. 49)

Aufgaben

Versuchen Sie die oben aufgelisteten Fragen mithilfe der Erzieherinnen und Eltern von mindestens vier Kindern mit nicht deutscher Muttersprache zu beantworten.

Web

Einen Fragebogen zum Eintragen Ihrer Analyseergebnisse finden Sie im Zusatzmaterial im Internet.

Fassen Sie Ihre Ergebnisse für jedes Kind in einem kurzen Bericht zusammen, der positive Bedingungen und Risikofaktoren aufzeigt.

Von der Analyse der Sprachlernbedingungen ausgehend, können den Eltern gezielte Unterstützungsformen empfohlen werden. Da Kinder in ihrer Sprachentwicklung auf gute sprachliche Modelle angewiesen sind, ist es sinnvoll, mit den Eltern entsprechend ihrer eigenen Möglichkeiten abzusprechen, was sie für den Erst- und Zweitspracherwerb ihres Kindes tun können. Obwohl Eltern oft den verständlichen Wunsch haben, dass ihr Kind schnell Deutsch lernen soll, ist es nicht immer hilfreich, wenn mit dem Kind ausschließlich Deutsch gesprochen wird. Es kommt sehr auf den sprachlichen Hintergrund der Eltern an, der darüber entscheidet, ob Deutsch schon als (zweite) Familiensprache angeboten werden kann und sollte oder nicht. Grundsätzlich gilt dabei:

- ***Eltern sollten ihr Kind in der Sprache unterstützen, die sie am besten beherrschen.***

Eltern und Erzieherinnen erarbeiten gemeinsam günstige Unterstützungsmöglichkeiten.

Folgende Empfehlungen können je nach familiären Sprachvoraussetzungen gegeben werden:

- Eltern, die ihre Muttersprache gut sprechen, sollten diese Fähigkeit nutzen und ihrem Kind eine stabile Sprachbasis in der Muttersprache bieten. Der Zweitspracherwerb wird umso besser verlaufen, je besser das Kind seine Muttersprache beherrscht. Mit dieser Haltung wird den Eltern, ihrer Sprache und ihrer Kultur auch eine Form der Wertschätzung entgegengebracht, die sie eventuell noch gar nicht kennen und die für sie neu, aber positiv ist. Eltern, deren sprachliches Selbstbewusstsein auf diese Art gestärkt wird, geben auch ihren Kindern mehr sprachliche Sicherheit.
- Spricht ein Elternteil gut Deutsch, der andere gut in der anderen Muttersprache, so können die Eltern einen simultanen Zweitspracherwerb nach dem Prinzip „eine Person, eine Sprache“ unterstützen. So werden die Kompetenzen beider Elternteile genutzt und die weitere Muttersprache wird gegenüber der deutschen Sprache nicht herabgewürdigt. Das Kind kann bilingual und bikulturell aufwachsen.
- Eltern, die ihre eigene Muttersprache und das Deutsche nur unvollständig sprechen, benötigen zum einen die Ermutigung, mit ihrem Kind in der am besten beherrschten Sprache zu sprechen, zum anderen die Unterstützung dabei, sich selbst Hilfe für die Muttersprache und für das Deutsche zu holen. So könnten Eltern beispielsweise angeregt werden, selbst an einem Sprachkurs teilzunehmen und sich mit ihrem Kind gemeinsam als Lerner zu verstehen. Das fördert unter Umständen auch die Lernbereitschaft des Kindes. Auf jeden Fall sollten die Eltern darauf achten, ihr eigenes Sprachgemisch für das Kind möglichst klar zu trennen, d. h. nicht innerhalb einzelner Sätze die Sprachen zu wechseln. Positiver ist es, wenn bestimmte Situationen an bestimmte Sprachen gebunden sind, sodass das Kind das jeweilige Sprachmaterial in der Alltagshandlung kennenlernen kann.

Aufgabe

Entwerfen Sie für jedes der Kinder aus der vorherigen Aufgabe eine Empfehlung an die Eltern darüber, wie die familiäre Sprachumgebung positiv gestaltet werden kann.

6.3.2 Systematische Sprachstandserfassung mit dem Beobachtungsbogen SISMIK

Neben der Analyse der familiären Rahmenbedingungen des Zweitspracherwerbs ist es ratsam, die individuellen Sprachkompetenzen des Kindes mit einer gezielten Einschätzung seiner Sprachentwicklung zu beurteilen. Es ist jedoch nicht sinnvoll, diese Einschätzung mit einem der üblichen Sprachtests durchzuführen, weil diese in der Regel nicht für mehrsprachige Kinder entwickelt wurden, nicht die Lerngeschichte des Kindes erfassen, keine Anhaltspunkte für eine pädagogische Förderung in der Einrichtung liefern und weil sie mit ihrer Orientierung an der Entwicklungsnorm einsprachiger Kinder die Gefahr bergen, dass ganz normale mehrsprachige Entwicklungsschritte als Störung identifiziert werden. Für mehrsprachige Kinder müssen also andere Beobachtungskriterien erstellt werden als für einsprachige Kinder.
Der im Jahr 2004 von Ulich und Mayr entwickelte Beobachtungsbogen SISMIK versucht genau diesen Einschränkungen monolingualer Sprachtests zu begegnen.

SISMIK steht für „**S**prachverhalten und **I**nteresse an **S**prache bei **Mi**grantenkindern in **K**indertageseinrichtungen". Der Bogen wurde entwickelt, um deutschsprachige Erzieherinnen dabei zu unterstützen, die Spracherwerbsprozesse in der Zweitsprache Deutsch einzuschätzen. SISMIK ist für Kinder von dreieinhalb Jahren bis zur Einschulung entwickelt worden und kann in dieser Altersspanne mehrfach angewendet werden, um Lernprozesse zu dokumentieren.

■ ***Achtung:***
Mit SISMIK ist keine gezielte Sprachdiagnostik möglich, um bei mehrsprachigen oder gar einsprachigen Kindern Sprachentwicklungsstörungen festzustellen, d.h., mit SISMIK kann weder bei einsprachigen noch bei mehrsprachigen Kindern ein Therapiebedarf ermittelt werden. Diese Diagnostik kann nur von spezialisierten Sprachtherapeutinnen durchgeführt werden.

Mit SISMIK kann man im Alltag der Kindertageseinrichtung gut feststellen, wie das Sprachinteresse und die Sprachlernmotivation von mehrsprachig aufwachsenden Kindern ausgeprägt sind, wie sich die Kinder der deutschen Sprache annähern und welche Unterstützung sie benötigen. Die Erzieherinnen finden heraus, ob und wann das Kind motiviert ist, sich sprachlich mitzuteilen, ob und welche Interessen es an sprachlichen Aktivitäten zeigt, ob es die deutschen Sprachangebote verstehen kann und wann es welche Sprache verwendet.

SISMIK möchte sowohl eine Hilfestellung für gezielte Beobachtungen im Kita-Alltag bereitstellen als auch Hinweise für Fördermöglichkeiten geben. Durch die vorstrukturierte Form der Beobachtung ergeben sich dabei fast automatisch konkrete Anhaltspunkte für Förderbedarf, und durch die Beobachtung in ganz alltäglichen Kommunikationssituationen lassen sich unmittelbare Fördermöglichkeiten ableiten. Im Mittelpunkt der Beobachtung steht die sprachlich-kommunikative Aktivität des Kindes, also wie es sich an Sprachspielen beteiligt, wie es Sprachlernangebote, z.B. in Form von Kreisspielen, Fingerspielen oder Kinderliedern annimmt, wie es sich ausdrückt, ob es Erzählungen folgen und selbst gestalten kann und vieles mehr. Darüber hinaus gibt es auch Fragen zur Aussprache- und Grammatikentwicklung, um eventuelle Sprachentwicklungsprobleme mit erfassen zu können.

Die Fragen und Beobachtungsanleitungen des Bogens beziehen sich auf konkrete Situationen, in denen es um sprachlichen Austausch geht und die selbstverständlicher Bestandteil des Kita-Alltags sind. Dadurch können die Beobachtungen in natürlichen Situationen durchgeführt werden, ohne das Kind einer Testsituation auszusetzen. Die Kinder werden in Sprachlernsituationen beobachtet und in Bezug auf ihre Sprachaktivitäten eingeschätzt. Jede Frage stellt eine Situation und mögliche kindliche Reaktionen vor, die mit einer Bewertungsskala von „sehr oft" bis „nie" versehen sind.

■ **Beispiel**

Am Frühstückstisch:
- Das Kind schweigt,
- hört aufmerksam zu bei deutschsprachigen Gesprächen,
- geht auf deutschsprachige Fragen und Aufforderungen von Kindern ein,
- beteiligt sich aktiv an Gesprächen in deutscher Sprache oder
- erzählt verständlich von etwas, was der Gesprächspartner nicht kennt oder sieht (z.B. von zu Hause).

Falls es in der Gruppe weitere Kinder mit derselben Familiensprache gibt:
- Das Kind sitzt vor allem bei Kindern derselben Familiensprache,
- hört aufmerksam zu bei Gesprächen in der Familiensprache,
- beteiligt sich aktiv am Gespräch in der Familiensprache.

Ähnliche Beobachtungsraster werden auf eine Vielzahl von Alltagsaktivitäten und pädagogischen Angeboten angelegt, z. B. auf Rollen- und Regelspiele, Bilderbuchbetrachtungen, Klein- oder Großgruppenaktivitäten und Einzelangebote an das Kind Vor allem der Vorbereitung auf den Schriftspracherwerb (vgl. Kap. 7) wird viel Aufmerksamkeit gewidmet: Auch hier gibt es alltagsgebundene Beobachtungskriterien.

Beispiel

Bilderbuchbetrachtung als pädagogisches Angebot in der Kleingruppe:
- Das Kind hört aufmerksam zu und schaut sich die Bilder an,
- benennt einzelne Dinge auf den Bilderbuchseiten (auf Deutsch),
- versucht (auf Deutsch) einen Zusammenhang zwischen Bildern herzustellen, wird zum „Erzähler“,
- ist sich des Unterschieds zwischen Bild und Text bewusst, fragt z. B. nach, was „da steht“, was da geschrieben ist.

Vorlesen/Erzählen als pädagogisches Angebot in der Kleingruppe:
- Das Kind hört aufmerksam zu bei einer kurzen Erzählung, die nicht durch Bilder/Gestik/Gegenstände veranschaulicht wird,
- beteiligt sich am Gespräch über eine kurze Erzählung, die nicht durch Bilder/Gestik/Gegenstände veranschaulicht wird,
- merkt sich eine einfache Geschichte und kann sie nacherzählen (auf Deutsch).

Sprachstandsbeobachtungen finden in ganz alltäglichen Kommunikationssituationen statt.

Neben den Situationsbeobachtungen konzentriert sich SISMIK auch auf die konkrete Sprachverwendung und fragt nach der Beherrschung von Wortschatz, Aussprache und

Grammatik, aber auch nach dem Sprachverständnis. Die Erzieherinnen werden so angeregt, genau auf die Art und Weise des kindlichen Sprechens zu achten.

Beispiel

Wenn das Kind etwas erzählen oder tun möchte, bildet es Sätze, indem es Wörter aneinanderreiht, z. B. „Toilette gehen", „Mario Garten", „Saft haben", „ich Haus":
- vorwiegend,
- manchmal,
- selten.

Wie geht das Kind mit dem Verb um? Wird das Verb gebeugt, wenn es z. B. sagen will: „Ich spiele" oder „du spielst" oder „die spielen"?
- Das Kind verwendet meist nur eine feststehende Form wie „spiel" oder „spiele" oder „spielen".
- Das Kind verwendet manchmal korrekte Formen.
- Das Kind verwendet meistens korrekte Formen (muss nicht immer sein).

Neben diesen Fragebereichen gibt es zusätzliche Fragen zum Umgang des Kindes mit seiner Familiensprache und zur sprachlichen Situation der Familie.

Zum Beobachtungsbogen gehört ein Begleitheft, in dem die Entwicklung und der Aufbau des Bogens beschrieben werden, eine Anleitung für die Beobachtungssituationen, Hinweise zur Nutzung des Bogens, eine Auswertungsanleitung und vielfältige Förderhinweise. Insgesamt erhalten Erzieherinnen mit SISMIK eine gute Hilfestellung bei der Beobachtung und gezielten Förderung zweisprachig aufwachsender Kinder.
(vgl. Ulich/Mayr 2003)

Aufgaben

1. *Beobachten Sie vier mehrsprachig aufwachsende Kinder im Alter von dreieinhalb bis sechs Jahren mit dem SISMIK-Bogen.*
2. *Tauschen Sie Ihre Ergebnisse in der Gruppe aus und diskutieren Sie, welches Kind mit welchen Förderangeboten unterstützt werden könnte.*
3. *Stellen Sie für jedes Kind einen Plan auf, in dem eine Woche lang pro Tag eine Fördereinheit von zehn Minuten entworfen wird. Dabei kann es sich um Einzelförderung, aber auch um Gruppenangebote handeln.*
4. *Führen Sie die Fördermaßnahmen durch und beschreiben Sie Ihre Erfahrungen auf dem Dokumentationsbogen im Zusatzmaterial.*

Web

LESE-TIPP

Ein weiteres gutes Instrument zur Bestimmung des sprachlichen Entwicklungsstandes mehrsprachiger Kinder ist LiSE-DaZ: Die linguistische Sprachstandserhebung – Deutsch als Zweitsprache (Schulz/Tracy 2011).
https://www.sagmalwas-bw.de/lise-daz/lise-daz-r/

6.4 Sprachentwicklungsförderung mit mehrsprachigen Kindern

6.4.1 Prinzipien der Sprachförderung

Die neue Sprache wird von den Kindern am besten aufgefasst, wenn sie wie die Muttersprache im natürlichen Zusammenhang und mit kommunikativer Bedeutung gelernt wird. Das Erfassen fremdsprachlicher Inhalte wird durch eine funktionale, d.h. lebensweltliche Sprachverwendung bedeutend erleichtert. Am günstigsten ist es, wenn die Kinder die neue Sprache als natürliches Verständigungsmittel erfahren, mit dem sich kommunikative Ziele erreichen lassen.

Damit geht die Feststellung einher, dass das Einüben von Sprachmustern, Aussprache, Grammatik oder Vokabeln wenig sinnvoll ist und stattdessen Sprachangebote in kindgemäße natürliche Situationen des Kita-Alltags integriert werden sollten. Hierbei sollten die folgenden Prinzipien beachtet werden:

» Wahrnehmung vor Produktion
Wie beim Erstspracherwerb geht auch beim Zweitspracherwerb die Wahrnehmung der Produktion voraus. Ausländische Kinder, die neu in eine Einrichtung kommen, benötigen also eine individuell unterschiedlich lange Zeit des „Sprachbades“, bevor sie einige Grundmuster erkennen und danach auch anwenden können. Die Kinder brauchen nicht nur eine soziale, sondern auch eine sprachliche Eingewöhnungsphase.

» Ganzheitliches Lernen
Das Erfassen fremdsprachlicher Inhalte gelingt Kindern besser, wenn diese Wahrnehmung in einen ganzheitlichen Zusammenhang eingebettet wird und die Kinder aus der Situation heraus erschließen können, was mit dem Gesagten gemeint wurde. Sprachliche Aktivitäten, die mit Mimik, Gestik und klarer Handlungsorientierung verknüpft werden, können von den Kindern mit allen Sinnen aufgefasst werden. Die Kinder erfassen dabei zunächst die übergreifende Bedeutung des Gesprochenen, ohne schon einzelne Elemente erkennen oder gar selbst bilden zu können. Da die Grundbedeutung erfasst wird, ist eine direkte Übersetzung des Gesprochenen überflüssig.

» Alltagsorientierung
Feste Alltagsroutinen und wiederkehrende Aktivitäten wie Begrüßung, gemeinsames Tischdecken, Tischsprüche, gemeinsame Mahlzeiten, Aufforderung zum Zähneputzen, Anziehen vor dem Spielplatzbesuch, Verabschiedung usw. bieten dem Kind klare Bezugspunkte zwischen Handlung und Sprache. An der Routinehandlung kann das Kind erkennen, was gerade dran ist und es kann die begleitenden Sprachangebote eindeutig zuordnen. Wie in der Sprachförderung einsprachiger Kinder gilt auch hier, dass viele Wiederholungen von sprachlichen Angeboten,die in immer gleicher Form die immer gleichen Handlungen begleiten, feste Verknüpfungen von Sprache und Handlung ermöglichen. Besonders gut gelingt dies, wenn die Angebote mit musischen und rhythmischen Elementen verknüpft werden, weil die Kinder sie dann besonders leicht wahrnehmen können (Fingerspiele, Kinderverse, Tanzspiele, Bewegungsspiele).

» Lebensweltbezug durch Erzählungen
Neben eindeutigen Alltagsaktivitäten können auch spannende oder lustige Erzählungen, die an der Erfahrungswelt der Kinder anknüpfen, dazu beitragen, dass die Kinder nicht nur in die Geschichte, sondern auch in die dabei verwendete Sprache eintauchen. Wichtig ist für das frühe Fremdsprachlernen, dass die Geschichten durch Handlung, Gestik, Bilder, Lieder oder reale Gegenstände veranschaulicht werden, damit die Kinder den übergreifenden Sinn erfassen können. Bei so gestalteten Erzählphasen können sie wiederkehrende Elemente, zentrale Begriffe, handelnde Personen, deren Namen und Handlungsstränge erkennen. Unterstützt wird dies durch ein Wiederaufgreifen der Geschichte in anderer Form, z. B. als Lied, Singspiel, Pantomime, Malen eines Geschichtenbildes oder andere Präsentationsformen.

» Mutter- und zweitsprachliche Lernhilfen
Durch klare Benennungen von Personen, Dingen oder Aktivitäten wird dem Kind dabei geholfen, einen rasch kommunikativ nutzbaren Wortschatz aufzubauen. Die Begriffe für die liebsten Spielzeuge, für Spielpartner, Kleidung, Möbel oder Räumlichkeiten und für die wichtigsten Aktivitäten sollten dem Kind immer wieder benannt werden, damit es sie möglichst schnell verstehen und verwenden kann. Umgekehrt schafft auch das muttersprachliche Benennen einzelner Dinge und Personen, die für das Kind wichtig sind eine gute Identifikationsmöglichkeit, weil sie dem Kind dann weniger fremd erscheinen. Bei der muttersprachlichen Benennung von Dingen mit persönlicher Bedeutung kann das Kind selbst helfen, seine Eltern oder eine muttersprachliche Erzieherin.

» Anregung zur Sprachproduktion
Die aktive Sprachproduktion der Kinder sollte angeregt, aber nicht erzwungen werden. Vor- und Nachsprechen führt unter Umständen zu korrekten Ergebnissen, die für das Kind aber wegen der isolierten Lernsituation keine Kommunikationsbedeutung erlangen und deshalb nicht in den kommunikativen Alltag übertragen werden können. Das Nachsprechen hat für die Kinder keine Handlungs- und Lebensweltbezüge und wird daher kaum zu lang anhaltenden Lernerfolgen führen. Die freiwilligen und situationsbezogenen Experimente des Kindes mit der neuen Sprache sollten hingegen auf jeden Fall positiv begleitet werden, auch wenn dabei Fehler in Form von Normabweichungen auftreten: Jeder Kommunikations- und Sprechversuch ist wertvoll und selbst die dabei auftretenden Fehler gehören zum Lernprozess dazu.

Gemeinsame Aktivitäten fördern gemeinsames Sprachhandeln.

Als weiteres Prinzip der Sprachförderung mehrsprachiger Kinder gilt die **Wertschätzung der Muttersprache und des kulturellen Hintergrundes** der Migrantenfamilien. Diese Wertschätzung zeigt sich im Alltag der Kindertageseinrichtung nicht nur durch eine einfühlsame Haltung der Erzieherinnen, sondern auch dadurch, dass muttersprachliche „Inseln" geschaffen werden.

Muttersprachliche Inseln im Kita-Alltag

- Nutzen Sie die muttersprachlichen Kompetenzen der Kinder: Fragen Sie nach Benennungen von Alltagsgegenständen, Personen oder Handlungen in der Muttersprache des Kindes. Solche kleinen Gesten tragen dazu bei, dass das Kind erfährt, dass seine Muttersprache eine zusätzliche Fähigkeit ist, auf die es stolz sein kann und für die es sich nicht schämen muss.
- Nutzen Sie die Gelegenheit, wenn Sie mehrere Kinder aus verschiedenen sprachlichen Hintergründen in Ihrer Gruppe haben, und sprechen Sie mit den Kindern über unterschiedliche Benennungen in den verschiedenen Sprachen. Grußformeln wie „Guten Morgen" oder „Auf Wiedersehen" können von allen Kindern in mehreren Sprachen gelernt werden und täglich wechseln, sodass jede in der Gruppe vertretene Sprache einmal dran ist.
- Machen Sie alle Kinder neugierig auf die verschiedenen Sprachen und Kulturen, indem Sie sie selbst erforschen lassen, wie etwas in anderen Sprachen heißt oder in einer anderen Kultur getan wird. Wie kräht der Hahn auf Deutsch, Türkisch, Polnisch, Kroatisch? Wie bellt der Hund in England, Bulgarien, Spanien? Was isst man zum Frühstück in Deutschland, Griechenland, Italien? Wie heißt der Papa in Russland, Portugal oder Dänemark?
- Lernen Sie selbst einige Begriffe der Gruppensprachen. Beispielsweise können Sie die Zahlen bis sechs lernen, um mit den Kindern beim Würfelspiel in ihrer Sprache zählen zu können, oder Sie lernen einige Bilder beim Memospiel oder Lotto in der Sprache des Kindes, sodass Sie mit ihm ein Muttersprachspiel spielen können. Lassen Sie sich vom Kind ruhig bei der Aussprache verbessern, auch das stärkt die muttersprachlichen Kompetenzen des Kindes.
- Lassen Sie die Kinder Bilderbücher in ihrer Muttersprache mitbringen und deren Inhalt in der Muttersprache erzählen. So stärken Sie muttersprachliche Kompetenzen und das Selbstbewusstsein der mehrsprachigen Kinder.
- Die Kinder können auch besondere, kulturspezifische Gegenstände aus ihrer häuslichen Lebenswelt mitbringen (z. B. Teegläser, Bilder, Bücher, religiöse Gegenstände, besondere Kleidungsstücke) und darüber in der Gruppe berichten, in ihrer Muttersprache oder auf Deutsch. So holen Sie die Alltagskultur der Kinder in Ihre Gruppe.
- Nicht in jeder Einrichtung und für jede dort vertretene Sprache gibt es eine muttersprachliche Erzieherin. Um trotzdem die Muttersprache in die Einrichtungen holen zu können, laden Sie Mütter, Väter oder andere Verwandte der Kinder ein, die ab und zu eine Geschichte in einer anderen Sprache erzählen oder vorlesen, mit ihnen Spiele und Lieder lernen und die Besonderheiten ihrer Kultur vermitteln. Damit zeigen Sie auch der Familie des Kindes, dass die Muttersprache und -kultur mit wertschätzender Neugier betrachtet werden.

6.4.2 Übungen und Spiele zur Förderung mehrsprachiger Kinder

Um mehrsprachig aufwachsenden Kindern ein gutes Angebot zum Erlernen der deutschen Sprache zu machen, müssen sich die Fördermaßnahmen an den unterschiedlichen Entwicklungsständen orientieren.

„Jüngere Kinder, die mit 3 oder 4 Jahren neu in die Kindertageseinrichtung kommen, brauchen zunächst Zeit, in der für sie völlig fremden, auch kulturell andersartigen Institution zurechtzukommen. Ähnlich ist es bei Kindern, die zwar im fortgeschrittenen Alter, aber ebenfalls ohne ein Wort Deutsch in die Tageseinrichtung kommen. Für manche Kinder ist es ein richtiger Kulturschock, im Sinne einer Reizüberflutung, aus dem häuslichen Umfeld in die deutsche Kindertageseinrichtung zu wechseln: Ein Schwall fremder Schallwellen und Stimmen bricht über sie herein, Erwachsene blicken auf sie herab, die sie nicht verstehen, große und kleine Kinder sausen durch die Räume, eine Überfülle an buntem Material und Gegenständen kann zunächst sehr verwirrend wirken."
(Fuchs/Siebers 2002, S. 49)

Haben sich die Kinder erst einmal an die neue Umgebung gewöhnt, kann man mit den in Kapitel 6.4.1 genannten Prinzipien eine gute Basis für das Erlernen der Zweitsprache legen. Auch die allgemeinen Sprachfördermöglichkeiten, die in Kapitel 5 dargestellt werden, sind für mehrsprachige Kinder gut geeignet, um die Strukturen und Regeln der Zweitsprache zu erkennen und anwenden zu lernen. Dabei erwerben sie einen sich immer mehr erweiternden Grundwortschatz und die Grundlagen des Sprachaufbaus.

Da mehrsprachige Kinder durch den Erwerb ihrer Muttersprache jedoch schon über ein mehr oder weniger stabiles Regelsystem verfügen, wenn sie in der Einrichtung mit der deutschen Sprache konfrontiert werden, müssen sie lernen, welche Unterschiede zwischen den beiden Sprachen bestehen und welche neuen Regeln für das Deutsche hinzukommen. Aus der Muttersprache kennen die Kinder bestimmte Sprachlaute, Aussprachemuster, Wortbildungsregeln, Satzbauregeln und stimmlich-melodische Merkmale. All diese Bereiche können je nach Erstsprache ganz anders sein als das, was die Kinder nun im Deutschen lernen müssen. Die folgende Abbildung verdeutlicht, was die Kinder tun müssen, um gut in die Zweitsprache hineinzufinden.

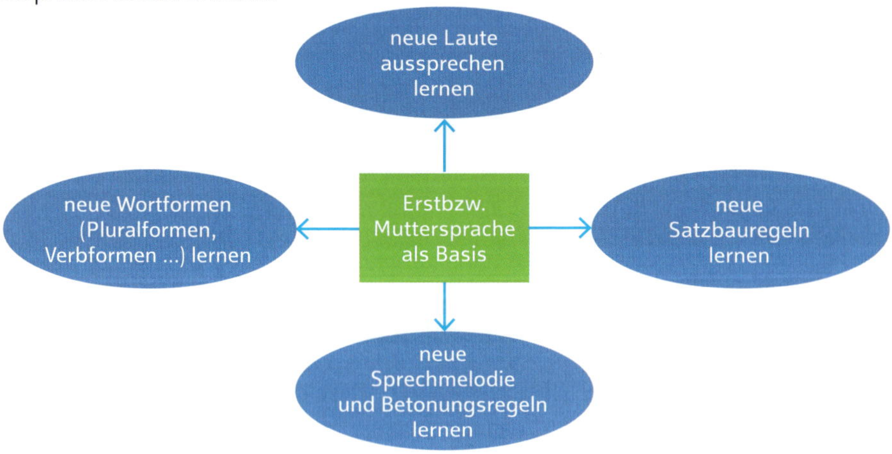

Aufgaben des Zweitspracherwerbs

Die hier dargestellten Lernaufgaben können mit Spielen und Übungsformen gezielt unterstützt werden. Grundprinzip ist hierbei immer, dass die Kinder das sprachliche Ziel, das bei den verschiedenen Lernaufgaben gerade im Vordergrund steht, genau wahrnehmen können. Nur so können sie mit ihrem gewohnten Muster vergleichen und Unterschiede erkennen. Die Kinder benötigen also klare und deutliche Vorgaben und viele Wiederholungen, damit sich die Elemente der neuen Sprache verankern können.

Auf den verschiedenen Lernebenen bieten sich folgende Spiel- und Übungsvorschläge an:

Neue Laute aussprechen lernen

Nicht alle Laute kommen in jeder Sprache vor. Das Deutsch lernende Kind muss zunächst einmal die neue Lautstruktur hörend unterscheiden lernen, erst danach kann es sie selbstständig produzieren.

» Um die Laute einer neuen Sprache gebrauchen zu können, muss man sie erst einmal wahrnehmen und in ihrer unterschiedlichen Funktion erkennen. Hierzu kann man z. B. Memospiele mit sogenannten Minimalpaaren spielen, das sind Wörter, die sich nur in einem Laut unterscheiden. Bei solch einem Memospiel bilden also „Haus“ und „Maus“, „Tasche“ und „Tasse“, „Hose“ und „Hase“ die Pärchen, die es zu finden gilt.

» Alle Spiele, bei denen es um das genaue Hinhören auf kleine sprachliche Unterschiede geht, unterstützen die Lautwahrnehmung. Zum Beispiel kann man Bilder von ähnlich klingenden Dingen auf den Tisch legen (Bus, Busch, Buch, Fuß, Schuh), eines davon benennen und das Kind herausfinden lassen, welches Wort das richtige war.

» Man kann einzelne Gegenstände oder Abbildungen mit kleinen Lautabweichungen benennen und das Kind ermutigen zu sagen, wenn es einen Fehler gehört hat, z. B. indem es mit einem Glöckchen klingelt oder klatscht. Diese Reaktion erfolgt z. B., wenn das Kind hört, dass „Da fährt der Butt“ statt „Bus“ gesagt wurde.

» Der nächste Schritt schließt sich automatisch an: Das Kind wird beginnen, mit den neuen Lauten zu experimentieren, sie selbst zu bilden und die Sprecherin der vorherigen Aufgabe zu korrigieren. Die Freude an der eigenen Lautbildung kann man gezielt beispielsweise mit Kimspielen mit Minimalpaaren fördern, bei denen das fehlende Objekt benannt werden soll.

» Spiele, bei denen nach Lautgruppen zugeordnet wird, erleichtern sowohl die Wahrnehmung als auch die Produktion von Lauten. So kann das Kind Wörter mit bestimmten Anfangslauten sammeln und bestimmten Symbolen oder Bildern zuordnen, z. B. alles, was mit /sch/ anfängt, in die Eisenbahnwaggons legen oder alles, wo man ein /m/ hört, an den Mmmmmause-schwanz knoten.

» Laute, die in einer Muttersprache überhaupt nicht vorkommen, sind selbstverständlich am schwersten zu lernen. In manchen Sprachen kommen z. B. die Laute /h/, /r/ oder stimmhaftes /s/ nicht vor. Hier kann man die Kinder mit Lautmalereien unterstützen, indem Gespensterdialoge mit „huuu, hoho“ geführt werden, Gurgeln und Knurren nachgeahmt wird oder Bienengesumme produziert wird. Für diese Spiele gilt, dass das Kind nicht zum direkten Nachsprechen aufgefordert werden sollte, sondern es die Lautbildung zuerst spielerisch in einer Gruppe von Kindern hört und mitmacht.

Neue Wortformen lernen

Zum Erkennen der richtigen Wortformen müssen diese aus dem Sprachstrom hervorgehoben werden. Zunächst muss eine Entscheidung erfolgen, welche Wortform dem Kind vermittelt werden soll. Diese wird dann im Spiel durch besondere Betonung verdeutlicht.

- Zur Pluralbildung können „eins und viele" zugeordnet werden, z. B. bei einem Lottospiel, bei dem immer zwei Dinge auf das Bild eines einzelnen Gegenstandes gelegt werden.
- Kinder können zu zweit immer ein Paar spielen: Aus verdeckt liegenden Karten wird jeweils ein Einzelgegenstand gezogen. Die beiden Kinder rufen den Plural und versuchen das Bild pantomimisch darzustellen. Wenn auf dem Bild z. B. ein Baum zu sehen ist, rufen sie „Wir sind Bäume", stellen sich starr hin und bilden mit ihren Armen eine Krone.
- Die Anpassung von Adjektiven an das Nomen lernen Kinder z. B. bei Spielen, bei denen die Adjektive mit benannt und besonders betont werden, z. B. beim Lottospiel: „Wer braucht die rote Hose?", „Ich habe eine blaue Tasse gefunden." Diese Betonung kann selbstverständlich in vielen weiteren Zusammenhängen erfolgen, indem beim Spielen Kommentare abgegeben werden („Das ist ein schnelles Auto", „Die kleine Lampe gehört in das Puppenhaus").
- In vielen Sprachen gibt es keine Artikel oder nur eine oder zwei Artikelformen. Hier besteht eine besondere Hürde für die ausländischen Kinder, weil sie unser Artikelsystem mühsam lernen müssen. Bei allen Spielen, bei denen es um Benennungen geht, sollten daher die Artikel deutlich und klar mit benannt werden, also nicht „Roller und Schuh" sagen beim Memospiel, sondern „DER Roller und DER Schuh".
- Wenn das Kind sich bei eigenen Artikelnennungen vertut, kann man es sanft korrigieren: „Da ist die Bus" wird beispielsweise mit „Ja, stimmt, da fährt DER Bus" beantwortet.
- Alle Spiele zu den Wortformen sollten in kleinen Gruppen gespielt werden, sodass das geförderte Kind am Beispiel der anderen Kinder die Zielform vielfach hören und anschließend selbst nachahmen kann.

Neue Satzbauregeln lernen

Die Grammatik von Sprachen ist sehr unterschiedlich, sodass das deutsche System des Satzbaus eine besondere Herausforderung darstellt. Die Kinder lassen die Elemente, die in ihrer Muttersprache nicht vorkommen, auch im Deutschen oft aus und sie bauen ihre deutschen Sätze oft nach dem Muster der Muttersprache. Spiele und Übungen zur Unterstützung sollten daher immer mit kurzen, einfachen Satzmustern arbeiten und das Prinzip des korrektiven Feedbacks berücksichtigen (s. Kap. 5.2.3), damit das Kind die Unterschiede zur Erstsprache gut erkennen kann.

- Spiele, bei denen Benennungen erfolgen, werden mit ganzen Sätzen begleitet („Da steht ein Mann", „Wo läuft die Maus?").
- Bei Bilderbuchbetrachtungen werden die zu sehenden Dinge mit einfachen Sätzen beschrieben: „Hier schläft der Hund." „Hier ist er wach." „Da kommen zwei Mädchen."

- In einer Kindergruppe wird reihum von jedem Kind ein Satz zu einem Bild oder Gegenstand formuliert, der aus einem Beutel gezogen wird: „Ich habe einen großen Löffel gezogen", „Ich habe einen blauen Strumpf gefunden".
- Die Kinder dürfen Fehler finden: Die Erzieherin baut bei einer Bildbetrachtung falsche Sätze ein („Das Auto in die Garage fährt"), und die Kinder der Zuhörergruppe dürfen korrigieren. Hier müssen sicher Deutsch sprechende Kinder einbezogen werden, um ein gutes Lernumfeld zu bieten.
- Regelspiele mit feststehenden Satzmustern erleichtern die genaue Wahrnehmung und richtige Produktion. Wenn alle Kinder der Spielgruppe die gleichen Sätze verwenden, wenn sie z. B. Memospiele spielen („Das ist ein Buch und das ist eine Wolke"), bekommt das Deutsch lernende Kind eine Fülle von Mustern mit korrekter Satzbildung.

Neue Sprechmelodie und Betonungsregeln lernen

Auch die Betonung kann von Sprache zu Sprache sehr unterschiedlich sein. In manchen Sprachen wird mit unterschiedlicher Betonung viel mehr ausgedrückt als im Deutschen. In wieder anderen Sprachen kommt es auf die Betonung überhaupt nicht an. Um die deutsche Betonung und Sprechmelodie zu lernen, z. B. die Tonhebung am Ende von Fragesätzen, müssen die Vorgaben der Umgebungssprache besonders deutlich sein.

- Kommentare zu Spielhandlungen sollten eine klare Sprechmelodie haben. So sollten z. B. beim Spiel auf dem Verkehrsteppich die handlungsbegleitenden Sätze und Fragen („Hier kommt das Polizeiauto. Wo ist der Unfall passiert?") die Tonhebungen und -senkungen am Satzende deutlich hervorgehoben werden.
- Spiele mit feststehenden Formulierungen erleichtern die Wahrnehmung natürlicher Betonungen.
- Kreisspiele, bei denen zu bestimmten Aufgaben bestimmte Formulierungen gehören, können von Kindern besonders leicht gelernt werden und ermöglichen ihnen das Erkennen und Gebrauchen von Sätzen mit natürlicher Sprechmelodie.
- Kinderlieder ermöglichen das Lernen der deutschen Betonung und des Sprachrhythmus.

Neben diesen Vorschlägen bieten sich alle Spiele und Übungen an, die im Kapitel 5.2 zur Wortschatz-, Aussprache-, Grammatik- und Kommunikationsförderung beschrieben wurden.

Aufgabe

In Kapitel 7.1.3 werden Sie Beobachtungsbögen für zwei deutsche und zwei ausländische Kinder ausfüllen, mit denen die Voraussetzungen für den Schriftspracherwerb erfasst werden können. Nehmen Sie, wenn Sie diese Bögen ausgefüllt haben, die Informationen über die ausländischen Kinder hier erneut zur Hand und entwerfen Sie für jedes Kind ein individuelles Förderprogramm, mit dem Sie auf die in den Beobachtungsbögen festgestellten Förderbedürfnisse eingehen. Eine Tabelle zur Strukturierung der Fördermaßnahmen finden Sie im Zusatzmaterial im Internet.

Web

- *Achtung:*
  Eine Sprachförderung mit mehrsprachigen Kindern, egal ob mit einem Programm oder selbst entworfen, kann keine fachmännische Sprachtherapie ersetzen. Bei Kindern, die zwar mehrsprachig aufwachsen, aber darüber hinaus Sprachentwicklungsstörungen zeigen, reichen Sprachfördermaßnahmen in der Kindertageseinrichtung nicht aus. Ob eine Therapie nötig ist, kann nur eine darauf spezialisierte Sprachtherapeutin feststellen.

- *Hinweise darauf, dass eine gezielte Diagnose stattfinden sollte, finden sich, wenn*
  - *Ihre Fördermaßnahmen nicht rasch (innerhalb weniger Wochen) dazu führen, dass das Kind in der Muttersprache und im Deutschen sicherer wird,*
  - *die Eltern von Sprachproblemen in der Muttersprache berichten,*
  - *das Kind hartnäckige Aussprache- oder Grammatikfehler macht,*
  - *es sich nicht stetig besser ausdrücken kann,*
  - *seine Kommunikationsversuche häufig scheitern,*
  - *das Kind Anweisungen oder Aufforderungen nicht versteht.*

LESE-TIPP

Eine umfassende Sammlung von Anregungen für die Sprachförderung von Kindern mit Migrationshintergrund findet sich in folgendem Buch:

📖 Fuchs, Ragnild/Siebers, Christiane: Sprachförderung von Anfang an. Arbeitshilfen für die Fortbildung von pädagogischen Fachkräften in Tageseinrichtungen für Kinder. Herausgegeben vom Sozialpädagogischen Institut des Landes Nordrhein-Westfalen. Das gesamte Buch lässt sich als PDF-Datei von den Seiten des Deutschen Bildungsservers herunterladen (www.bildungsserver.de).

📖 Weitere Anregungen finden sich in „Hallo, Hola, Ola. Sprachförderung in Kindertagesstätten", herausgegeben vom Bundesbeauftragten für Ausländerfragen. Die Broschüre ist als pdf-Datei im Internet zu finden unter www.bundesauslaenderbeauftragte.de.

7 Von der Sprache zur Schrift

In diesem Kapitel werden folgende Kompetenzen erworben:

- Kenntnisse über den Zusammenhang von Sprach- und Schriftsprachentwicklung
- Grundwissen über die Voraussetzungen und den Verlauf des Schriftspracherwerbs
- Fähigkeiten zur Einschätzung der Voraussetzungen für den Schriftspracherwerb
- Fördermöglichkeiten zur Vorbereitung auf das Lesen und Schreiben
- Wissen über Untersuchungs- und Förderprogramme

Die Inhalte dieses Kapitels sind vor allem dem **Lernfeld 3** und teilweise dem **Lernfeld 1** zuzuordnen. Im Mittelpunkt stehen Kenntnisse über die sich im Vorschulalter entwickelnden Voraussetzungen für einen ungestörten Schriftspracherwerb und die Möglichkeiten, diese Voraussetzungen gezielt zu fördern.

7.1 Wege vom Sprechen zum Schreiben

Lernsituation zum Einstieg in das Thema

Nachdem sie in den ersten Lebensjahren die grundlegenden Sprach- und Kommunikationsfähigkeiten erworben haben, können Kinder in einem nächsten Schritt das Lesen und Schreiben lernen. Hierbei beginnen sie allerdings mit unterschiedlichen Voraussetzungen, die den individuellen Lernprozess fördern oder behindern können. Hierzu einige Beispiele:

Jonas, vier Jahre alt
Jonas ist das einzige Kind einer Psychologin und eines Arztes. Die Eltern haben von Anfang an darauf geachtet, ob Jonas' Sprachentwicklung erwartungsgemäß verläuft, und ihn in jeder Hinsicht unterstützt. Lesen und Schreiben nimmt in der Familie einen hohen Stellenwert ein: Die Eltern lesen viel, schreiben wissenschaftliche Veröffentlichungen, kommunizieren mit Freunden und Bekannten per E-Mail usw. Jonas bekommt regelmäßig vorgelesen und besitzt viele Kinderbücher. Jonas möchte beim Frühstück auch ein Stück Zeitung haben, aus dem er „vorliest", d. h., er hält die Zeitung wie beim Lesen und erzählt dazu eine Geschichte. Er schreibt Kritzelbotschaften auf, er erkennt einzelne Buchstaben wie das M einer Fast-Food-Kette, und er kann seinen Namen schreiben, auch wenn die Buchstaben S und N oft spiegelverkehrt sind.

Lilly, fünf Jahre alt
Lilly ist das ältere von zwei Kindern. In den ersten Lebensjahren hatte sie häufige Mittelohrentzündungen und ihre Sprachentwicklung verlief langsam. Seit einem Jahr bekommt Lilly regelmäßig Sprachtherapie und sie hat viel aufgeholt. Trotzdem spricht sie noch viele Laute falsch aus und verwendet nur sehr einfache Sätze, die manchmal grammatische Fehler enthalten. Ihre Eltern möchten sie gut fördern und lesen ihr Gutenachtgeschichten vor. Lilly schaut gerne Bilderbücher an und legt Puzzle, interessiert sich aber noch nicht für Schrift.

Leyla, vier Jahre alt
Leyla ist das zweite Kind einer türkischen Familie. Sie hat einen älteren Bruder und zwei jüngere Schwestern. Leyla geht noch nicht in die Kita, weil die Eltern für sie erst im letzten Jahr vor der Einschulung einen Platz bekommen haben. In der großen Familie passt die Großmutter, die kaum Deutsch spricht, auf alle jungen Kinder auf, die noch nicht in die Kita gehen. Leyla spricht gut türkisch, kennt aber nur wenige Brocken Deutsch, die sie beim Einkaufen oder auf dem Spielplatz aufgeschnappt hat. In der Familie wird viel gelesen und vorgelesen, aber fast nur auf Türkisch. Die Eltern sprechen wenig Deutsch und haben wenig Kontakt zu deutschen Kollegen oder Bekannten.

Jennifer, fünf Jahre alt
Jennifer wurde zu früh und mit einem Gewicht von 1570 Gramm geboren. Sie lag fast ein halbes Jahr im Brutkasten und hat seit dieser Zeit eine Sehbehinderung, die ihr nur die Wahrnehmung starker Lichtkontraste ermöglicht. Ansonsten hat sie sich aber in den letzten Jahren gut entwickelt. Auch sprachlich ist sie fast auf dem Stand gleichalt-

riger Kinder. Jennifer geht seit zwei Jahren in eine integrative Kita, wo sie täglich für eine Stunde von einer Sonderpädagogin betreut wird. Jenny hört gerne Geschichten an und kennt viele Kinderlieder, beim Vorlesen von Bilderbüchern ist sie schnell abgelenkt und wirkt unkonzentriert. Jenny spielt am liebsten mit ihrer Freundin in der Puppenecke. Regelspiele kann sie nur spielen, wenn das Material für sie optisch oder durch Ertasten erkennbar ist. So existiert z. B. ein Fühl-Memospiel, bei dem die Kärtchen mit verschiedenen Materialien beklebt sind (Fell, Wolle, Sandpapier, Folie, Pappe usw.). An Gruppenspielen oder Spielen, bei denen viel Bewegung erfolgt, beteiligt sie sich ungern, weil sie den schnellen Aktivitäten der Mitspieler nicht folgen kann.

Simon, vier Jahre alt
Simon ist das jüngste von fünf Kindern einer Familie mit zwei berufstätigen Eltern. Er geht seit drei Jahren in die Kita. Zu Hause werden die Kinder von einem Au-pair-Mädchen betreut, solange die Eltern außer Haus sind. Zurzeit lebt die dritte Au-pair-Hilfe im Haushalt, vorher hat Simon schon ein polnisch und ein französisch sprechendes Mädchen kennengelernt. Aus beiden Sprachen hat Simon Wörter und Redewendungen aufgeschnappt und behalten. Das jetzige Au-pair-Mädchen spricht als Muttersprache Niederländisch, aber ebenfalls fließend Deutsch und Englisch. Sie singt für Simon holländische Kinderlieder, die er mit Begeisterung mitsingt. Simon interessiert sich sehr für den Computer, tippt „Briefe" und spielt Lernspiele für Vorschulkinder.

Lesen und Schreiben beginnen mit Bildbetrachtungen, Benennungen und Malen.

Aufgabe

Bilden Sie Arbeitsgruppen mit ca. vier bis fünf Mitgliedern.

Bringen Sie die vorgestellten Kinder in eine Reihenfolge von 1 bis 5, geordnet nach der Wahrscheinlichkeit, mit der die Kinder ein Schriftspracherwerbsproblem bekommen könnten. Beginnen Sie mit 1 für das Kind mit dem geringsten Risiko.

Diskutieren Sie in Ihrer Gruppe, welche Faktoren Sie als Risiko einschätzen und welche Sie als positive Bedingungen betrachten. Begründen Sie Ihre Entscheidung.

7.1.1 Zusammenhänge zwischen Laut- und Schriftsprache

Schriftsprache ist eine Kommunikationsmöglichkeit, mit der Informationen unvergänglich und jederzeit nutzbar werden. Zwischen Laut- und Schriftsprache bestehen dabei vielfältige Beziehungen. Die deutsche Schrift ist, im Unterschied z. B. zur chinesischen Symbol- bzw. Bilderschrift, eine alphabetische Schrift, in der sich alle möglichen Konstruktionen der Lautsprache mit einem relativ kleinen Zeichenrepertoire ausdrücken lassen. Die deutsche Schriftsprache ist von der Lautsprache abgeleitet, wobei das Lesen und Schreiben allerdings mehr beinhaltet als die bloße Buchstabenkenntnis und das Beherrschen orthografischer Regeln.

Die Schriftsprache stellt eine besondere sprachliche Funktion dar und bei der Umsetzung von Gesprochenem in Geschriebenes müssen eine Vielzahl von Besonderheiten beachtet werden. So hat die Schrift einige spezielle Merkmale, die während des Schriftspracherwerbs erkannt werden müssen. Diese Merkmale beziehen sich vor allem auf die Unterschiede schriftlicher gegenüber mündlicher Kommunikation:

Unterschiede von schriftlicher zu mündlicher Kommunikation

Merkmal	Besonderheiten in der Schriftsprache
Gesprächspartner	Der direkte Gesprächspartner, der in der mündlichen Kommunikation immer vorhanden ist, fehlt. Beim Lesen gibt es keinen Partner, der beim Verstehen der Nachricht helfen könnte. Beim Schreiben kann man sich einen Adressaten vorstellen, aber es erfolgt keine unmittelbare Rückmeldung wie in der mündlichen Kommunikation.
Mitteilungsabsicht	In der mündlichen Kommunikation entsteht die Mitteilungsabsicht direkt aus der konkreten Situation, d. h. einer Frage, einer Bitte, einer Äußerung des Gesprächspartners. Die Motivation zur schriftlichen Kommunikation entsteht ohne diesen Situationsbezug, sie muss absichtlich und willkürlich hergestellt werden.
nonverbale Ausdrucksmittel	In der Schriftsprache fehlen nonverbale Ausdrucksmittel, die in der mündlichen Kommunikation die Verständigung erleichtern, wie z. B. Gestik, Mimik oder Betonung. Daher muss die schriftliche Kommunikation wesentlich deutlicher, klarer, unmissverständlicher formuliert sein.

Merkmal	Besonderheiten in der Schriftsprache
grammatische Vollständigkeit	Gegenüber der mündlichen Kommunikation muss die Schriftsprache immer grammatisch vollständig sein. Verkürzungen, die im Mündlichen üblich und zulässig sind (z. B. „Ham wir nich" oder „Nach Frankreich"), müssen im Schriftlichen komplettiert werden („Das haben wir nicht" oder „Wir fahren im Urlaub nach Frankreich").
Abstraktheit	Die Schriftsprache hat gegenüber der Lautsprache einen noch höheren Abstraktionsgrad: Die Begriffe werden durch von ihnen unabhängige Lautketten, d. h. Wörter, bezeichnet, die Laute werden in der Schriftsprache noch einmal abstrakter als Schriftzeichen symbolisiert. Die Buchstaben der alphabetischen Schrift sind von der realen Welt vollständig unabhängig.

(vgl. Crämer/Schumann 2002, S. 258)

Die Schriftsprache ist gegenüber der Lautsprache wesentlich abstrakter, willkürlicher und geregelter. Sie wird bewusst und absichtsvoll genutzt, um Mitteilungsinhalte überdauernd festhalten zu können. Neben den oben aufgeführten allgemeinen Grundsätzen der Schriftsprache ergeben sich auch aus den jeweils verwendeten Laut- bzw. Schriftzeichen weitere Besonderheiten.

■ ***Die alphabetische Schrift ist nur zu lesen, wenn man die Zusammenhänge der Laut- und Schriftzeichen kennt und weiß, welche Laute durch welche Schriftzeichen symbolisiert werden.***

Die kleinste bedeutungsunterscheidende Einheit der *Lautsprache* ist das Phonem (vgl. Kap. 1.1): Die Phoneme /n/ und /s/ markieren beispielsweise den Unterschied zwischen den Wörtern „Hand" und „Hast". Die Buchstaben /d/ und /t/ haben hier keine Phonemfunktion, d. h., sie haben keine bedeutungsunterscheidende Funktion und werden gleich ausgesprochen, nämlich in diesem Wortzusammenhang beide als /t/.

Dem Phonem entspricht im System der *Schriftsprache* als kleinste bedeutungsunterscheidende Einheit das Graphem als Grundeinheit der Schrift. Ein Graphem ist ein willkürlich vereinbartes Schriftzeichen für ein Phonem, wie z. B. in den Wörtern „Wand" und „Hand", in denen die Buchstaben /W/ und /H/ die Grapheme darstellen, die Laute /w/ und /h/ die gesprochenen Phoneme. Grapheme werden durch einzelne Buchstaben oder Buchstabenkombinationen dargestellt.
Die bedeutungsunterscheidende Funktion von Graphemen erkennt man besonders gut an den Stellen, an denen ausschließlich die Schrift einen Unterschied verdeutlicht: Die Grapheme /i/ und /ie/ machen den Bedeutungsunterschied in den Wörtern „Lid" und „Lied" aus; ein Unterschied in der Lautsprache existiert hier aber nicht.

Die Graphem-Phonem-Korrespondenz: Keine Regel ohne Ausnahme

Die Beziehungen zwischen Phonemen und Graphemen sind nicht immer so eindeutig wie in den oben aufgeführten Beispielen. Laute können auf unterschiedliche Weise verschriftlicht werden und Buchstaben können unterschiedlich ausgesprochen werden. Die im Laufe der Jahrhunderte entwickelten orthografischen Regeln und festgelegten Schriftweisen haben eine ganze Menge an Ausnahmen entstehen lassen, sodass die Graphem-Phonem-Zusammenhänge keiner 1:1-Zuordnung entsprechen, wie die folgenden Beispiele verdeutlichen.

■ **Beispiele**

Grapheme sind mehrdeutig: Das Graphem /e/ kann ein langes /e/ wie in „Weg" meinen, aber auch ganz andere Laute wie in „Bett" oder „Nase". Das gleiche Graphem /e/ entspricht also verschiedenen Phonemen in der Aussprache.

Auch Phoneme sind mehrdeutig: So kann das immer gleiche lange /o/ als einfaches /o/, als /oo/ oder als /oh/ geschrieben werden, wie in „Lob", „Boot" oder „Sohn". Das selbe Phonem wird also mit unterschiedlichen Graphemen verschriftlicht.

Nicht jeder Buchstabe ist ein Graphem: Manche Grapheme sind mehrgliedrig und bestehen aus mehreren Buchstaben, wie z. B. das /sch/, das allerdings in Kombination mit anderen Konsonanten auch als einfaches /s/ geschrieben werden kann, z. B. in „Stiefel" oder „Sprudel".

Manche Phoneme werden durch zwei Buchstaben symbolisiert, z. B. das /ch/, das ein einzelnes Graphem darstellt, oder auch die Diphthonge /au/ oder /ei/. Demgegenüber findet man auch einzelne Grapheme, die aus mehreren Phonemen bestehen, wie z. B. das /z/, das aus den Lauten /t/ und /s/ zusammengesetzt ist, oder das /x/, das aus /k/ und /s/ besteht.

Die folgende Auflistung soll die Buchstaben-Graphem-Phonem-Zusammenhänge noch einmal verdeutlichen:

Buchstabenreihe	„Schnecke"	„Stuhl"
Grapheme	sch, n, e, ck, e	st, uh, l
Phoneme	[ʃ n ɛ k ə]	[ʃ t u l]

7.1.2 Lautsprachentwicklung und Schriftsprachentwicklung

Der Schriftspracherwerb ist ein Teil des allgemeinen Spracherwerbs und baut vor allem auf den lautsprachlichen Fähigkeiten und den Sprachverarbeitungsmöglichkeiten des Kindes auf. In der Vorschulzeit eignen sich die Kinder das grundlegende sprachliche Wissen und Können an, um erfolgreich in den Schriftspracherwerb starten zu können. Die Erfahrungen, die die Kinder in ihrem Alltag mit (Vor-)Lesen und (Vor-)Schreiben machen, prägen ihre Lernentwicklung hierbei ebenso wie die bereits durchlaufene Sprachentwicklung.

Das Lernen der Lautsprache und der Schriftsprache basieren auf denselben Entwicklungsprozessen: Die angeborenen Sprachwahrnehmungsfähigkeiten führen zur Regelerkennung und münden schließlich in die korrekte Beherrschung des Gesamten, d. h. mündlichen und schriftlichen Sprachsystems. Normal entwickelte Kinder lernen das Lesen und Schreiben auf der Grundlage ihrer Sprach- und Sprechfähigkeiten, die sie in den ersten Lebensjahren erworben haben. Das unbewusste Wissen über Betonung, Lautstruktur, grammatische Regeln, Satzbauregeln und begriffliche Zusammenhänge (vgl. Kap. 1) hilft ihnen dabei, sich auch die Regeln der Schriftsprache zu erschließen.

Die folgenden Aufgaben sollen verdeutlichen, welche Strategien beim Leselernprozess genutzt werden:

Aufgabe 1

Jede Zahl steht für einen Buchstaben. Versuchen Sie herauszufinden, welche Zahlenkombination welches Wort symbolisiert.

Zahlenreihen:	*stehen für folgende Wörter:*
6 / 4 / 11 / 19 / 2 / 19	*spielen*
11 / 2 / 24 / 2	*Handball*
11 / 1 / 16 / 8 / 6 / 1 / 14 / 14	*Hexe*
6 / 1 / 14 / 14	*Bohrer*
20 / 17 / 3 / 2 / 14 / 2 / 16	*Ball*

Die Lösung und das Lösungsschema für die Buchstaben-Zahlen-Zuordnung befindet sich im Zusatzmaterial.

Web

Aufgabe 2

Ergänzen Sie die fehlenden Buchstaben:

*Kellertr_ _ _e Hau_ Bergst_ _ _ _r _ _ tze _un_*

Ergänzen Sie die fehlenden Wörter:

Die ______________ schwimmen im Meer.

Emil spielt gerne im Sandkasten. Auch gestern hat er dort ______________.

Zur Lösung dieser Aufgaben haben Sie unterschiedliche Fähigkeiten aus Ihrem unbewussten Sprachwissen genutzt:

- **Wortwissen:** Sie können anhand der Wortlänge die Länge der Zahlenkombination zuordnen. Sie erkennen gleiche Wortbestandteile (Ball/Handball) und finden sie im Zahlencode.
- **Buchstabenwissen:** Sie finden ähnliche Strukturen wie z. B. /rer/ in „Bohrer“, /exe/ in „Hexe“, /ele/ in „spielen“ oder auch Dopplungen wie /ll/ in „Ball“ und „Handball“. Diese Strukturen erkennen Sie in den Zahlenreihen leicht wieder.
- **Grammatisches Wissen:** Sie wissen, wie Sätze gebildet werden und dass nach einem „Die“ ein Nomen folgen muss. Sie wissen, dass dieses Nomen im Plural stehen muss, wenn der Satz mit „schwimmen“ weitergeht.

» **Begriffswissen:** Sie wissen, dass zum Thema „Schwimmen im Meer" Fische oder Schiffe wahrscheinlich eher passen als z. B. Hasen oder Autos. In Kombination mit Ihrem Wortwissen erkennen Sie im ersten Teil von Aufgabe 2, dass z. B. die Ergänzung „Haus" oder „Haut" wahrscheinlicher ist als eine denkbare Ergänzung zu „Haum" oder „Haur".

Das unbewusste Wissen über Sprache verhilft dazu, dass das, was nicht auf Anhieb gelesen werden kann, aus dem Zusammenhang zu erschließen ist: Das sprachliche Vorwissen hilft dabei, Lese- und Schreibstrategien zu entwickeln und korrekt anzuwenden. Diese Strategien müssen Kinder im Schriftspracherwerbsprozess lernen, und sie greifen dafür ebenfalls auf ihr Sprachwissen zurück.

■ ***Der vorschulische Spracherwerb ist die wichtigste Voraussetzung für das Erlernen der Lese-Rechtschreib-Fähigkeiten: Spracherwerbsprobleme führen oft zu Lese-Rechtschreib-Schwierigkeiten.***

Wissenschaftliche Untersuchungen belegen einen offensichtlichen Zusammenhang zwischen Spracherwerb und Schriftspracherwerb. Die Kinder, die vor der Einschulung noch Sprach- und Sprechprobleme haben (vgl. Kap. 9), sind durch eine Vielzahl an Gründen gefährdet, Lese-Rechtschreib-Störungen zu entwickeln. Es ist anzunehmen, dass bei diesen Kindern die Voraussetzungen für den Spracherwerb (vgl. Kap. 2.2) insgesamt eingeschränkt sind, dass sie daher die Lautsprache und die grammatischen Regeln nicht ausreichend erwerben können und ihnen daher das grundlegende Sprachwissen, das für den Schriftspracherwerb erforderlich ist, nur unzureichend zur Verfügung steht. Neuere Untersuchungen sprechen davon, dass 40–70 Prozent aller Kinder, die ihre Spracherwerbsprobleme nicht bis zum Schuleintritt überwunden haben, in den ersten Schuljahren Lese- und Schreibprobleme entwickeln. Ebenso findet man bei fast allen lese- und rechtschreibschwachen Kindern frühe Anzeichen dieser Probleme in Form von Sprachentwicklungsstörungen.

Umgekehrt gilt aber auch:

■ ***Durch eine positive Unterstützung der vorschulischen Sprachentwicklung erhalten die Kinder eine gute Basis für den Schriftspracherwerb.***

7.1.3 Voraussetzungen für den Schriftspracherwerb

Als Voraussetzungen für das Erlernen der Schriftsprache müssen Kinder im Vorschulalter grundlegende Fähigkeiten aus folgenden Bereichen erwerben:

Symbolverständnis

Um verstehen zu können, dass Buchstaben für Laute stehen, müssen Kinder über Symbolverständnis verfügen, d. h., sie müssen erkennen, dass Zeichen für eine bestimmte Information stehen können. Beim Lesen- und Schreibenlernen erkennen Kinder, dass die Buchstaben als Symbole für Laute verwendet werden. Aber auch schon vor dem Schriftspracherwerb eignen sich Kinder dieses Wissen an, z. B. durch die Kenntnis von Piktogrammen (Mann-/Frau-Symbol auf Toilettentüren, Richtungspfeile, rotes Kreuz auf dem Arztkoffer usw.), Verkehrsschildern, Werbe-Emblemen oder Logos auf bekannten Waren. Symbole als Informationsträger sind den Kindern also aus ihrer Lebenswelt bekannt und können bewusst für Förderangebote genutzt werden, z. B. als Piktogramm-Lotto, Verkehrs-Memospiel usw.

Grob- und feinmotorische Fähigkeiten

Das Schreiben erfordert ein hohes Maß an Auge-Hand-Koordination und feinmotorischer Abstimmung. Aber auch grobmotorische und sensomotorische Fähigkeiten müssen als Voraussetzung gut entwickelt sein, wie z. B. das Raumlageempfinden des eigenen Körpers, das Erkennen der Raumlage von Objekten sowie die Fähigkeit zu gezielten groß- oder kleinräumigen Bewegungen und zum dosierten Krafteinsatz. Kinder sollten beispielsweise erkennen und nachvollziehen können, ob ihr Körper oben oder unten, vorne oder hinten, links oder rechts berührt wurde, in welche Richtung eine Bewegung ausgeführt wurde oder in welche Richtung markante Merkmale von Objekten zeigen. Sie sollten große und kleine Bewegungen mit angemessener Kraft und genauer Richtung ausführen können, z. B. beim Ausmalen, Schneiden oder Basteln.

Auditive Wahrnehmung

Die Bedeutung der Hörwahrnehmung wurde bereits im Rahmen der Sprachentwicklung dargestellt und wird im Hinblick auf den Schriftspracherwerb in Kap. 7.1.4 noch einmal besonders erläutert. Grundsätzlich gilt, dass ein ungestörtes Hörvermögen auch für den Schriftspracherwerb von Bedeutung ist und dass das Kind Geräusche (Motor, Sirene, Wasserhahn, Umrühren in Teetasse, Knistern von Papier usw.) und Klänge (hohe und tiefe Töne, lange und kurze Töne, Flötenton und Gitarrenton, verschiedene Rhythmen usw.) unterscheiden können muss, bevor es Laute oder Buchstaben voneinander unterscheiden kann.

Visuelle Analyse

Selbstverständlich ist ein ungestörtes Sehvermögen ebenfalls notwendig, um Lesen und Schreiben zu lernen. Kinder müssen sowohl in der Ferne als auch in der Nähe gut sehen können, um Schriftzeichen und andere Symbole in ihrer Umwelt wahrzunehmen und diese im Schriftspracherwerb gezielt zu erlernen. Die Wahrnehmungs- und Analysefähigkeiten beziehen sich hierbei auf die Unterscheidungsfähigkeit von Farben, Formen und Größen. Das Kind sollte Raumlageveränderungen auch optisch wahrnehmen können („Wohin zeigt der Henkel der Tasse?"), es sollte gleiche und nicht gleiche Objekte unterscheiden können („Welche von den drei Tassen hat den Henkel auf der anderen Seite?"), geringfügige Unterschiede ertassen können (Tasse mit drei Punkten zwischen drei Tassen mit vier Punkten) und einzelne Objekte in Bildern mit vielen Ablenkern finden (gelbe Blume mit roter Mitte in einem Gartenbild mit vielen verschiedenen Blumen).

Die visuelle Wahrnehmung von Bildern bereitet das Lesenlernen vor.

Aufgaben

Web

1. *Beobachten Sie zwei deutschsprachige und zwei mehrsprachige Kinder im ungefähr gleichen Vorschulalter, jeweils einen Jungen und ein Mädchen, und beurteilen Sie deren Voraussetzungen für den Schriftspracherwerb nach den oben genannten Fähigkeitsbereichen. Einen Beobachtungsbogen zum Notieren Ihrer Feststellungen finden Sie im Zusatzmaterial.*
2. *Vergleichen Sie die Kinder miteinander: Gibt es Unterschiede in den Entwicklungsbereichen zwischen allen vier Kindern, zwischen den deutsch- und mehrsprachigen Kindern, zwischen Jungen und Mädchen?*

Übergreifende förderliche Bedingungen, die sich auf das Sprachlernen, und den Schriftspracherwerb positiv auswirken, finden sich vor allem in den folgenden vier Bereichen:

- **Zuhör- und Wahrnehmungsfähigkeiten**: Um im Lautstrom der Umgebungssprache die für den Spracherwerb bedeutsamen Regeln und Muster erkennen zu können, verfügen Kinder über angeborene Wahrnehmungsfähigkeiten, die darüber hinaus durch eine kindgemäße Sprache und vielfältige Angebote an Sprachspielen unterstützt werden können. Spiele, Kinderverse und Lieder, in denen immer wiederkehrende sprachliche Muster vorkommen, bilden eine gute Basis für sprachliches und schriftsprachliches Lernen.
- **Literales Wissen**, also sogenanntes Lesewissen: Kinder, die in ihrem Alltag vielfältige Lesesituationen erleben in Form von lesenden Eltern oder Geschwistern, der Selbstverständlichkeit einer Tageszeitung, Vorlesen von Gutenachtgeschichten usw., wissen schon vor dem eigenen Leselernbeginn, wie Schrift funktioniert, nämlich von links nach rechts, von oben nach unten, mit Buchstaben, die für Wörter stehen usw. Wenn Kinder regelmäßig positive Erfahrungen mit Schriftsprache machen, indem sie erfahrene Leser und Schreiber beobachten können und viele Bücher- und Vorleseerfahrungen machen, lernen sie den Wert der Schriftsprache im Alltag kennen. Sie erwerben eine positive und neugierige Einstellung gegenüber den Schriftzeichen, sodass sie motiviert in den eigentlichen Schriftsprachlernprozess einsteigen.
- **Alphabetisches Wissen**, d.h. Buchstabenwissen: Kinder, die schon vor der Einschulung verstanden haben, dass die Schrift aus einzelnen Buchstaben besteht und dass man mit diesen Buchstaben z.B. den eigenen Namen schreiben kann, haben eine Grundvoraussetzung zum Schriftspracherwerb bereits geschafft: Sie haben erkannt, dass die Sprache nicht nur aus Wörtern und Silben, sondern auch aus einzelnen Lauten besteht und dass man diese mit Buchstaben symbolisieren kann.
- **Grammatisches Wissen**: Im Rahmen des Spracherwerbs entwickeln die Kinder mithilfe ihrer Regelkenntnisse ein gutes Gefühl dafür, wie Worte grammatisch korrekt gebildet werden, also wie z.B. das Verb an die handelnde Person anzupassen ist, ob ein Satz ein Objekt benötigt oder nicht und welche Pluralform die richtige ist. Das Kind sollte beispielsweise erkennen können, ob der Satz „Der Junge hat zwei Taschen tragen" richtig ist oder falsch. Dieses Wissen ist für das Lesenlernen eine wichtige Voraussetzung, weil es beim Erschließen der Texte hilft.

Die Sprach- und Schriftsprachlernbedingungen sind bei verschiedenen Kindern in unterschiedlichem Maß vorhanden und im Einzelfall wirken immer sowohl förderliche als auch hinderliche Faktoren zusammen. Dies wird an den Beispielkindern in der Lernsituation zum Einstieg in dieses Kapitel deutlich, kann aber auch bei andern Kindern im Vorschulalter beobachtet werden, wie Sie beim Durchführen der folgenden Aufgabe erfahren werden.

Aufgabe

Beschreiben Sie vier Kinder im Alter zwischen fünf und sechs Jahren (andere Kinder als für die vorherige Aufgabe) im Hinblick auf die Voraussetzungen zum Schriftspracherwerb.

Notieren Sie Ihre Einschätzung

- *der Zuhör- und Wahrnehmungsfähigkeiten (Wie verlief der individuelle Spracherwerb? Wie ist die Regelbeherrschung des Kindes? Wie ist seine Aussprache? Kann es Laute heraushören und voneinander unterscheiden?);*
- *des literalen Wissens (Welche Alltagserfahrungen mit Schreiben und Lesen macht das Kind? Kennt es die Funktionsweisen von Schrift?);*
- *des alphabetischen Wissens (Kennt das Kind einzelne Buchstaben, versucht es schon zu schreiben und/oder zu lesen?);*
- *des grammatischen Wissens (Spricht das Kind in grammatisch korrekten Sätzen? Kann es Grammatikfehler erkennen?).*

Einen Protokollbogen für Ihre Beobachtungen finden Sie im Zusatzmaterial im Internet.

Web

7.1.4 Bedeutung der phonologischen Bewusstheit

Neben den in Kapitel 7.1.3 genannten Voraussetzungen für die Schriftsprachentwicklung gibt es einen speziellen Entwicklungsbereich, der sich als zentrale Schnittstelle zwischen Laut- und Schriftsprache erwiesen hat, nämlich die **phonologische Bewusstheit**. Damit ist die Fähigkeit gemeint, sprachliche Strukturen unabhängig von ihrer Bedeutung zu erkennen und sich bewusst zu sein, dass Sprache aus unterschiedlichen kleineren Elementen zusammengesetzt ist, d. h., dass ein Satz aus Wörtern, dieser aus Silben und diese wiederum aus Lauten bestehen.

Phonologische Bewusstheit basiert auf der Fähigkeit, über Sprache losgelöst von ihrem Inhalt nachzudenken. Diese Fähigkeit erwerben Kinder erst im Verlauf der späteren Sprachentwicklung, zeitlich ungefähr im Jahr vor der Einschulung. In dieser Phase begreifen die Kinder, dass zwischen der Laut- und Schriftgestalt von Sprache bestimmte Beziehungen herrschen, die sich nicht mit der jeweiligen Wortbedeutung erklären lassen.

Im früheren Lebensalter sind Kinder dazu noch nicht in der Lage, wie die folgenden Beispiele zeigen:

■ **Beispiele** für noch nicht ausreichendes phonologisches Bewusstsein

Die Frage „Warum heißt der Geburtstag ‚Geburtstag'?" beantwortet Leon, vier Jahre alt, so: „Weil es da Kuchen gibt."
Leon denkt dabei über die Besonderheiten des Geburtstages und die dann stattfindenden Aktionen nach, aber nicht über die Ableitung des Wortes von „Tag der Geburt".

Die Frage „Welches Wort ist länger: ‚Kuh' oder ‚Schmetterling'?" beantworten kleine Kinder in der Regel mit „Kuh ist länger, weil die Kuh größer ist".
Die Kinder haben noch keine Vorstellung von Wörtern oder Wortlängen, sie beantworten die Frage rein aus ihrem Wissen über die Größe der Tiere heraus.

Die Frage „Womit fängt ‚Fisch' an?", beantwortet Diana, vier Jahre alt, mit: „Mit 'nem Maul glaub ich, oder 'ner Flosse?"
Fragen nach Wortstrukturmerkmalen, wie Anfangslaute oder Reime, können Kinder in diesem Alter noch nicht beantworten, weil sie Sprache rein begrifflich-inhaltlich auffassen und verarbeiten.

Die später wachsende phonologische Bewusstheit ermöglicht es den Kindern, sich mit der inneren Struktur der Sprache auseinanderzusetzen und sie zu analysieren, in ihre Einzelteile zu zerlegen, sie wieder zusammenzusetzen und mit Sprache zu spielen. Phonologische Bewusstheit wird im Vorschulalter erworben und basiert auf den Fähigkeiten des genauen Hin- und Zuhörens und des Erkennens von Silben, Reimen oder gleichen Lauten. Somit bildet sie eine entscheidende Voraussetzung für den Schriftspracherwerb, wird aber auch während des Schriftspracherwerbs noch weiter ausgebaut. Im Prozess der Auseinandersetzung mit Buchstaben und Lauten erkennen die Kinder zunehmend die Zusammenhänge von Laut- und Schriftsprache, die sie für das Lesen und Schreiben brauchen.

Phasen im Erwerb der phonologischen Bewusstheit

Phase	Fähigkeiten	Erwerbszeitraum/-alter
phonologische Bewusstheit im weiteren Sinne	zunehmendes Erkennen von Einzelelementen im Lautstrom: zuerst werden Silben wahrgenommen, danach gleiche Anfangslaute, zum Schluss Reime	im Vorschulalter, ca. fünf bis sechs Jahre
phonologische Bewusstheit im engeren Sinne	zunehmendes Erkennen von einzelnen Lauten in der gesprochenen Sprache, von dazugehörenden Schriftzeichen und von der Beziehung zwischen Lauten und Buchstaben	in den ersten beiden Grundschuljahren, ca. sechs bis acht Jahre

Schriftspracherwerb und phonologisches Bewusstsein beeinflussen sich immer wechselseitig: Die phonologische Bewusstheit im weiteren Sinne ist Voraussetzung dafür, dass die kleinsten Elemente der Laut- und Schriftsprache erkannt und einander zugeordnet werden können. Mit dem Beginn des Schriftspracherwerbs in der Schule bildet sich dann auch die phonologische Bewusstheit weiter aus: Die Unterscheidung von Buchstaben und das Erlernen verschiedener Schreibungen verhilft den Kindern zu mehr Wissen über die Lautstruktur der Sprache und sie können anfangen, die Sprache kreativ zu nutzen, z. B. mit Sprachspielen, in denen neue Wörter erfunden werden.

Aufgabe

Bilden Sie Arbeitsgruppen mit vier bis fünf Mitgliedern.

Schauen Sie sich erneut die Beispiele aus der Lernsituation zu Beginn des Kapitels an und notieren Sie für jedes der Kinder, welche Phase der phonologischen Bewusstheit es schon erreicht hat.

Diskutieren Sie vor dem Hintergrund dieser Einschätzung, ob Ihre Anfangsüberlegungen zum Risiko einer Schriftspracherwerbsstörung (siehe Aufgabe im Anschluss an die Lernsituation) überdacht werden müssen.

Klatsch- und Singspiele ermöglichen vielfältige Rhythmuserfahrungen und bereiten auf die genaue Wahrnehmung von Silben und Lauten vor.

Zusammenfassung

Die sich im Vorschulalter entwickelnde phonologische Bewusstheit ist eine zentrale Voraussetzung für das Lesen und Schreiben. Vorschulkinder sollten am Ende der Kindergartenzeit in der Lage sein, Wörter in Silben zu unterteilen (wie beispielsweise im Wort „Kin-der-gar-ten“), Wörter mit gleichem Anfangslaut zu erkennen („Fisch“ und „Fuß“) und Reimwörter zu finden („Fisch“ und „Tisch“). Im sich anschließenden Schriftspracherwerb erkennen sie, dass man diese Elemente in noch kleinere Einheiten unterteilen kann, dass also die Silbe aus einzelnen Phonemen besteht und dass man diese mit Buchstaben sichtbar machen kann (K-i-n-d-e-r-g-a-r-t-e-n).

7.2 Verlauf des Schriftspracherwerbs

Wie in den vorangehenden Kapiteln aufgezeigt wurde, beginnt der Schriftspracherwerb nicht erst mit der Einschulung, sondern schon mit dem Erwerb der Voraussetzungen im allgemeinen Spracherwerb. Viele Kinder beginnen daher auch schon im Laufe der Vorschulzeit mit einer aktiven Auseinandersetzung mit der Schrift, d. h., sie versuchen, schon vor der Einschulung zu lesen und zu schreiben.

Aus Beobachtungen von Kindern, die sich schon im Vorschulalter ungesteuert das Lesen und Schreiben selbst aneignen, kennt man die Prozesse, die der Schriftsprachentwicklung zugrunde liegen, recht genau. Die Entwicklungsschritte, die Kinder dabei durchlaufen, lassen sich auf den Ebenen des Lesens und Schreibens in verschiedene Phasen unterteilen.

7.2.1 Phasen der Schreibentwicklung

Die frühen Schritte der Schreibentwicklung basieren auf der Einsicht des Kindes, dass man mit Stift und Papier eine dauerhafte Nachricht produzieren kann. Kinder, die dies in ihrer Umgebung als selbstverständliche Alltagshandlung beobachten, fangen oft bereits im Alter von drei Jahren an, diese Handlungen nachzuahmen. Zumeist beginnen sie dabei mit dem Malen von Situationen, die sie darstellen möchten und bezeichnen das Gemalte als Brief oder Schrift.

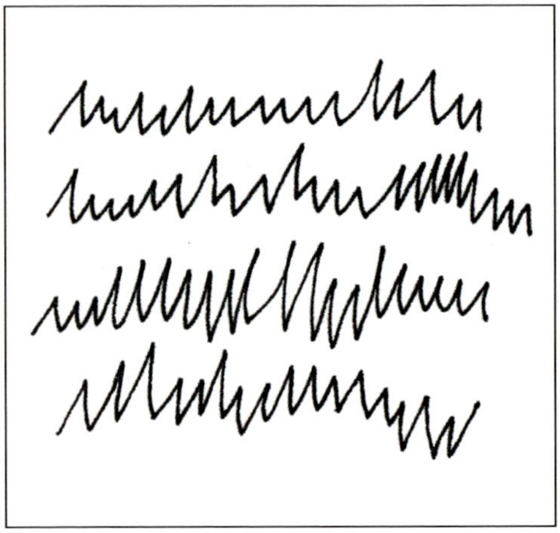

Kritzelbrief von Paul, dreieinhalb Jahre alt

Kathi, viereinhalb Jahre alt: „Das ist ein Brief, da steht, wir waren schwimmen."

Rasch kommen nach dieser Phase tatsächliche Schriftelemente dazu: Die Kritzelbriefe bestehen nun aus Buchstaben oder ähnlichen Einzelzeichen; Bilder und Schrift vermischen sich. Die Kinder bitten darum, ihnen Buchstaben und Wörter vorzuschreiben, die sie nachmalen, und sie fangen an, ihren eigenen Namen zu schreiben. Hierbei werden einige Grundmerkmale der Schrift beachtet, aber noch nicht alle Regeln.

Paul, drei Jahre und acht Monate alt, schreibt einen „Einkaufszettel".

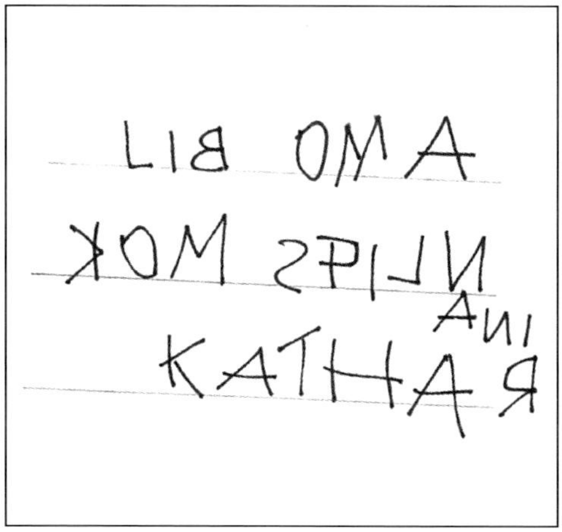

Kathi, fünf Jahre alt, schreibt an ihre Oma.

Wenn die Kinder einige Buchstaben kennen und sie den Lauten zuordnen können, kommt es in einer ersten Stufe häufig zu sogenannten Skelettschreibungen, bei denen nur bestimmte Buchstaben benutzt werden. Diese Schreibungen werden mit zunehmender Regelkenntnis immer vollständiger, wobei es zu Übergeneralisierungen kommt, bei denen erkannte Regeln auch da angewandt werden, wo sie nicht gelten.

Paul, fünfeinhalb Jahre, schreibt Wörter, die ihm vorgelesen werden (Skelettschreibungen): Wand, Kuchen, Seife.

Kathi, fünfeinhalb Jahre alt, wendet eine Regel für alles an: Sofa, Teller, verstecken, Ritter.

Im weiteren Verlauf des Schriftspracherwerbs werden die Kinder immer sicherer darin, Laute und Buchstaben einander zuzuordnen. Sie schreiben daher zunächst so, wie sie sprechen und es kommt zu Fehlschreibungen, die man sich gut mit der Lautgestalt des Wortes erklären kann, z. B. Hunt (Hund), Bia (Bier), Schtock (Stock), geschribn (geschrieben). Diese Fehlschreibungen sind also keine Rechtschreibfehler im klassischen Sinne, sondern Anzeichen dafür, dass die Kinder das Prinzip „Ich kann hören, wie etwas geschrieben wird" verstanden haben. Auch diese Zwischenstufe gehört dazu, um die Regeln der Schriftsprache erlernen zu können. Letztendlich vereinfachen die Kinder mit diesen Zwischenformen die komplexen Regeln der Orthografie und nähern sich mit jedem Zwischenschritt an die Normschreibung an. Die Versuche, sich der Schriftsprache anzunähern, machen deutlich, dass viele Schriftmerkmale schon lange vor dem Schuleintritt bekannt sind, wenn die Kinder in einer anregungsreichen Umgebung aufwachsen, in der ihre Schreibversuche wohlwollend aufgenommen werden.

Jede Phase der Schreibentwicklung baut auf der vorherigen auf, aber im individuellen Aneignungsprozess kommt es vor, dass Kinder Merkmale zweier Phasen gleichzeitig zeigen oder eine Phase ganz zu überspringen scheinen. Trotzdem lässt sich der Schreiblernprozess in einem Stufenmodell zusammenfassen:

Stufenmodell der Schreibentwicklung

Fähigkeiten und Kenntnisse	Aktivitäten des Kindes
1. Nachahmung von im Alltag beobachteten Handlungen, Einsicht in die Merkmale von Schrift	„Als-ob-Schreiben" Kritzelbriefe Nachvollziehen der Schreibrichtung Anordnung in Reihen Wiederholung von Grundformen
2. Kenntnis einzelner Buchstaben	Malen von Buchstabenreihen Schreiben von Einzelbuchstaben, die für ganze Worte stehen (z. B. X für Taxi) Nachmalen von Buchstaben Malen/Schreiben des eigenen Namens
3. Beginnende Einsicht in den Laut-Buchstaben-Bezug, Kenntnis einiger Laut-Buchstaben-Kombinationen	Schreiben von Lautelementen, z. B. Anfangslaut oder betonter Vokal des Wortes „Skelettschreibungen" mit wenigen prägnanten Wortbestandteilen
4. gefestigte Einsicht in die Laut-Buchstaben-Beziehung	lautgetreue Schreibungen, „Schreiben, wie man spricht"
5. Aneignung orthografischer Regeln	Erkennen und Lernen der Rechtschreibregeln gelegentliche Übergeneralisierungen
6. Automatisierung der Fähigkeiten	sicheres und automatisches Schreiben

(vgl. Crämer/Schumann 2002, S. 270)

7.2.2 Phasen der Leseentwicklung

Wie die Schreibentwicklung verläuft auch die Leseentwicklung in Phasen, die weit vor dem eigentlichen Schuleintritt beginnen. Auch hier beginnen die Kinder mit Als-ob-Handlungen, um ihre Alltagserfahrungen zu imitieren. Sie nehmen ein Buch oder eine Zeitung zur Hand, blättern um und erzählen dazu erfundene oder bekannte Geschichten.

Im nächsten Schritt erkennen die Kinder, dass man einzelne Wörter lesend erkennen kann. Da sie in dieser Phase noch nicht über ausreichende Buchstabenkenntnis verfügen, müssen sie sich hierbei an hervorstechenden Wortmerkmalen orientieren und das dazugehörige Wort erraten, z. B. am gelben M eines Fast-Food-Restaurants.

Wenn die Kenntnis von Lauten und Buchstabenzuordnung wächst, können Kinder beim Lesen einzelne Buchstaben erkennen und benennen und versuchen, das ganze Wort zu erraten. Oft kommt es zu Verlesungen, bei denen dem richtig erkannten Anfangsbuchstaben das falsche Wort folgt, wenn z. B. „Autobahn“ statt „Ampel“ gelesen wird.

Mit zunehmender Buchstabensicherheit verwenden die Kinder statt des Ganzwortratens eine buchstabenorientierte Analyse. Sie können immer mehr erlesen, indem sie Laut für Laut bzw. Buchstabe für Buchstabe entschlüsseln.

Auch der Leselernprozess lässt sich in Form eines Stufenmodells darstellen:

Stufenmodell der Leseentwicklung

Fähigkeiten und Kenntnisse	Aktivitäten des Kindes
1. Nachahmung von im Alltag beobachteten Handlungen, Einsicht in die Merkmale von Schrift	„Als-ob-Vorlesen“ Nachahmen von Lesehandlungen (z. B. Umblättern) Nachahmen der Lesebetonung (Nach-)Erzählen oder Auswendigsagen von Texten
2. Kenntnis einzelner Buchstaben	Erraten von Wörtern anhand deutlicher Merkmale Erkennen von Buchstaben oder Buchstabenteilen Erkennen des eigenen Namens anhand des Anfangsbuchstabens
3. beginnende Einsicht in den Laut-Buchstaben-Bezug, Kenntnis einiger Laut-Buchstaben-Kombinationen	Benennen von einzelnen Lauten/Buchstaben Erraten von Wörtern anhand von Anfangsbuchstaben Erraten anhand von wiederkehrenden Elementen (z. B.: „Schlaufe“ wird als „Auto“ identifiziert, weil das /au/ erkannt wurde)
4. gefestigte Einsicht in die Laut-Buchstaben-Beziehung	lautgetreues, buchstabenweises Erlesen „Übersetzen“ von Buchstaben- in Lautreihen gelegentlich fehlendes Sinnverständnis
5. Aneignung orthografischer Regeln	fortgeschrittenes Lesen Erkennen und Lesen größerer Einheiten wie Endungen oder mehrteiliger Schriftzeichen (z. B. ch, sch, str)
6. Automatisierung der Fähigkeiten	sicheres und automatisches Worterkennen sicheres und sinnentnehmendes Lesen

(vgl. Cramer/Schumann 2002, S. 270)

7.3 Vorbereitung auf das Lesen- und Schreibenlernen

Die Grundlagen für einen erfolgreichen Lese- und Schreiblernprozess werden im Vorschulalter gelegt. Kinder, die zu Hause und in der Kita viele positive Erfahrungen mit der Schriftsprache machen und die Lesen und Schreiben als selbstverständlichen Teil der Kommunikation erleben, sind deutlich im Vorteil gegenüber Kindern, die diese Erfahrungen nicht machen. Durch gezielte Angebote, die allen Kindern nutzen, aber vor allem den nicht so schrifterfahrenen Kindern eine Unterstützung bieten, lassen sich diese unterschiedlichen Voraussetzungen ein wenig, wenn auch nicht vollständig, ausgleichen. Die Förderangebote beziehen sich vor allem auf die Schaffung günstiger Voraussetzung für den Erwerb der phonologischen Bewusstheit.

■ ***Frühe und vielfältige Erfahrungen mit Schrift sind die beste Vorbeugung von Lese-Rechtschreib-Problemen.***

In diesem Kapitel werden zunächst allgemeine, ohne großen Aufwand im Kita-Alltag umsetzbare Fördermöglichkeiten vorgestellt und anschließend einige spezielle Förderprogramme erläutert.

7.3.1 Förderung von Basisfähigkeiten und phonologischer Bewusstheit

Prinzipiell sind alle diejenigen Maßnahmen als Unterstützung und Vorbereitung des Schriftspracherwerbs geeignet, die den Spracherwerb insgesamt fördern (vgl. Kap. 5). Die Basisfähigkeiten der Wahrnehmung, Verarbeitung und Produktion von Sprache sind Grundlage für einen ungestörten Schriftspracherwerb. Darüber hinaus stehen im letzten Kitajahr die Voraussetzungen für den Erwerb der phonologischen Bewusstheit im Mittelpunkt der Förderung. Speziell zur frühen Anregung der phonologischen Bewusstheit und damit zur Vorbereitung auf den Schriftspracherwerb eignen sich folgende Maßnahmen:

Zuhör- und Wahrnehmungsfähigkeiten stärken

Um bewusst zuhören zu können, benötigen Kinder eine ruhige Umgebung, in der möglichst wenige Hintergrundgeräusche ablenken. Ein Dauerbetrieb von Fernseher oder Radio kann sich in dieser Hinsicht ebenso ungünstig auswirken wie der alltägliche Geräuschpegel in der Familie oder in der Kitagruppe. Zunächst ist es also nötig sicherzustellen, dass die Kinder überhaupt die Möglichkeit bekommen, konzentriert einer Person zuzuhören. Dies kann z. B. durch bewusste Zuhörphasen innerhalb des Gruppenalltags geschehen, in denen zunächst einer kleinen Gruppe von Kindern, später der Gesamtgruppe vorgelesen oder eine Geschichte erzählt wird.

Möchte man gezielter auf die Zuhör- und Wahrnehmungsfähigkeiten eines Kindes einwirken, muss man dessen Aufmerksamkeit auf besondere Zuhöraufgaben lenken. Dies kann z. B. mit folgenden einfachen Spielen geschehen:

- *Zuhörspiele, wie z. B. „Stille Post", bei der reihum ein Begriff flüsternd weitergesagt wird und möglichst genau gehört und weitergegeben werden soll*
- *Spiele zur Wahrnehmung von Gemeinsamkeiten, z. B. eine gemalte Sammlung von allem anlegen, was Beine hat (Maus, Hund, Junge, Tisch, Bett, Spinne usw.)*
- *Zuordnungsspiele, bei denen die Sortierkategorie vorgegeben ist, z. B. im Puppenhaus alle im ganzen Haus versteckten Dinge finden, die zur Küche gehören*
- *Spiele zur aufmerksamen Wahrnehmung von sprachlichen Details, z. B. ein Ratespiel, bei dem auf ähnlichen Bildern eine genaue Vorgabe zu finden ist, z. B. bei verschiedenen Bildern von Kindern (Mädchen mit gelbem Hut, Junge mit Piratentuch, Mädchen mit roter Mütze, Junge mit roter Kapuze) das Kind finden, das die rote Mütze trägt, oder bei verschiedenen vierbeinigen Tieren (Tiger, Katze, Hund, Löwe) das Tier mit den schwarzen Punkten auf den Ohren finden*
- *Ratespiele, bei denen über genaues Zuhören der gemeinte Gegenstand erraten werden kann: „Ich sehe ein Gefäß, das im Küchenschrank steht und aus dem ich meine Milch trinke."*
- *Anweisungsspiele, bei denen einzelne Kinder oder Kindergruppen auf bestimmte Anweisungen hin etwas Bestimmtes tun sollen, z. B. beim Verstummen der Musik auf den Boden setzen, bei langsamem Trommeln langsam gehen, bei schnellem Trommeln schnell laufen, beim Erklingen der Triangel stehen bleiben, danach auf mündliche Anweisung alle Mädchen einmal um sich selbst drehen, alle Jungs in die Hocke gehen, alle Kinder mit roten Socken auf einem Bein hüpfen usw.*
- *Flüsterspiele, bei denen geflüsterte Aufträge heimlich erledigt werden sollen, z. B. „Frag mal Anna, ob sie dir den blauen Filzstift leiht", oder „Frag drei Kinder ganz leise, ob sie mit dir in die Bauecke möchten."*

Sprachliche Sicherheit fördern

Um die kleinen Einheiten der Sprache erkennen zu können, müssen Kinder die großen Strukturen der Sprache sicher beherrschen. Diese Sprachmuster erkennen sie am besten in alltäglichen Kommunikationssituationen und Spielen, bei denen immer wiederkehrende Sprachbestandteile vorkommen, wie beispielsweise bei den folgenden Vorschlägen:

- *Handlungsbegleitendes Sprechen mit Verwendung von immer gleichen Formulierungen bei gleichen Tätigkeiten, z. B. beim Tischdecken: „Ich stelle das Glas neben den Teller. Ich lege die Gabel neben den Teller. Ich lege den Löffel neben die Gabel." Auch die alltäglichen Routinen des Willkommensliedes, des Guten-Appetit-Wunsches, eines Abschiedsliedes usw. fördern sprachliche Sicherheit durch die feste Verknüpfung von (immer gleicher) Handlung und (immer gleicher) Sprache.*
- *Alle Spiele, bei denen wiederkehrende Formulierungen benutzt werden, um eigene Handlungen oder die des Kindes zu kommentieren, z. B. beim Lotto („Ich habe eine Kuh. Wer braucht die Kuh? Ah, die Kuh gehört zu dir.") oder bei Memospielen („Ein Auto und eine Katze, das ist kein Pärchen. Du bist dran.") oder beim Puzzle („Ein Teil mit einer Wolke drauf. Das gehört nach oben.")*
- *Alle Sprechspiele mit feststehenden, aber erweiterbaren Formulierungen, z. B. „Kofferpacken" oder „Ich sehe was, was du nicht siehst."*
- *Kreis- und Gruppenspiele, bei denen gemeinsam gesungen und gehandelt wird.*
- *Alle Kinderverse, Fingerspiele und Kinderlieder, die von den Kindern gerne mitgemacht werden, sodass sich auch hier durch häufige Wiederholung sprachliche Struktur und Handlung sicher miteinander verbinden.*

Kinder in Kontakt mit Schrift bringen

Um Kinder in die Funktionsweise von Schrift einzuführen, ist es wichtig, dass sie Lesen und Schreiben als selbstverständlichen Bestandteil des Alltags erleben. Da dies nicht in jeder Familie so ist, kann man hier ergänzende Erfahrungen in der Kita ermöglichen, indem die Kinder einen abwechslungsreichen Umgang mit Schrift kennenlernen, z. B.:

- *Viel vorlesen und die Kinder dabei mit in das Buch schauen lassen, Zeilen mit der Hand nachfahren, um die Lese- und Schreibrichtung zu verdeutlichen. Gelegentlich das Lesen kommentieren, z. B. mit „Hier unten steht, was als Nächstes passiert" oder „Wie geht es weiter? Da muss ich umblättern."*
- *„Merkzettel" in den Gruppenalltag einführen, z. B. selbst bestimmte Aktivitäten notieren („Nach dem Frühstück: Spielplatz") und ein Kind bitten, diesen Zettel an einen festen Platz zu hängen. Kinder können auch selbst Merkzettel herstellen (malen, Anfangsbuchstaben schreiben, Buchstaben abmalen) und aufhängen.*
- *Handlungen oder Pläne gemeinsam mit den Kindern aufschreiben und später wieder lesen, z. B. den Einkaufszettel und die Aufgabenverteilung für das Gruppenfrühstück notieren oder eine Materialliste und einen Plan für eine Bastelstunde erstellen.*
- *Kinder können ihr Lieblingsbilderbuch in einer kleinen Gruppe vorstellen: Sie können den Inhalt, die handelnden Personen und die Bilder beschreiben, aber auch mit Fragen auf die Wahrnehmung des Aufbaus geleitet werden: „Welches Bild ist auf der Rückseite? Wo steht, was ich vorlesen muss?"*
- *Kinder zu Vorstufen des Schreibens motivieren, indem sie Notizen, Listen oder Briefe an das Kuscheltier zu Hause, Verwandte oder Freunde schreiben bzw. malen dürfen.*

Darüber hinaus kann man auch im Vorschulalter bereits vielfältige Kontakte mit Buchstaben und Wörtern ermöglichen und so dafür sorgen, dass den Kindern diese Symbole vertraut werden. Hierbei geht es nicht darum, den Kindern bereits vor der Einschulung das Lesen und Schreiben beizubringen, sondern sie in ihrer ganz selbstverständlichen Neugier auf Schrift zu unterstützen und sie konkrete eigene Erfahrungen mit Schrift machen zu lassen. Dazu können folgende Vorschläge dienen.

- *Namen und Fotos der Kinder auf einem Poster aushängen. Die Kinder, die ihren Namen oder Teile davon schon schreiben können, können ihn selbst auf das Poster schreiben. Im Alltag immer wieder auf das Poster hinweisen und Bezüge zu den Namen herstellen, z. B. „Katze fängt mit K an, wie der Name von Karim."*

- *Ein Anlaut-Poster (A wie Affe, B wie Biene, C wie Chamäleon, D wie Dackel ...) aufhängen oder selbst herstellen und immer wieder einmal mit den Kindern anschauen. Diese Poster unterstützen auch das Lernen des Alphabets, was durchaus schon im Kindergarten mit Abc-Liedern oder Versen erfolgen kann und eine gute Vorbereitung auf schulisches Lernen darstellt.*

- *Kinder bei eigenen Schreibversuchen unterstützen: Nicht nach Abweichungen von der Normschrift suchen und diese als Fehler kommentieren, sondern ihre Annäherung loben und sie erklären lassen, was sie geschrieben haben.*

- *Zusammenhänge von Begriffen und Wörtern herstellen, indem auf Bildkarten das entsprechende Wort dazugeschrieben wird. Mit diesen Bild-Wort-Karten spielen, z. B. Memospiele, Lotto, oder alle Bilder zusammenlegen, die einen gleichen Anfangsbuchstaben haben.*

Phonologische Bewusstheit vorbereiten

Um die phonologische Bewusstheit im weiteren Sinne entwickeln zu können, müssen Kinder in der Lage sein, einzelne Elemente aus der Umgebungssprache herauszuhören. Hierbei helfen ihnen alle Spiele und Übungen, bei denen die Aufmerksamkeit genau auf diese kleinen Sprachelemente gelenkt wird. Vom Heraushören von Wörtern aus Sätzen geht die Aufmerksamkeit auf immer kleinere Sprachelemente über, nämlich zuerst zu den Silben, dann zu den Anfangslauten und zum Schluss zu den Reimen.

- *Wörter aus Sätzen heraushören: Ratespiele, bei denen ein vorher festgelegtes Wort erkannt werden soll, z. B. das Wort „Sonne" in einer Wettergeschichte. Wenn die Kinder das Wort gehört haben, sollen sie jeweils einen Punkt auf einen Zettel malen, einmal klatschen o. Ä.*

- *Fehler hören: Den Kindern zu einem Bild einen Satz sagen und diesen dann mit Fehler wiederholen, wobei die Kinder den Fehler finden sollen. Beginnen sollte dieses Ratespiel mit Nomen, die ersetzt werden, später können schwierigere Satzbestandteile ersetzt werden. Beispiel: zuerst Vorgaben wie „Auf dem Bauernhof lebte einmal ein Schaf. Auf dem Hochhaus lebte einmal ein Schaf", „Hier bastelt ein Junge eine Laterne. Hier bastelt ein Junge eine Glocke" und später Vorgaben wie „Die Frau schneidet das Brot. Die Frau malt das Brot" oder „Da fährt ein grünes Auto. Da fährt ein buntes Auto"*

- *Quatschwörter finden: Den Kindern Sätze vorgeben, in denen ein Fantasiewort enthalten ist, das sie finden und möglichst genau wiederholen sollen, z. B. „Der Junge isst eine Kramunde" oder „Der Lunkring wohnt im Wald" oder „Die beiden Kinder rieweln"*

- *Silben erkennen: Eine gute Vorbereitung für das Silbenerkennen ist das Mitklatschen von Versen und Liedern. Später können Kinder einzelne Wörter klatschen, d. h., die Silben zählen und z. B. Bilder, auf denen Gegenstände mit zwei Silben abgebildet sind, auf eine große Zwei legen, Worte mit drei Silben auf die Drei usw.*

- *Erkennungs- und Sortierspiele mit Anfangslauten: Die Kinder sollen gleich beginnende Begriffe erkennen und bestimmten Symbolen zuordnen. Das können Buchstaben sein, aber auch andere Vorstellungshilfen, wie z. B. eine Biene für alle Wörter, die mit /s/ anfangen oder eine Dampflokomotive für Wörter, die mit /sch/ anfangen. Bildkarten mit bestimmten Lautanfängen können erwürfelt, abgeworfen, geangelt usw. werden, um sie dann zuzuordnen.*

- *Das Sprechen und Singen von Kinderversen und -liedern fördert die Reimwahrnehmung. Dass die Kinder das Prinzip des Reims erkannt haben („Haus hört sich an wie Maus und wie Klaus und wie raus") erkennt man meist daran, dass sie kreativ werden und Unsinnreime erfinden: „Welt-Zelt-telt-melt-kelt …"*

- *Verknüpfung von Buchstaben und Lauten: Wenn die Kinder ein Interesse daran haben, Laute oder Wörter zu schreiben, sollte man sie darin nicht bremsen, sondern unterstützen, indem man ihnen Buchstaben oder Wörter vorschreibt, die sie nachmalen/-schreiben können. So festigt sich der Zusammenhang von Buchstaben und Lauten und die Kinder finden später einen leichteren Einstieg in die Leseentwicklung.*

Aufgabe

Bilden Sie Gruppen von vier bis fünf Mitgliedern.

Stellen Sie mit den Ihnen bekannten Bilderbüchern, Kinderversen, Kreisspielen, Regelspielen, Bildkarten usw. eine kleine Sammlung von Spielideen zusammen, mit denen Sie die phonologische Bewusstheit fördern können.
Entwickeln Sie jeweils eine Spielidee für

- *Worterkennung im Satz,*
- *Silbenwahrnehmung im Wort,*
- *Anfangslautwahrnehmung,*
- *Reimerkennung.*

Listen Sie Ihre Spielvorschläge auf und stellen Sie sie Ihren Mitschülerinnen und Mitschülern vor.

TIPP

Viele dieser Förderhinweise können auch den Eltern von Vorschulkindern als Anregung für zu Hause mitgegeben werden.

7.3.2 Diagnose- und Förderprogramme für phonologische Bewusstheit

Spätestens seit dem eher schlechten Abschneiden deutscher Kinder bei der ersten PISA-Studie wurde erkannt, dass Sprach- und Lese-Rechtschreib-Förderung keine Aufgaben sind, die man allein der Schule überlassen kann, weil die Voraussetzungen für schulischen Lernerfolg weit vorher gelegt werden. In den letzten Jahren sind folgerichtig etliche Diagnose- und Förderprogramme entwickelt worden, die es ermöglichen, die individuellen Voraussetzungen für den Schriftspracherwerb frühzeitig zu erkennen und Risikokinder frühzeitig zu unterstützen.

Diagnoseprogramme für das Vorschulalter

Um die Fähigkeiten, die für einen erfolgreichen Schriftspracherwerb nötig sind, bereits im Vorschulalter beurteilen zu können, können Erzieherinnen und Erzieher zum einen auf die freie Beobachtung der in Kapitel 7.1 genannten Faktoren zurückgreifen, um die Voraussetzungen für den Erwerb der phonologischen Bewusstheit einzuschätzen. Es gibt darüber hinaus zwei mittlerweile recht bekannte Programme, die gegen Ende der Vorschulzeit eine frühzeitige Problemerkennung ermöglichen sollen.

Bielefelder Screening (BISC)

Das Bielefelder Screening (BISC) wurde 1999 von Jansen/Mannhaupt/Marx/Skowronek veröffentlicht und hat sich als das verbreitetste Früherkennungsverfahren durchgesetzt. Das BISC wird zu festgelegten Zeitpunkten im letzten Vorschuljahr durchgeführt (zehn und vier Monate vor der Einschulung) und untersucht folgende Fähigkeiten:

- Erkennung von Reimpaaren
- gleiche/ungleiche Wörter erkennen
- Unterteilung von Wörtern in Silben
- Laute in Wörtern erkennen
- Laute zu Wörtern verbinden
- Unsinnwörter nachsprechen
- Benennen von Farben und Objekten
- schnelles Benennen von Objekten

Das BISC versucht, die jenigen Kinder zu identifizieren, die als mögliche Risikokinder mit Entwicklungsdefiziten in den Schriftspracherwerb starten. Es liefert kein umfassendes und genaues Bild über die individuelle phonologische Bewusstheit, aber erste und wissenschaftlich gut gesicherte Hinweise auf generelle Entwicklungsrückstände und Förderbedürfnisse.

Rundgang durch Hörhausen

Mit einem weiteren Programm, dem „Rundgang durch Hörhausen" von Martschinke/Kirschhock/Frank (2002) kann die Entwicklung der phonologischen Bewusstheit am Ende der Vorschulzeit oder zu Beginn des ersten Schuljahres überprüft werden. Der „Rundgang durch Hörhausen" untersucht folgende Fähigkeiten:

- Unterteilung von Wörtern in Silben und Zusammensetzung von Wörtern aus Silben
- Reime erkennen
- Erkennung von Anfangs- und Endlauten
- Wörter aus Einzellauten zusammensetzen
- Vorwissen über Schrift: Namen schreiben, freies Schreiben von Wörtern
- Buchstabenkenntnis

Der „Rundgang durch Hörhausen" deckt die individuellen Voraussetzungen zum Schriftspracherwerb auf und gibt Hinweise für individuell bestehende Entwicklungsrückstände bei der phonologischen Bewusstheit. Durch den relativ späten Zeitpunkt der Durchführung bleibt den Erzieherinnen und Erziehern aber kaum noch Zeit, die hierbei erkennbaren Defizite durch Fördermaßnahmen aufzufangen. Insofern dient dieses Verfahren im Vorschulalter letztendlich vor allem dazu, den Erfolg der schon erfolgten Vorbereitungen auf das Lesen und Schreiben (vgl. Kap. 7.3.1) zu überprüfen.

Programme und Materialien zur Förderung der phonologischen Bewusstheit

In Deutschland wurden mehrere Förderprogramme und Materialien entwickelt, um im letzten Kitajahr die Basis für einen erfolgreichen Schriftspracherwerb zu legen. In manchen Bundesländern wurden einige der Programme verpflichtend eingeführt, an anderen Stellen machen Einrichtungsträger oder kommunale Behörden die Vorgaben, welche Programme anzuwenden sind, an wieder anderen Stellen wird die Initiative zur Einführung eines Förderprogramms von der jeweiligen Kindertagesstätte übernommen. Eine bundeseinheitliche Regelung existiert bislang nicht, obwohl einige der Programme wissenschaftlich abgesichert und erwiesenermaßen erfolgreich sind.

Gemeinsam ist allen Förderprogrammen, dass sie in Gruppen und nach einem festgelegten Trainingsplan durchgeführt werden. In der Regel werden sie für alle Kinder im entsprechenden Alter angeboten, unabhängig davon, ob Defizite in der phonologischen Bewusstheit bestehen oder nicht. Alle Programme betonen darüber hinaus, dass Kinder mit Sprachentwicklungsstörungen eine besondere Therapie benötigen und mit diesen Programmen nicht ausreichend gefördert werden können. Die Förderprogramme sind demnach kein Therapieersatz, sondern ein Angebot für alle Vorschulkinder. Einige der bekanntesten sollen hier kurz vorgestellt werden.

Würzburger Training

Das Würzburger Training wurde von Küspert/Schneider veröffentlicht (2003) und schließt sich an das BISC an: Es richtet sich vor allem an die Kinder, die im BISC auffällig geworden sind. Dabei werden tägliche Übungseinheiten von zehn Minuten Dauer über 20 Wochen durchgeführt, bei denen die phonologische Bewusstheit im weiteren und engeren Sinne gefördert wird. Dabei wird auf individuelle Fähigkeiten und Probleme Rücksicht genommen, sodass jedes Kind von dem Angebot profitieren kann. Das Programm erzielt sehr gute Erfolge und wurde in einigen Regionen verpflichtend eingeführt. Als Ergänzung gibt es das Programm „Hören-lauschen-lernen 2“ mit Spielen und Übungen, die die Vorschulkinder mit Buchstaben und Lauten vertraut machen (Plume/Schneider 2004).

Die positive Wirkung des Trainingsprogramms hängt eng mit der erforderlichen Schulung der Anwender zusammen, die nicht immer gegeben ist: Wenn die Übungen rein mechanisch abgespult werden, ohne deren Nutzen und Ziele zu kennen, können sie nicht auf die Bedürfnisse der einzelnen Kinder abgestimmt werden und der Erfolg ist fraglich. Problematisch ist bei einem zeitlich so genau strukturierten Programm sicherlich auch, dass bei Kindern, die längere Fehlzeiten haben, Trainingslücken entstehen, die bis zur Einschulung nicht mehr aufgefangen werden können.

„Ich bin Max“-Sprachförderprogramm

Das Programm von Otten/Ender/Stern (2018) bietet eine Fülle von Materialien, die im Kita-Alltag Spiel-Lern-Situationen schaffen, die für mehr- und einsprachige Kinder geeignet sind. Nach dem aus den Niederlanden bekannten Konzept der „language route“ werden die Kinder in Bezug auf Wortschatz, Gesprächs- und Dialogfähigkeit gefördert. Unterstützt wird die kindliche Sprachentwicklung durch Bilderbücher und Bildmaterialien, durch die Nutzung interaktiver Medien und durch gezielte Elternarbeit.

Kombinierte Sprachförderung KomBis

Das KomBis-Programm wurde 2010 von den Sprachtherapeutinnen Schmidt und Binz erstellt und in langjähriger Zusammenarbeit mit Kindertagesstätten erprobt. Es enthält Übungen und Spiele für ein komplettes Kitajahr und zur Förderung von Hörfähigkeiten und phonologischer Bewusstheit sowie zur Unterstützung der Wortschatz- und Grammatikentwicklung. Das Programm bereitet die Kinder intensiv auf den Schulbeginn vor.

Kon-Lab-Sprachförderung

Das von Penner (2009) veröffentlichte Programm enthält Anleitungen und Materialien zur Förderung der basalen Spracherwerbsmechanismen, der Wortschatzerweiterung und der grammatischen Regelerkennung. In spielerischer Weise werden den Kindern neue Begriffe und sprachliche Regeln vermittelt. So erweitern sowohl einsprachige als auch mehrsprachig aufwachsende Kinder ihr Repertoire. Im Programm enthalten sind zahlreiche Medien, Materialien, Spiele usw.

Sprache und Literacy von 0 bis 8 Jahren

Das Buch von Whitehead (2007) gibt einen fundierten Überblick über die Sprach- und Schriftsprachentwicklung von Anfang an und liefert viele wertvolle Hinweise auf früheste alltagsnahe Förderung von Spracherwerb und Lese-Rechtschreib-Entwicklung. Besonders im Vordergrund stehen Förderaktivitäten für mehrsprachige Kinder und die elementarpädagogische Vorbereitung auf das Lesen- und Schreibenlernen. Dabei wird viel Wert auf eine Umsetzung im ganz normalen Kita-Alltag gelegt. Der Einbezug der Eltern wird ebenso praxisnah beschrieben wie die optimalen Voraussetzungen für den Übergang in die Grundschule.

Aktivitäten zur Sprachförderung

Das von Iven 2016 veröffentliche Buch stellt kein Sprachförderprogramm dar, das z. B. für alle Kinder im letzten Kitajahr angeboten wird, sondern ermöglicht ausgehend von SISMIK und SELDAK (Ulich/Mair 2004/2006) eine individuelle Förderplanung für einzelne Kinder oder nach Förderzielen zusammengestellte Gruppen. Die vorhergehende Analyse des Förderbedarfs erlaubt so eine Planung, die den Bedürfnissen des einzelnen Kindes angepasst ist. Mit über 90 Spielvorschlägen werden alltagsnahe, einfach umzusetzende Aktivitäten beschrieben, durch die Kinder in den Bereichen Kommunikationssicherheit, Wortschatz, Grammatik, Aussprache, phonologische Bewusstheit und Mehrsprachigkeit gezielt gefördert werden können. Außerdem erhalten Erzieherinnen Informationen zu Beobachtungsverfahren, Förderprogrammen und zur Zusammenarbeit mit Eltern und Sprachtherapeuten.

Feststehende Programme haben immer den Nachteil, dass sie schlecht an individuelle Bedürfnisse angepasst werden können, die sich aus der unterschiedlichen Sprachbeherrschung, den verschiedenen Herkunftssprachen und vielen weiteren Bedingungen ergeben. Daher sind Erzieherinnen oft besser beraten, wenn sie auf Ideensammlungen, Anregungen und Förderkonzepte für mehrsprachige Kinder zurückgreifen, die eine sehr persönliche Zusammenstellung von Übungen für das einzelne Kind ermöglichen. Gute Quellen für Materialiensammlungen und Fördervorschläge finden sich in Büchern und im Internet, beispielsweise auf folgenden Seiten:

- Der Deutsche Bildungsserver enthält eine Fülle von Anregungen für den gesamten Bildungsbereich, wobei mit einer Suchmaske gezielte Fragestellungen beantwortet werden. Die Seiten zur Vorschulerziehung stellen konkrete Fördermöglichkeiten vor: www.bildungsserver.de.

- Der Kindergartenberater stellt auf seiner Homepage vielfältige Materialien zur Vorschulerziehung zur Verfügung, unter anderem auch für den Bereich der Förderung mehrsprachiger Kinder: www.kindergartenberater.de.

- Die Homepage des Bayerischen Staatsinstituts für Frühpädagogik bietet konkrete Bildungspläne für den Vorschulbereich und die Förderung von Migrantenkindern: www.ifp-bayern.de.

Aufgabe

Bilden Sie Arbeitsgruppen.

Machen Sie sich in jeder Gruppe mit jeweils einem der vorgestellten Förderprogramme vertraut.

Stellen Sie Beispiele für Übungen zusammen, die Sie Ihren Mitschülerinnen präsentieren können.

Diskutieren Sie Vor- und Nachteile der Übungen und Programme.

Lernsoftware für den Computer und Lernspiele

Neben den hier kurz vorgestellten Programmen gibt es eine Vielzahl von Lern- und Förderprogrammen in Form von Computersoftware und speziell entwickelten Lernspielen. Diese können sowohl zu Hause als auch in der Kita verwendet werden und bieten gute Unterstützungsmöglichkeiten und ergänzende Übungsanreize.
Unter anderem können folgende Programme sinnvoll eingesetzt werden:

Computerprogramme:

- „Hanno Hamster", Computertraining zum Würzburger Programm
- „Audiolog" Übungssammlung für Geräusch, Laut-, Silben- und Worterkennung (k2-Verlag)
- „Schlaumäuse" Hörmemory-App https://www.schlaumaeuse.de/Die_App/Software/1061_Der_Gutenberg.htm
- „Detektiv Langohr", Lernsoftware zur phonologischen Bewusstheit, trialogo-Verlag

Lernspiele, die die phonologische Bewusstheit fördern können, sind z. B.:

- „Papperlapapp" (HABA)
- „Silbenralley" (HABA)
- „Akustifix" (Prolog-Verlag)
- „Klatsch-Domino" (Prolog-Verlag)
- „DuoDiff 1 und 2" (Prolog-Verlag)

Grundsätzlich gilt für diese Lernspiele und -programme, dass sie nur ergänzend zu umfangreicheren Förderangeboten eingesetzt werden sollten und als alleinige Maßnahme sicherlich ihr Ziel verfehlen würden. Als Anreiz, um Übungen fortzusetzen, und als motivierende Zusatzangebote sind sie jedoch gut geeignet.

7.3.3 Sinn und Unsinn, Möglichkeiten und Grenzen einer Schriftsprach-Förderung durch phonologische Bewusstheit

Grundsätzlich hat sich die aktuelle Auseinandersetzung mit den sprachlichen Fähigkeiten, die Kinder für einen erfolgreichen Schriftspracherwerb mitbringen müssen, sicherlich in vielerlei Hinsicht positiv ausgewirkt:

- Es gibt neu entwickelte und wissenschaftlich abgesicherte Möglichkeiten zur Früherkennung von Defiziten der phonologischen Bewusstheit.
- Es wurden Trainingsprogramme entwickelt, die auf ohnehin im Kita-Alltag üblichen Spiel- und Kommunikationsformen beruhen und daher im Alltag gut umzusetzen sind.
- Die Rolle der Erzieherinnen wird dahin gehend gestärkt, dass ihre Kompetenz zu zielgerichteter Förderung anerkannt und positiv genutzt wird.
- Die meisten Kinder, die die Trainingsprogramme mitmachen, zeigen unmittelbar nach dem Training deutlich verbesserte Testwerte bei der phonologischen Bewusstheit. Die Programme fördern also genau das, was sie fördern möchten.

Trotz vieler guter Förderansätze schleichen sich einige kritische Stimmen in die ansonsten sehr positiv geprägte Diskussion: Langzeituntersuchungen, die die Kinder vom Beginn des letzten Kitajahres bis zum Ende des ersten Grundschuljahres beobachten, verdeutlichen, dass die alleinige Konzentration auf die Förderung der phonologischen Bewusstheit wahrscheinlich zu kurz greift:

Nicht alles, was vorschulisch zur Förderung unternommen wurde, führt hinterher auch zum gewünschten Erfolg.

- Eine gesteigerte phonologische Bewusstheit lässt sich zwar direkt nach der Durchführung des Förderprogramms nachweisen, aber wenige Monate danach, d.h. zu Schulbeginn, unterscheidet sich die phonologische Bewusstheit der trainierten Kinder nicht mehr von der der untrainierten Kinder. Diese haben diesen wichtigen Entwicklungsschritt also offensichtlich auch ohne Training geschafft.
- Das Training der phonologischen Bewusstheit hilft dabei, Lese- und Rechtschreib-Schwierigkeiten zu verhindern, ist aber kein Allheilmittel: Es wirkt sich nicht unbedingt in jedem Fall günstig auf den Schriftspracherwerb aus. Es gibt Kinder, die mit Defiziten in der phonologischen Bewusstheit in die Schule starten, dort aber rasch Fortschritte machen und einen ungestörten Schriftspracherwerb absolvieren. Diese Kinder zu trainieren, wäre also überflüssig
- Es gibt Kinder, die in einem Screening keine auffälligen Untersuchungsergebnisse zeigen, aber trotzdem Lese-Rechtschreib-Probleme entwickeln. Die Bedingungen und Abläufe des Schriftspracherwerbs sind individuell zu unterschiedlich, vielschichtig und mehrdimensional, um sie nur mit phonologischer Bewusstheit erklären oder gar überwinden zu wollen.

» Es gibt Kinder, die von einem Training der phonologischen Bewusstheit überhaupt nicht profitieren können, nämlich solche, denen aufgrund einer umfassenden Sprachentwicklungsstörung die Voraussetzungen fehlen, die Angebote des Trainings überhaupt verarbeiten zu können. Vor allem Kinder mit grammatischen Störungen, bei denen ein grundlegendes Sprachlernproblem vermutet werden kann, sind mit den vorhandenen Trainingsprogrammen überfordert und benötigen statt eines wenig differenzierten Trainings eher spezielle therapeutische Hilfe.

» Die Trainingsprogramme sind so entworfen worden, dass sie nur nach intensiver vorheriger Schulung der Erzieherinnen angewandt werden sollen. Dadurch soll sichergestellt werden, dass die Anwender genau wissen, welche Spiele und Übungen sie für welches Kind bzw. welche Gruppe auswählen können. Wenn diese Schulungen nicht stattfinden, kann eine Anpassung an die individuellen Voraussetzungen und Trainingsbedürfnisse der Kinder nicht erfolgen, sodass viele Übungen ins Leere laufen und andere, die nötig wären, nicht zur Anwendung kommen.

Diese kritischen Stellungnahmen sollen den Wert einer frühzeitigen Förderung nicht schmälern, aber darauf hinweisen, dass

- die Förderung der phonologischen Bewusstheit nicht ohne gezielte Vorbereitung der Anwender geschehen sollte,
- sie bei sprachentwicklungsgestörten Kindern keine Therapie ersetzen kann und
- sie kein Allheilmittel zur Verhinderung aller Lese-Rechtschreib-Störungen darstellt.

Bei professionellem Umgang mit den Möglichkeiten und Grenzen der Fördermaßnahmen sollte es aber möglich sein, dass viele Kinder von den Trainingsprogrammen für ihren Schriftspracherwerb profitieren können.

8 Sprachförderung als Teil des Elternarbeitskonzepts

In diesem Kapitel werden Kompetenzen erworben:

- Kenntnisse über die Prävention von Sprachentwicklungsstörungen
- Kenntnisse über die Rolle der Eltern bei der Prävention von Sprachentwicklungsstörungen
- Fähigkeiten zur gezielten Informationsvermittlung an Eltern
- Kompetenzen zur Vorbereitung und Durchführung von Elternprojekten

Die Inhalte dieses Kapitels sind den **Lernfeldern 3 und 4** zuzuordnen. Im Mittelpunkt stehen Konzepte und Methoden zum Einbezug der Eltern in die frühe Sprachförderung.

8.1 Sprachentwicklung und Elternarbeit

Lernsituation zum Einstieg in das Thema

Die Elternarbeit ist ein fester Bestandteil der Konzeption von sozialpädagogischen Einrichtungen, wird aber sehr unterschiedlich verstanden und umgesetzt. Auf Sprache und Sprachförderung bezogen richtet sich Elternarbeit vor allem darauf, den Eltern den Stellenwert der häuslichen Sprachumgebung zu verdeutlichen und ihnen Wege zur Sprachförderung aufzuzeigen. Die (Vor-)Urteile, die über die Sprachkompetenzen und Kommunikationsweisen von Eltern herrschen, bestimmen dabei die Ziele, Inhalte und Vorgehensweisen der Elternarbeit. Welches Bild haben wir von den Sprachfördermöglichkeiten und -aktivitäten der Eltern? Welche Defizite sehen wir, welche können wir ausgleichen und welche nicht?

Aufgabe

Bitte denken Sie mit den folgenden Aufgaben über Ihre Haltung gegenüber den Eltern im Sprachförderprozess nach. Welche Meinung haben Sie zu folgenden Aussagen?

„Wenn Kinder nicht gut genug sprechen können, liegt das daran, dass die Eltern mit ihnen zu Hause nicht genug reden."

„Heutzutage setzen die Eltern die Kinder doch nur noch vor den Fernseher."

„Eltern, die nicht richtig Deutsch können, können ihren Kindern nicht beim Sprechenlernen helfen."

„In manchen Familien reden alle so wild durcheinander, dass das Kind nicht zu Wort kommen kann."

„Was die Eltern nicht schaffen, sollen wir jetzt aufholen."

„Ich wünsche mir, dass sich die Eltern nicht in die Sprachförderung in der Kita einmischen."

„Die Mütter meinen immer, dass sie besser wissen, was sprachlich für ihr Kind gut ist, als wir Profis."

„Manche Kinder werden zu Hause so verwöhnt, dass sie gar nicht sprechen müssen."

„Wir brauchen bei der Sprachförderung dringend die Hilfe der Eltern, damit zu Hause fortgesetzt wird, was wir hier anstoßen."

„Manche Mütter reden so viel, dass ihre Kinder gar nicht sprechen lernen können."

Im Zusatzmaterial finden Sie ein Arbeitsblatt zur Bearbeitung dieser Aufgabe. Schreiben Sie dort Ihre Meinung zu den Aussagen auf.

Überlegen Sie, welche Auswirkungen Ihre Meinung auf Ihr Vorgehen in der Elternarbeit hat. Wie und worüber werden Sie die Eltern informieren, wie werden Sie sie in Ihr Sprachförderkonzept einbeziehen? Auch hierzu finden Sie ein Arbeitsblatt im Zusatzmaterial.

Web

Die Meinung, die wir von den Fähigkeiten anderer Menschen haben, prägen unsere Erwartungshaltungen und unsere Vorgehensweisen. Die Meinung, die wir darüber haben, was Eltern (sprachlich) können oder nicht, wirkt sich auf unsere Vorstellungen von Elternmitarbeit aus. Inwiefern können Eltern uns bei unserer institutionellen Sprachförderung unterstützen und wie können wir ihnen bei ihrer häuslichen Sprachförderung helfen?

Aufgabe

Bilden Sie zwei Gruppen und diskutieren Sie jeweils eine der unten aufgeführten Fragen. Notieren Sie Ihre Diskussionsergebnisse auf einem Plakat, das Sie der anderen Gruppe vorstellen können.

1. *Welche Unterstützung für den Spracherwerb wünschen Sie sich von den Eltern?*
2. *Welche Erwartungen bezüglich der Sprachförderung haben Eltern an Sie bzw. an die Kita?*

Diskutieren Sie, welche Erwartungen sich gleichen, welche voneinander abweichen und welche sich für die Kooperation von Eltern und Erzieherinnen als problematisch erweisen können.

Im Alltag sieht der Einbezug von Eltern in die Sprachförderarbeit sehr unterschiedlich aus. Je nachdem, für wie wertvoll die Elternbeteiligung gehalten wird, wird den Eltern mehr oder weniger an Mitsprache eingeräumt.

Aufgabe

Bilden Sie Arbeitsgruppen von vier bis fünf Teilnehmerinnen und suchen Sie Informationen zur Realität der Elternmitarbeit bei der Sprachförderung:

Wie werden die Eltern in die Planungen und Vorgehensweisen der Sprachförderung eingebunden?

Wie werden Eltern über Sprachentwicklung und Sprachförderung allgemein informiert?

Haben Eltern ein Mitspracherecht darüber, welches Kind wie gefördert wird?

Was passiert in Ihrer Einrichtung, wenn bei einem Kind eine gravierende Sprachstörung auffällt, die nicht mit Förderung allein behoben werden kann?

Im Zusatzmaterial im Internet finden Sie einen Arbeitsbogen für diese Informationssuche.

Web

8.1.1 Elternmitarbeit bei der Prävention von Sprachentwicklungsstörungen

Der Begriff „Prävention“ stammt vom lateinischen Wort „praevenire“ ab, welches „zuvorkommen“ bedeutet. Im alltäglichen Sprachgebrauch hat sich diese zunächst einmal wertfreie Bedeutung, die sich auf ein vorab stattfindendes Handeln bezieht, mit dem Begriff der Prophylaxe vermischt, der aus dem Griechischen stammt und „bewahren, schützen“ meint. Beide Begriffe werden allgemein und von Fachleuten oft gleichbedeutend benutzt, beispielsweise in der Medizin im Sinne von Verhütung oder Vorbeugung von Krankheiten, in der Rechtswissenschaft im Sinne der Verhütung oder Vorbeugung von strafbarem Verhalten oder in der Sozialwissenschaft als Verhütung oder Vorbeugung von sozial abweichendem Verhalten.

Unabhängig von der Fachrichtung, die den Begriff „Prävention“ verwendet, werden übergreifend mit Prävention all diejenigen Maßnahmen bezeichnet, die notwendig sind und ergriffen werden, um mögliche Abweichungen von der gesellschaftlich definierten Norm zu verhindern beziehungsweise die Risiken für eine solche Abweichung zu vermindern.

Allgemein werden die Maßnahmen der Prävention in drei Gruppen eingeteilt:

Präventionsformen im medizinischen Kontext

Auf das Feld der Sprachtherapie übertragen zeigt sich, dass es kaum Möglichkeiten der primären Prävention gibt: Weder kann man gegen Sprachstörungen impfen, noch sind sie mit Aufklärungskampagnen zu verhindern.

■ ***Allgemeine Sprachfördermaßnahmen, Elterninformationsabende, Elternkurse und Fortbildungsmaßnahmen für Erzieherinnen, Kinderärzte oder andere Fachberufsgruppen, die mit Kindern zu tun haben, können nicht verhindern, dass Sprachstörungen auftreten.***

Das liegt darin begründet, dass Sprachentwicklungsstörungen nicht durch mangelnde Sprachanregung verursacht werden und daher auch nicht mit allgemeinen Sprachförderangeboten, wie sie in Kapitel 5 beschrieben werden, behebbar sind. Auch Programme zur Verbesserung der Deutschkenntnisse von ausländischen Kindern zählen streng genommen nicht zur primären Prävention: Bei ausländischen Kindern ist das „Problem" der Mehrsprachigkeit ja schon vorhanden, also nicht mehr der primären Prävention zugänglich. Programme zur Vorbereitung auf den Schriftspracherwerb (s. Kap. 7) sind allerdings in den Kontext primärer Prävention einzuordnen, wenn sie ohne Bestimmung eines individuellen Förderbedarfs in einer ganzen Jahrgangsgruppe angeboten werden. Da hier nicht auf bereits erkannte bestehende Probleme eingegangen wird, sondern alle Kinder die gleichen Förderangebote bekommen (egal, ob sie sie brauchen oder nicht), wird hier der Präventionsgedanke noch am ehesten verwirklicht.

Die Maßnahmen der Sprachförderung, wie sie vor allem in Kapitel 5 und 6 beschrieben wurden, können jedoch in die Bereiche der sekundären und tertiären Prävention eingeordnet werden, und hier ist die Zusammenarbeit mit den Eltern besonders wichtig: Durch die Beobachtung des Sprachstands und der Sprachentwicklung in der Kindertageseinrichtung können abweichende Prozesse frühzeitig erkannt werden (sekundäre Prävention) und es können in Kooperation mit Sprachtherapeuten und verordnenden Ärzten die entsprechenden Maßnahmen ergriffen werden, um frühzeitig therapeutische Hilfen anzubieten (tertiäre Prävention).

■ ***Durch die frühzeitige professionelle Zusammenarbeit von Sprachförderung in der Einrichtung und im Elternhaus und von Sprachtherapie durch Fachleute können Sprachstörungen wirkungsvoll behandelt und Folgeproblematiken so gering wie möglich gehalten werden.***

Sprachförderung in der Kita hilft bei der Vorbeugung von Sprachlernproblemen, ist aber auf Elternmitarbeit angewiesen.

Vor allem, wenn Sprachentwicklungsstörungen vorliegen, bieten die Sprachfördermöglichkeiten der Kindertageseinrichtung einen hervorragenden Unterstützungsrahmen für therapeutische Prozesse. In Absprache mit der behandelnden Sprachtherapeutin können im Alltag der Kindertagesstätte vielfältige und individuelle Förderangebote durchgeführt werden. Selbstverständlich haben auch die Eltern reichhaltige Möglichkeiten, die Sprachentwicklung ihrer Kinder zu unterstützen.

Eine gute Kooperation mit den Eltern ist aber auch bei der allgemeinen Sprachförderung erwünscht, damit die in der Tageseinrichtung angebotenen Fördermaßnahmen nicht wirkungslos bleiben, sondern zu Hause aufgegriffen und fortgeführt werden. Das heißt, auch wenn keine Sprachstörungen auftreten, ist eine Zusammenarbeit mit den Eltern im Bereich der Sprachförderung sinnvoll, damit Eltern und Erziehrinnen mit dem Ziel der bestmöglichen Sprachentwicklung an einem Strang ziehen.

8.1.2 Elternmitarbeit in der Sprachförderung

Eltern machen bezüglich der Beratung und Kooperation in Kindertageseinrichtungen durchaus unterschiedliche Erfahrungen, und nicht immer fühlen sich Eltern vom Informationsfluss gut versorgt.

Beispiele

„Also die haben mir ab und zu mal ein Blatt mitgegeben, da waren Übungen drauf, die ich zu Hause machen sollte. Da hab ich mir gedacht, dass die im Kindergarten wohl so was auch machen." (Mutter von Paul, fünf Jahre alt)

„Was da an Sprachförderung läuft, hab ich gar nicht gewusst, bis ich mal ganz direkt danach gefragt habe. Und dann haben sie mir nur wenig sagen können, dass sie halt viel vorlesen und so." (Mutter von Elisabeth, fünf Jahre alt)

„Als ich wissen wollte, ob das normal ist mit der Aussprache von Till, hat die Erzieherin gesagt, dass das schon alles noch kommen würde, er wäre ja jetzt mit gleichaltrigen Kindern zusammen und die wären ja ein gutes Vorbild. Als es nach einem halben Jahr mit dem Sprechen immer noch nicht besser war, habe ich noch mal gefragt, aber da wurde wieder gesagt, das kommt schon noch. Ich mag aber eigentlich nicht mehr abwarten, was sich von allein entwickelt, sondern möchte wissen, was ich tun kann." (Mutter von Till, viereinhalb Jahre alt)

Aufgaben

1. *Versetzen Sie sich in die Rolle der Mütter aus den obigen Beispielen:*
   Was wünschen sich die Mütter an Informationen?
   Was wünschen sie sich an Sprachförderung?
   Was wünschen sie sich an Kooperation?
2. *Vergleichen Sie die Elternbedürfnisse mit Ihren Ergebnissen zur zweiten Lernsituationsaufgabe am Beginn dieses Kapitels: Geht die befragte Einrichtung angemessen mit Elterninformationsbedürfnissen um und bezieht sie die Eltern in Entscheidungsprozesse mit ein?*

Für eine gute Zusammenarbeit mit Eltern gelten einige Prinzipien, die es den Eltern leichter machen, sich zu beteiligen:

- Grundlage für gute Zusammenarbeit ist es, dass Eltern als Förderpartner wertgeschätzt und ihre Mitarbeit als wertvoll betrachtet wird. Das zeigt sich u. a. an den übergreifenden Elterninformations- und Kooperationsangeboten der Kita.
- Möchte man, dass Eltern an der eigenen Förderkonzeption aktiv teilnehmen und diese durch häusliche Mitarbeit unterstützen, müssen sie dies zuerst einmal wissen. Sie müssen also gut informiert darüber sein, was die Einrichtung an grundsätzlichen Förderzielen verfolgt und wie diese gerade konkret umgesetzt werden.
- Je mehr Informationen die Eltern über Fördermaßnahmen haben und je besser sie diese auf ihr Kind und ihre häuslichen Fördermöglichkeiten übertragen können, umso größer ist die Kooperationsbereitschaft.

Darüber hinaus gilt, dass es wenig Zweck hat, den Eltern programmatische Anweisungen für ihr häusliches Handeln zu geben. Die Aufforderung, mehr mit den Kindern zu lesen, scheitert unter Umständen an der eigenen Lesekompetenz der Eltern, an mangelnder Zeit, an störenden und konkurrierenden Geschwistern oder fehlendem Lesematerial. Dafür können solche Eltern aber eventuell andere Unterstützungsformen umsetzen, wie z. B. Spiele mit guten sprachlichen Modellen spielen, eine lesekompetente Person einladen, mit ihren Kindern ein Bilderbuch ohne Text anschauen oder Ähnliches. Rezepte darüber, was unbedingt zu tun ist, treffen oft nicht die Lebenswelt von Kindern und Eltern und werden deshalb nicht umgesetzt. Ein erster Schritt in die Kooperation mit Eltern ist also zunächst einmal die Information der Erzieherinnen darüber, was den Eltern überhaupt möglich ist.

Grundsätzlich sind die Eltern Experten für die (Sprach-)Entwicklung ihrer Kinder. Sie wissen gut, wie die bisherigen Entwicklungsschritte verlaufen sind und können Stärken, Schwächen, Vorlieben und Abneigungen ihres Kindes gut einschätzen. Außerdem sind Eltern Experten für ihre Alltagsgestaltung, d. h., sie wissen besser als andere, wie viel Zeit ihnen zur Verfügung steht, wann sie in Stress geraten, wann Ruhephasen für Übungen vorhanden sind, wie sie ihr Kind unterstützen können und wo ihre Grenzen liegen. Eine vertrauensvolle und offene Zusammenarbeit bezieht dieses Expertenwissen der Eltern bei der Planung von Fördermaßnahmen mit ein.

Für die Elternmitarbeit bei Sprachförderangeboten heißt das:

- Eltern müssen gut und umfassend über das Sprachförderkonzept der Einrichtung informiert sein und nachfragen dürfen, wenn ihnen etwas nicht klar ist.
- Sie müssen wissen, was genau mit ihrem Kind gemacht wird und warum das geschieht.
- Sie sollten die Möglichkeit für Fragen und Anregungen haben, um die Besonderheiten ihres Kindes berücksichtigt zu sehen.
- Kritische oder desinteressiert wirkende Haltungen sollten in Einzelgesprächen aufgegriffen werden, um die Gründe der Kritik oder des fehlenden Interesses zu ermitteln und herauszufinden, in welchem Rahmen Mitarbeit trotzdem möglich ist.
- Eltern sollten Gelegenheit zum Informationsaustausch bekommen, bei denen sie ihre eigenen Fördermaßnahmen vorstellen und miteinander besprechen können.

Werden diese Grundhaltungen nicht umgesetzt, fühlen Eltern sich oft uninformiert, zu wenig einbezogen und in ihrer individuellen Lebenswelt nicht ausreichend berücksichtigt. Diese Gefühle führen oft zu Widerständen und mangelnder Kooperationsbereitschaft, die wiederum von Erzieherinnen als abwehrende, nicht wertschätzende Haltung gegenüber den Förderangeboten interpretiert werden. Hier entsteht also ein Teufelskreis aus gegenseitigen Vorwürfen, die jeweils andere Seite hätte zu wenig Interesse an der eigenen Sichtweise. Vorbeugen lässt sich solchen Mechanismen nur durch offene Information und viel Transparenz.

Aufgabe

Schauen Sie sich Ihre Bewertungen von Aussagen über Eltern (Aufgabe 1 aus der Lernsituation) noch einmal an und überlegen Sie, ob manche Aussagen zu Elternsichtweisen jetzt anders bewertet werden können/sollten.

Die Elternmitarbeit bei der Sprachförderung konzentriert sich selbstverständlich auf solche Förderangebote, die im häuslichen Umfeld umsetzbar sind. Je nach Altersgruppe, Förderzielen, Lernvoraussetzungen der Kinder und häuslichen Bedingungen werden die Schwerpunkte unterschiedlich gesetzt. Einige übergreifende Themen der Sprachförderung sind in der Elternarbeit jedoch von besonderer Bedeutung:

Frühe Unterstützung des Spracherwerbs

Um Eltern bei der Förderung des Spracherwerbs in den ersten Lebensjahren zu unterstützen, können ihnen Informationen zu folgenden Themenkreisen weiterhelfen:

- vorsprachliche Entwicklung
- kindgerichtete Sprache und andere förderliche Sprachstile (stützende Sprache, lehrende Sprache, vgl. Kap. 3)
- Schritte der Sprachentwicklung im zweiten und dritten Lebensjahr
- Meilensteine des Spracherwerbs als Maßstab für erwartungsgerechte Entwicklung

Aufgabe

Stellen Sie aus Bibliotheken oder eigenen Materialien eine Sammlung von Bilderbüchern, Spielen, Kinderliedern, Versen usw. zusammen, mit denen Sie Eltern Beispiele für Fördermaßnahmen zeigen können.

Generelle Sprachfördermöglichkeiten

Eltern wünschen sich oft Anregungen, wie sie ihre Kinder nach dem begonnenen Spracherwerb möglichst gut weiterfördern können. Mitunter sind es auch die Erzieherinnen, die sich wünschen, dass weiterhin und intensiver gefördert wird, als dies im häuslichen Umfeld geschieht. In diesen Fällen sollten folgende Informationsbereiche aufgegriffen werden:

- Entwicklung von Kommunikationsfreude und Mitteilungsbereitschaft
- Sprachförderprinzip des korrektiven Feedbacks
- gezielte Anregung der Wortschatzentwicklung
- Förderung von grammatischer Regelerkennung
- Förderung von Mundmotorik und Lautbildung
- Informationen über den Verlauf der Sprachentwicklung: Wann muss ein Kind was können?

Aufgabe

Recherchieren Sie erneut in Kapitel 5 und stellen Sie eine Übungssammlung zusammen, die zu jedem oben genannten Bereich ein Beispiel enthält, das den Eltern den Sinn und das Vorgehen der Sprachförderung erläutert.

Vorbereitung auf den Schriftspracherwerb

Im letzten Kitajahr sollen Kinder von den Eltern und Erzieherinnen auf die Schule und das Lesen- und Schreibenlernen vorbereitet werden. In dieser Zeit sind für Eltern folgende Informationen wichtig:

- Voraussetzungen für den Schriftspracherwerb: Fähigkeiten, die schon im Kita-Alter erworben werden
- Verlauf und Entwicklungsphasen des Schriftspracherwerb vor und nach der Einschulung
- Förderung von Vorausläuferfähigkeiten, besonders der phonologischen Bewusstheit
- Früherkennung von Schriftspracherwerbsproblemen und Förderprogramme

Aufgabe

Recherchieren Sie erneut in Kapitel 3 und stellen Sie eine Übungssammlung zusammen, die zu jedem oben genannten Bereich ein Beispiel enthält, das den Eltern den Sinn und das Vorgehen der Sprachförderung erläutert.

Vorbereitung auf die Schule bei mehrsprachigen Kindern

Zugewanderte Eltern sind oft sehr besorgt darüber, ob ihr Kind den Übergang in die Schule schaffen kann, und verlagern manchmal viel Verantwortung auf die Sprachförderung in der Kindertageseinrichtung. Hier ist eine sensible Information über Fördermöglichkeiten und deren Grenzen in der Einrichtung nötig, aber auch klare Informationen darüber, wie die Kinder zu Hause unterstützt werden können. Folgende Themen müssen dazu einfach und verständlich aufbereitet werden:

- günstige und ungünstige Voraussetzungen für Mehrsprachigkeit
- Bedeutung der Muttersprache als wichtiges Fundament der Zweitsprache
- Unterstützung, Wertschätzung und Förderung muttersprachlicher Kompetenzen
- Sprachförderung in der Einrichtung
- Sprachförderung durch die Eltern oder weitere Familienangehörige

Aufgabe

Recherchieren Sie erneut in Kapitel 6 und stellen Sie eine Übungssammlung zusammen, die zu jedem oben genannten Bereich ein Beispiel enthält, das den Eltern den Sinn und das Vorgehen der Sprachförderung erläutert.

Umgang mit Sprachstörungen und Sprachtherapie

Wenn Kinder Sprachstörungen entwickeln, sind Eltern und Erzieherinnen oft verunsichert darüber, ob diese tatsächlich ein therapiebedürftiges Problem darstellen, ob eine normale Entwicklung noch zu erwarten ist, ob die Entwicklung nur verlangsamt, aber nicht abweichend verläuft und ab wann man einen Spezialisten (Sprachtherapeutin, Fachärztin) einschalten sollte. Um diesen Verunsicherungen vorzubeugen, sollten in Gesprächen oder Informationsveranstaltungen folgende Themen besprochen werden:

- Formen von Sprachentwicklungsstörungen: Aussprachestörungen, grammatische Störungen, Wortschatzstörungen, Stottern und Poltern
- Ursachen von Sprachentwicklungsstörungen
- Zusammenhänge mit anderen Behinderungsformen, vor allem Hörstörungen
- Früherkennungsmöglichkeiten und Risikofaktoren
- Wege zur Sprachtherapie und zur spezialisierten Diagnostik

Aufgabe

Recherchieren Sie in Kapitel 9 und stellen Sie eine Übungssammlung zusammen, die zu jedem oben genannten Bereich ein Beispiel enthält, das den Eltern den Sinn und das Vorgehen der Sprachförderung erläutert.

Informationen zu Fördermaßnahmen aus diesen Themenkreisen finden Sie in den Kapiteln 3, 5, 6 und 7. Weitere Anregungen zur Umsetzung dieser Informationen bekommen Sie in Kapitel 9.

Aufgabe

Lesen Sie folgende Beispiele durch und überlegen Sie, wie Sie professionell antworten könnten.

1. *Die Mutter der vierjährigen Julia kommt zu Ihnen und sagt, dass sie nun schon von mehreren Seiten gehört habe, dass ihr Kind lispelt. Sie fragt: „Soll ich denn nun eine Therapie anfangen oder nicht?“*
2. *Die spanische Mutter von Domingo (fünf Jahre alt) möchte, dass ihr Sohn besonders gefördert wird. Sie sagt: „Er muss noch so viel aufholen, Sie müssen ihm die Wörter beibringen.“*
3. *Der Vater von Kai (fünfeinhalb Jahre alt) beschwert sich über die Sprachförderung in Ihrer Einrichtung, die regelmäßig allen Vorschulkindern angeboten wird und seit sechs Wochen stattfindet: „In einer anderen Kita machen die Kinder schon viel mehr mit Buchstaben und Wörtern. Der Junge muss doch auf die Schule vorbereitet werden!“*

4. *Die Eltern von Sarah, die eine in der Kita noch auffällige Sprachentwicklungsstörung hat, nehmen seit etwa einem Jahr an der Sprachtherapie teil. Nun fragen sie: „Wir finden, es ist schon viel besser geworden. Zu Hause spricht Sarah sehr gut. Sie finden doch auch, dass wir die Therapie beenden können, oder?"*

8.2 Projektidee zur Elterninformation und Elternarbeit

Da die Elternmitarbeit in der Sprachförderung im Praxisalltag der Kindertageseinrichtungen manchmal als problematisch eingestuft wird, soll die folgende Projektanregung dazu beitragen, die Angst vor der Elternarbeit zu verringern und praktikable Handlungsschritte zu entwerfen. Das Projekt soll es Ihnen erleichtern, Elterninformationen zielgruppengenau aufzubereiten, damit Sie Sprachförderprojekte konkret planen, umsetzen und bewerten können.

Projektidee „Elterninformationsveranstaltung zur Sprachförderung im Alltag"

Mehrere Gruppen von Schülerinnen entwickeln Elternabende zu verschiedenen Themen, z. B.

- Spracherwerb,
- Sprachförderung zu Hause,
- Sprachförderung bei Mehrsprachigkeit,
- Vorbereitung auf das Lesen und Schreiben.

Die Schülerinnen recherchieren selbstständig die benötigten Informationen und erstellen Informationsmaterial in Form von Plakaten, Folien, Handzetteln, Spielen, Liedern, Kinderversen usw. (s. Kap. 8.1.2). Die Eltern sollen praxisorientiert in die Möglichkeiten der Sprachförderung eingeführt werden.
Die Eltern werden eingeladen, die Schülerinnen und Schüler bereiten den Abend vor und organisieren alles Nötige.
Beim Elternabend sollten die Eltern Fragen stellen, sich mit geeigneten Materialien vertraut machen, Methoden der Förderung ausprobieren und eigene Ideen einbringen können.
Die Elternabende sollten ausgewertet werden, indem die Eltern eine Einschätzung der erhaltenen Information abgeben: Werden sie die Ideen im Alltag umsetzen können? Wenn ja, wann und wie? Wenn nein, woran scheitert es?

9 Professionell handeln bei Sprach(entwicklungs)störungen

In diesem Kapitel werden folgende Kompetenzen erworben:

- Grundwissen über Ursachen und Erscheinungsbilder von Sprachentwicklungsstörungen
- Interdisziplinäre Zusammenarbeit bei der Sprachförderung
- Kenntnisse über Sprach- und Kommunikationsstörungen bei komplexen Behinderungen
- Sprachförderung bei Kindern mit Behinderung in integrativen Einrichtungen

Die Lerninhalte dieses Kapitels sind dem **Lernfeld 4** zuzuordnen.
Im Mittelpunkt stehen Fähigkeiten zur Erkennung abweichender Entwicklungsprozesse und zur professionellen Zusammenarbeit mit therapeutischen Fachleuten.

9.1 Sprach-, Sprech- und Kommunikationsstörungen: Begriffsbestimmung

Bislang hat sich dieses Buch mit den Möglichkeiten der Sprachförderung bei gesunden und normal entwickelten Kindern beschäftigt. In diesem Kapitel werden ergänzend die Aspekte der Sprachentwicklungsstörungen dargestellt, die bei Kindern in pädagogischen Einrichtungen auftreten können.

Lernsituation zum Einstieg in das Thema

Sprach-, Sprech- und Kommunikationsstörungen können sowohl als Einzelphänomene als auch im Zusammenhang mit komplexen Behinderungen auftreten. Von einer Sprachbehinderung spricht man, wenn dem/der Betroffenen der Gebrauch der Verbalsprache nicht erwartungsgemäß möglich ist. Diese Unfähigkeit kann alle sprachlichen Fähigkeiten betreffen, d. h. das Sprechen, Verstehen, Schreiben und Lesen von Sprache.

Selbsterfahrungsübungen zur Einstimmung:

1. *Stellen Sie sich vor, Sie haben durch einen Unfall die Kontrolle über Ihre Mundmotorik verloren. Um dies zu simulieren, nehmen Sie bitte einen Korken zwischen die Zähne, sodass er die Zungen- und Kieferbeweglichkeit behindert. Versuchen Sie nun, Ihren Mitschülerinnen zu erklären, was Sie gestern Nachmittag zwischen 16 und 18 Uhr getan haben. Geben Sie möglichst viele Informationen.*

   Reflexion:
   Aus Sicht der Sprecherin: Fassen Sie nach der Übung zusammen, wie Sie sich gefühlt haben (körperlich, emotional, kommunikativ) und wie Sie die Reaktionen Ihrer Mitspieler erlebt haben. Wie würden Sie sich fühlen, wenn Sie immer so sprechen würden?
   Aus Sicht der Mitspieler: Was hat die Kommunikation behindert? Wie viel haben Sie verstanden, was war schwierig zu verstehen? Wie haben Sie versucht, der Sprecherin zu helfen? Wie würden Sie sich fühlen, wenn ein enger Familienangehöriger immer so sprechen würde?
   Web *Ein Reflexionsbogen zu diesem Rollenspiel befindet sich im Zusatzmaterial im Internet.*

2. *Die Gruppe schickt eine Spielerin vor die Tür und denkt sich in deren Abwesenheit für einen bekannten Gegenstand einen Fantasienamen aus (z. B. „Silunder" für Schlüssel) und beschreibt dessen Verwendung mit Fantasiebegriffen („Mit dem Silunder wird das Prodaubel aufgeklungt. Zuklungen kann man damit aber auch."). Bitte einigen Sie sich vorher auf die zentralen Fantasiebegriffe, evtl. hilft Aufschreiben beim Merken. Nun holen Sie Ihre Mitspielerin wieder herein und beschreiben Sie Ihren Gegenstand. Die Mitspielerin soll durch Fragen herausbekommen, welcher Gegenstand gemeint ist.*

Reflexion:
Aus Sicht der Gruppenmitglieder: Wie schwer oder leicht war es, mit dem neuen Wortmaterial umzugehen? Wie konnten Sie der Raterin helfen?
Aus Sicht der Mitspielerin: Was haben Sie getan, um den Gegenstand herauszufinden? Wie haben Sie sich gefühlt, als Sie die Begriffe nicht erkannten?

9.1.1 Begriffsbestimmungen

Sprach-, Sprech- und Kommunikationsstörungen liegen dann vor, wenn die Regeln der Sprache nicht ausreichend gut beherrscht werden, wenn das feine Zusammenspiel der am Sprechen beteiligten Organsysteme nicht ausreichend gut gelingt oder wenn die Kommunikationsfähigkeit eingeschränkt ist. Diese sehr allgemeine Beschreibung muss allerdings durch weitere Ergänzungen vervollständigt werden.

Eine gebräuchliche Beschreibung besagt, dass eine Sprach-, Sprech- und Kommunikationsstörung dann vorliegt, wenn der betroffenen Person der verbal- oder schriftsprachliche Gebrauch der Muttersprache nicht alters- oder erwartungsgemäß gelingt. In Kapitel 1 und 2 wurde deutlich, dass hierbei Sprache und Sprechen als zwei verschiedene Systeme gelten, die getrennt voneinander betrachtet werden können.

Entsprechend lassen sich auch die Störungsphänomene grob in drei Ebenen der Beeinträchtigung einteilen:

Sprachstörungen betreffen das Sprachregelsystem, jedoch nicht das Sprechvermögen bzw. den Sprechablauf. Betroffene Personen beherrschen ihre Sprechwerkzeuge und können sprechen, beachten dabei jedoch nicht die Regeln der Grammatik, der Semantik oder der Pragmatik. Sprachstörungen finden sich z. B. bei Kindern mit Sprachentwicklungsstörungen, bei Patienten mit einer Aphasie nach Schlaganfall oder bei Menschen mit einer geistigen Behinderung. Diesen Personen gelingt es nicht ausreichend, die grammatischen und semantischen Regeln der Sprache zu erlernen bzw. anzuwenden.

Sprechstörungen betreffen die Sprechabläufe selbst, d. h., die zur Lautbildung notwendige Sprechbewegung gelingt nicht erwartungsgemäß. Die betroffenen Personen wissen, was sie sagen möchten, können dies jedoch nicht in die regelgerechten Artikulationsmuster umsetzen. Solche Störungen finden sich bei aussprachegestörten Kindern, die z. B. lispeln, aber auch bei Menschen mit Cerebralparesen (hirnorganischen Lähmungen) und anderen Lähmungserscheinungen, oder bei organischen Störungen im Mund- oder Halsbereich (z. B. bei einer Lippen-Kiefer-Gaumen-Spalte oder nach einer Kehlkopfoperation).

Kommunikationsstörungen sind die Folge von Sprach- und/oder Sprechstörungen: Wenn hier Abweichungen von der Alters- oder Erwartungsnorm auftreten, fallen sie in der Kommunikation als störend auf: Die Sprecher werden inhaltlich oder akustisch nicht verstanden. Es entstehen Missverständnis- und Irritationssituationen. Die Dialoggestaltung ist beeinträchtigt und oft kommt es zum Abbruch der Kommunikation. Von den Kommunikationsstörungen sind immer sowohl Sprecher als auch Kommunikationspartner betroffen.

Aufgaben

1. *Beobachten Sie einen Menschen mit Sprach-, Sprech- oder Kommunikationsstörungen bei seinen Kommunikationsversuchen. Das kann ein Kind mit einer geistigen oder körperlichen Behinderung sein oder ein Kind mit einer Sprachentwicklungsstörung. Notieren Sie, welche Kommunikationshemmnisse auftreten.*
2. *Welche davon gehen vom Menschen mit Behinderung aus, welche verursacht der Kommunikationspartner?*
3. *Wie versuchen beide Partner, diese Kommunikationsschwierigkeiten zu überwinden?*

   Ein Beobachtungsbogen befindet sich im Zusatzmaterial.

Web

Durch Sprach- und Sprechstörungen kommt es zu Kommunikationsbeeinträchtigungen und in deren Folge zu Einschränkungen der Aktivität und Partizipation. Diese Einschränkungen zeigen sich vor allem in einer verringerten Kommunikationsbeteiligung bei Alltagsaktivitäten. Bei Schulkindern zeigt sich als besonderes Problem oft eine Beeinträchtigung des sprachlichen Lernens. Da fast alles Lernen in der Schule mithilfe der Sprache funktioniert, kommt es durch die zugrunde liegenden Sprach-, Sprech- und Kommunikationsstörungen zu Lern- und Leistungsbeeinträchtigungen.

Zusammenfassend lässt sich definieren:

- *Sprachstörung: Der/die Betroffene ist nicht oder nur eingeschränkt in der Lage, das Regelsystem der Muttersprache anzuwenden. Es kommt zu Abweichungen im Bereich der Grammatik und der Semantik (vgl. Kap. 1).*
- *Sprechstörung: Der/die Betroffene ist nicht oder nur eingeschränkt in der Lage, die Sprechbewegungen für die Laute der Muttersprache auszuführen. Es kommt zu Störungen der Aussprache.*
- *Kommunikationsstörung: Der/die Betroffene ist nicht oder nur eingeschränkt in der Lage, Kommunikations- und Interaktionsregeln zu erkennen und einzuhalten. Das Dialogverhalten und das Sprachverständnis sind beeinträchtigt.*
- *Sprachbehinderung: Dieser Begriff umfasst sowohl die sprachliche Schädigung bzw. Störung an sich als auch die dadurch verursachten individuellen und sozialen Beeinträchtigungen der Aktivität und Partizipation. Personen mit umfassenden Sprachbehinderungen sind in ihrer Kommunikations-, Lern- und Leistungsfähigkeit eingeschränkt.*

Der Begriff „Sprachbehinderung" wird als umfassender Oberbegriff verstanden. Eine Sprachbehinderung beinhaltet demnach immer eine objektiv feststellbare Sprach-, Sprech- oder Kommunikationsstörung, die sich auf das Erleben und Verhalten der betroffenen Person sowie ihrer Kommunikationspartner auswirkt.

9.1.2 Der Sprach„behinderungs"begriff

Die Frage, ob Sprach-, Sprech- und Kommunikationsstörungen für die Betroffenen immer auch eine Behinderung darstellen, lässt sich nicht pauschal beantworten. Es gibt viele Beispiele dafür, dass die Kommunikation schwierig sein kann, ohne dass eine Behinderung vorliegt, etwa wenn sich Fachleute in Fachchinesisch ausdrücken und von den Zuhörern nicht verstanden werden. Hier sind das Sprechvermögen und das Regelsystem der Sprache vollständig intakt, aber die Kommunikation ist trotzdem gestört. Ein weiteres Beispiel dafür, wie Kommunikation erschwert werden kann, findet sich bei „Hägar":

Dik Browne: Hägar der Schreckliche. Harte Zeiten. Goldmann Taschenbuch 6964, Frankfurt 1983, o.S.

Aufgaben

1. *Was hat der Ritter: eine Sprachstörung, eine Sprechstörung, eine Kommunikationsstörung oder gar keine Störung?*
2. *Wer oder was ist hier behindert? Diskutieren Sie den Sprachbehinderungsbegriff und halten Sie Ihre Diskussionsergebnisse schriftlich fest.*

Selbstverständlich liegt bei Störungen, bei denen das Sprechen nicht oder nur sehr eingeschränkt möglich ist, immer eine schwerwiegende Behinderung der verbalen Kommunikation vor. Aber es gibt daneben viele weitere Formen sprachlicher Beeinträchtigungen, bei denen die Bewertung als Behinderung nicht so eindeutig zu treffen ist, und das vor allem, weil der Stellenwert der sprachlichen Einschränkungen für den Betroffenen oft nicht eindeutig ist.

Beispiele

Gina, vier Jahre alt, hat das Downsyndrom. Ihre Muskelspannung ist gering, sie kann noch nicht laufen, bewegt sich aber krabbelnd und rutschend vorwärts. Gina ist stark weitsichtig und trägt eine Brille. Ihr Hörvermögen ist eingeschränkt, sie trägt aber kein Hörgerät. In lauter Umgebung versteht sie sehr schlecht. Gina spricht noch nicht, sie zeigt auf die Dinge, die sie haben möchte, und produziert dazu Laute, die aber nicht verständlich sind. Die Mundmotorik ist schlaff, Gina schließt den Mund nur selten und kontrolliert ihre Zunge nicht ausreichend. Gina ist ein fröhliches Kind, das viel lacht, gerne mit ihren Eltern und dem großen Bruder schmust und spielt, und sie freut sich, wenn man mit ihr ein Bilderbuch anschaut und ihr alles erklärt. Die Eltern freuen sich über die vielen unerwarteten Fortschritte, die Gina schon gemacht hat: Sie kann jetzt selbstständig essen und trinken, sie krabbelt, sie drückt ihre Bedürfnisse aus und scheint sich trotz ihrer Behinderung wohlzufühlen. Gina bekommt mehrmals pro Woche Physiotherapie, um die Muskelspannung so weit wie möglich aufzubauen und Gina Kontrolle über ihre Bewegungen zu verschaffen, aber keine Sprachtherapie. Die Verzögerung der Sprachentwicklung steht für die Eltern nicht im Vordergrund ihrer Förderbemühungen.

Jonas, fünf Jahre alt, leidet an Infantiler Cerebralparese mit einer beinbetonten Spastik. Er kann kurze Strecken gehen, ist aber meist auf den Rollstuhl angewiesen. Auch seine Handmotorik ist beeinträchtigt. Beim Sprechen zeigen sich die spastischen Bewegungsmuster vor allem in einer langsamen, zum Teil undeutlichen Aussprache, was vor allem die Konsonanten /k/, /g/ und /l/ sowie die Vokale /a/ und /i/ betrifft. Jonas kann aber meist auch von Außenstehenden verstanden werden. Seine Eltern legen sehr viel Wert auf eine Verbesserung seiner Sprechfähigkeiten, Jonas geht zweimal wöchentlich zur Sprachtherapie. Die motorischen Einschränkungen werden von der Familie als nicht so bedeutsam eingeschätzt. Hier stehen die relativ geringen sprachlichen Beeinträchtigungen im Mittelpunkt der therapeutischen Bemühungen.

Aufgaben

1. *Bilden Sie Diskussionsteams und sammeln Sie Informationen über Ihnen bekannte Kinder mit Behinderung, die zusätzlich zu ihrer Grunderkrankung/-behinderung Sprachauffälligkeiten zeigen. Beschreiben Sie diese Sprachauffälligkeiten.*
2. *Versuchen Sie, eine Einschätzung der Bedeutung sprachlicher Beeinträchtigungen zu treffen: Werden die Kinder durch die eingeschränkten sprachlichen Fähigkeiten (zusätzlich) behindert? Wenn ja, in welcher Weise? Halten Sie Ihre Überlegungen schriftlich fest.*

Für eine Einschätzung, ob sprachliche Beeinträchtigungen tatsächlich Behinderungscharakter haben oder nicht, kommt es nicht nur auf das objektive Feststellen einer Schädigung an, sondern auch auf die subjektive Bewertung dieser Schädigung und ihrer Auswirkungen auf die Aktivität und Partizipation durch die Betroffenen und ihre Kommunikationspartner.

Beispiele

Lena, sechs Jahre alt, kann die Laute /k/ und /g/ noch nicht sprechen. Meist werden diese Laute durch /t/ und /d/ ersetzt, in Konsonantenverbindungen lässt sie sie oft weg. So wird z. B. aus „Keller“ /teller/, aus „gehen“ /dehen/ und aus „Kreisel“ /reisel/. Aus logopädischer Sicht liegt hier eine Aussprachestörung vor, ein sogenannter Kappazismus/Gammazismus.

Tim, sieben Jahre alt, lispelt. Er bildet alle s-Laute als Lispellaut, also wie das englische /th/. Auch hierbei handelt es sich um eine Aussprachestörung, einen sogenannten Sigmatismus.

Aufgaben

1. *Diskutieren Sie in Kleingruppen, ob bei diesen beiden Kindern die Aktivität und die Partizipation beeinträchtigt sind. Wenn ja, in welcher Hinsicht? Wenn nein, warum nicht?*
2. *Sind diese beiden Kinder sprachbehindert? Notieren Sie Ihre Diskussionsergebnisse.*

Nicht jede Sprachstörung ist Teil einer Behinderung oder selbst eine Behinderung. Es gibt sprachliche Auffälligkeiten, die in der Sprechergemeinschaft zumeist toleriert werden, wie z. B. Lispeln, sehr schnelles oder sehr langsames Sprechen, leichtes Stottern in aufregenden Situationen usw. Auch die Normabweichungen, die von Kindern in der Sprachentwicklung produziert werden, werden nicht als Störungen aufgefasst, sondern als Stufen eines Lernprozesses. Wenn der Spracherwerbsprozess jedoch nicht erwartungsgemäß verläuft, wenn die Auffälligkeiten die Kommunikation beeinträchtigen und die soziale Teilhabe gefährdet ist, dann können Sprach-, Sprech- und Kommunikationsstörungen eine eigenständige Behinderung darstellen.

9.2 Ursachen und Erscheinungsformen von Sprach-, Sprech- und Kommunikationsstörungen

Sprach-, Sprech- und Kommunikationsstörungen treten in unterschiedlicher Form und Ausprägung auf. Das liegt vor allem daran, dass jeder Mensch unterschiedliche Voraussetzungen für den Spracherwerb mitbringt, die Sprachentwicklung in einer jeweils individuellen Umgebung mit individuellen Anregungen durchläuft und sich so ein einzigartiges Sprachsystem aneignet. Je nachdem, aus welchem Grund und wann eine Sprach-, Sprech- oder Kommunikationsstörung eintritt, wird dieses System in unterschiedlichem Maße beeinträchtigt.

9.2.1 Ursachenannahmen

Den Sprach-, Sprech- und Kommunikationsstörungen können sehr viele verschiedene Ursachen zugrunde liegen. Manche von ihnen sind offensichtlich, aber manche kann auch eine noch so genaue Diagnostik nicht aufdecken. Dies gilt vor allem für die spezifischen Störungen der Sprachentwicklung, die nicht in Zusammenhang mit einer Grunderkrankung oder Behinderung stehen, sondern vermeintlich spontan auftreten.

Insgesamt lassen sich drei große Ursachenbereiche erkennen, die sich auf die Sprach-, Sprech- und Kommunikationsfähigkeit auswirken können: organische Schädigungen, funktionelle Störungen und psychoreaktive Störungen.

Organische Schädigungen: Hierzu gehören alle Beeinträchtigungen der Organfunktionen und komplexe Störungssyndrome, die mit Sprach-, Sprech- und Kommunikationsstörungen einhergehen. Darunter werden folgende Schädigungsbereiche gefasst:

- genetisch bedingte Fehlbildungen im Mund-, Nasen-, Rachenraum oder im Kehlkopf, wie beispielsweise bei Lippen-Kiefer-Gaumen-Spalten oder Stimmlippenhypoplasien-Fehlbildungen
- Lähmungen im Gesichtsbereich bzw. im gesamten Artikulations- und Stimmgebungssystem, z. B. bei Muskeldystrophien oder Nervenverletzungen nach Operationen oder Unfällen
- Hörstörungen, die zu eingeschränkter Sprachwahrnehmung und -produktion führen, also alle Formen der Schwerhörigkeit einschließlich Gehörlosigkeit
- Schädigungen des Zentralnervensystems, die sich (auch) auf Sprache und Sprechen auswirken, z. B. bei Erkrankungen wie Parkinson oder Multiple Sklerose, nach Schädel-Hirn-Traumata bei Unfällen oder Hirntumoren oder nach Schlaganfällen
- Störungssyndrome, die als Grunderkrankung auch die Fähigkeit der Sprach- und Sprechverwendung betreffen, wie beispielsweise Cerebralparesen, Autismus, Downsyndrom oder andere genetische Syndrome wie Fragile-X-Syndrom, Dandy-Walker-Syndrom

Funktionelle Störungen umfassen diejenigen Bereiche, bei denen eine klare Ursachenzuordnung im Sinne organischer Schädigungen nicht möglich ist. Hierunter fallen vor allem

- alle Formen von Sprachentwicklungsstörungen, bei denen die oben genannten Störungsursachen ausgeschlossen werden können. Das ist in der Mehrzahl der Sprachentwicklungsstörungen der Fall: Sie entstehen ohne erkennbare organische Beeinträchtigung.
- Stimmstörungen, die aufgrund von Fehlgebrauch entstehen, wie z. B. bei Personen, die ständig gegen eine hohen Lärmpegel ansprechen oder einen sehr sprechintensiven Beruf haben und schnell heiser werden.

Psychoreaktive Störungen werden diejenigen Störungsformen genannt, die sich vor allem in der Kommunikation zeigen. Hierzu zählen Störungsformen wie

- Stottern als vermutlich organisch verursachtes, aber sich vor allem auf die Kommunikationsfähigkeit auswirkendes Phänomen, bei dem es zu Sprechängsten und Kommunikationsvermeidung kommen kann,
- Sprechangst, bei der es den Betroffenen nicht möglich ist, vor einer Gruppe von Zuhörern zu sprechen,
- Mutismus, wobei die betroffenen Kinder, obwohl sie die Sprache erworben haben, nur mit ausgewählten Personen oder gar nicht verbal kommunizieren.

Diese Einteilung wirkt auf den ersten Blick einleuchtend, aber sie betrachtet ausschließlich den Aspekt der Schädigung. Außerdem kann man sich bei den funktionellen und psychoreaktiven Störungen nicht immer sicher sein, ob nicht auch organische Ursachen vorhanden, aber nicht erkennbar sind. Für eine Einteilung der Störungsbilder ist die Frage nach den Ursachen demnach nur bedingt geeignet, weil bei zu vielen Sprach-, Sprech- und Kommunikationsstörungen keine eindeutige Ursache festgestellt werden kann.

9.2.2 Formen der Sprachentwicklungsstörungen

Folgende Formen von Sprachentwicklungsstörungen werden unterschieden:

Aussprachestörungen

Aussprachestörungen können einen oder mehrere Laute betreffen und sich auf die Motorik der Aussprache oder das Wissen um den richtigen Einsatz der Laute an der richtigen Stelle beziehen. Sprechmotorische Auffälligkeiten werden als „phonetische Störungen" oder „Artikulationsstörungen" bezeichnet. Probleme bei der Zuordnung des richtigen Lautes an die richtige Wortposition werden als phonologische Störungen bezeichnet.

Beispiel

Eine typische Äußerung bei einer phonetischen Störung:
„Iss kann das noch niss" (Lina, fünfeinhalb Jahre alt).

Eine typische Äußerung bei einer phonologischen Störung:
Kai (fünf Jahre alt) möchte erzählen, dass er im Zoo einen roten Frosch gesehen hat: „Ing ksoo wa eing hoka goss."

Spezifische Sprachentwicklungsstörungen

Kinder mit spezifischen Sprachentwicklungsstörungen sind in ihrem gesamten Spracherwerb auffällig. Das zeigt sich oft schon an der Kommunikation in der vorsprachlichen Entwicklungsphase, beginnt mit verzögertem Sprachbeginn auffällig zu werden und setzt sich mit verlangsamter und lückenhafter weiterer Entwicklung fort. Kinder mit spezifischen Sprachentwicklungsstörungen zeigen meistens einen geringen Wortschatz, grammatische Störungen, Aussprachestörungen und Sprachverständnisprobleme in einer individuellen Schwerpunktsetzung der Symptome.

■ **Beispiel**

Ein typisches Äußerungsbeispiel:
Mario möchte den Bagger seines Freundes ausleihen und sagt:
„Da badda du gebe."

Grammatische Störungen

Ein Teilsymptom bei spezifischen Sprachentwicklungsstörungen, manchmal aber auch allein vorkommend, sind Störungen, die sich auf das grammatische Regelsystem beziehen. Kinder mit grammatischen Störungen verwenden Verben, Adjektive oder Nomen nicht in der richtigen Form und passen sie nicht der Satzumgebung an, sie lassen grammatische Elemente aus und bauen einfache, unflexible und fehlerhafte Sätze.

■ **Beispiel**

Ein typisches Äußerungsbeispiel:
Tobias (fünf Jahre) möchte fragen, ob er auf dem Pausenhof mit dem Dreirad fahren darf, und sagt: „Tobi dauße Deirad fahren."

Störungen des Redeflusses

Zu den Redeflussstörungen gehören die Störungen Stottern und Poltern. Stottern ist durch Stockungen, Pausen, Dehnungen und Wiederholungen im Sprechablauf gekennzeichnet, wobei die Kinder eine hohe Sprechanstrengung zeigen und oft bestimmte Kommunikationssituationen oder -partner ganz meiden. Poltern kennzeichnet sich durch eine überhastete, undeutliche Sprechweise, bei der einzelne Laute, ganze Silben oder Wörter ausgelassen werden, und ein oft auch inhaltlich schwer verständliches Sprechen.

■ **Beispiel**

Ein typisches Beispiel für eine gestotterte Äußerung:
„I-i-i-im Ki-ki-ki-ki-ki-k-k k kindergarten war heute d d d d d d die Feuerwehr!"

Ein typisches Beispiel für eine gepolterte Äußerung:
Kevin möchte erzählen, dass er zur Untersuchung beim Schularzt war und sagt: „Da waich da son ats für nsuchung."

LESE-TIPP

Praxisnahe Erklärungen zu Sprachentwicklungsstörungen und Fördermöglichkeiten finden Sie in folgenden Büchern:

- Keilmann, Annerose: So lernt mein Kind sprechen. Sprachstörungen erkennen. Sprachentwicklung fördern. Idstein, Schulz-Kirchner Verlag, 2014.
- Wendlandt, Wolfgang: Sprachstörungen im Kindesalter. Stuttgart, Thieme, 8. Auflage 2016.

9.3 Sprach-, Sprech- und Kommunikationsstörungen bei komplexen Behinderungen

Sprach-, Sprech- und Kommunikationsstörungen treten nicht nur als unabhängiges Störungsphänomen oder als Frühsymptom kindlicher Entwicklungsstörungen auf, sondern sind oftmals Folge beziehungsweise Begleitsymptomatik bei umfassenderen Behinderungsformen. Bei manchen Behinderungen sind sie das Hauptsymptom, bei manchen treten sie eher als Randmerkmal in Erscheinung.

9.3.1 Sprach-, Sprech- und Kommunikationsstörungen bei kognitiven Beeinträchtigungen

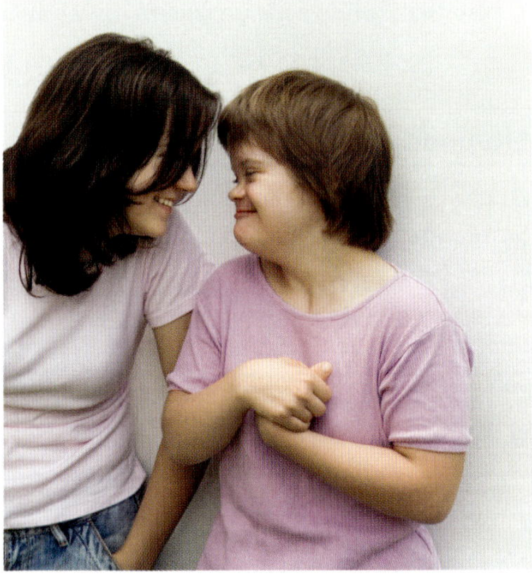

Da die Sprachentwicklung eng mit der Entwicklung kognitiver Fähigkeiten verbunden ist, kann davon ausgegangen werden, dass Kinder mit einer geistigen Behinderung immer auch Sprachstörungen zeigen. Diese sind jedoch entsprechend der individuellen Ausprägung der geistigen Behinderung sehr unterschiedlich: Sie reichen von geringfügigen Beeinträchtigungen des Sprechens, wie sie im günstigen Fall bei Menschen mit Downsyndrom zu finden sind, bis hin zur Unfähigkeit, Sprache und Sprechen zu erlernen. Bei nicht sprechenden Menschen mit geistiger Behinderung sind die Methoden der basalen Stimulation als Fördermaßnahme angebracht, auf die hier nicht weiter eingegangen werden soll. Im Mittelpunkt der Betrachtung soll vielmehr die Sprachförderung bei Menschen mit geistiger Behinderung stehen, die (wenn auch in sehr unterschiedlichem Maße) über grundlegende Sprach- und Sprechfähigkeiten verfügen.

Für die meisten Menschen mit kognitiven Beeinträchtigungen gilt, dass

- ihre Sprachentwicklung wesentlich später einsetzt als bei nicht behinderten Kindern,
- ihr Spracherwerb deutlich langsamer verläuft,
- die eingeschränkten Sprachlernfähigkeiten keinen vollständigen Regelerwerb ermöglichen und
- es zu irgendeinem Zeitpunkt der Entwicklung zu einem Stillstand kommt, über den hinaus meist keine weiteren Fortschritte zu erkennen sind („Plateaubildung“).

Bei den sehr unterschiedlichen Ausprägungen geistiger Behinderung führen diese eingeschränkten Entwicklungsbedingungen zu ebenfalls sehr unterschiedlichen Sprachentwicklungsmöglichkeiten.

Beim **Downsyndrom** erreichen die Kinder oft ein Sprachniveau, das einem drei bis vier Jahre alten nicht behinderten Kind entspricht, auch wenn sie dafür deutlich länger brauchen. Den meisten Kindern mit Downsyndrom ist also der Spracherwerb möglich, wenn früh genug mit spezifischen Förder- und Therapiemaßnahmen begonnen wird. Bei guter Förderung können Kinder mit Downsyndrom bis zu ihrem zwölften Lebensjahr die grundlegenden Regeln der Grammatik, einen angemessenen Wortschatz und die nötigen Sprechbewegungsmuster erlernen (vgl. Giel 2015). Menschen mit Downsyndrom sprechen meist in kurzen, einfachen Sätzen, und es kann aufgrund der Kieferform zu Artikulationsstörungen kommen, aber meist können sie sich verständlich ausdrücken. Viele Kinder mit Downsyndrom können darüber hinaus das Lesen und Schreiben lernen und zeigen aufgrund ihrer oft guten sozialen Fähigkeiten auch ein gutes Kommunikationsverhalten (vgl. Giel 2015, S. 8). Es gibt jedoch auch Menschen mit einer schweren Form des Downsyndroms, die in ihrer kognitiven Entwicklung wesentlich stärker beeinträchtigt sind und nur in sehr geringem Maße über Sprachlernfähigkeiten verfügen. Bei ihnen ist die Plateaubildung in einem wesentlich früheren Entwicklungsalter angesiedelt.

Das **Fragile-X-Syndrom** ist nach dem Downsyndrom die zweithäufigste genetische Ursache für kognitive Beeinträchtigung. Es handelt sich um eine Schädigung des X-Chromosoms, die wie das Downsyndrom zu sehr unterschiedlichen Intelligenzminderungen führen kann. Etwa 10 Prozent aller Kinder mit Fragile-X-Syndrom sind gar nicht geistig behindert, bei ihnen zeigen sich keine Entwicklungsdefizite. Bei einer großen Gruppe Betroffener, bei ungefähr 40 Prozent, ist die geistige Entwicklung zu Anfang kaum merklich verlangsamt und die Intelligenzminderung gering. Kinder mit Fragile-X-Syndrom zeigen jedoch meist einen verspäteten Sprechbeginn und eine verzögerte weitere Sprachentwicklung. Dies ist oft der erste auffällige Entwicklungsbereich und der Anlass für die Eltern, eine kinderärztlichen Diagnostik zu veranlassen, bei der die kognitive Beeinträchtigung festgestellt werden kann. Im weiteren Verlauf der Sprachentwicklung erwerben die meisten Kinder mit Fragile-X-Syndrom ein fast vollständiges Sprachsystem, das jedoch von sehr hohem Sprechtempo, vielen Wiederholungen und stotterähnlichen Symptomen geprägt sein kann.

Neben diesen beiden genetischen Syndromen gibt es eine Reihe weiterer Syndrome, die mit **Hirnanlagestörungen,** Intelligenzminderungen und Sprachentwicklungsstörungen einhergehen können, z.B. Dandy-Walker-Syndrom, Rett-Syndrom oder Angelman-Syndrom.

Diese Störungen gehen, wie auch bei seltenen gravierenden **Stoffwechselstörungen** (z. B. Phenylketonurie, Schilddrüsenfunktionsstörungen oder Adenoleukodystrophie), oft mit einem Entwicklungsstillstand einher, der zuerst im Bereich der Sprache auffällt (vgl. Straßburg 2003, S. 58 f.).

Autismus-Spektrum-Störungen (ASS)

Eine Sonderstellung unter den kognitiven Beeinträchtigungen nehmen die Autismus-Spektrum-Störungen ein. Auch hierbei kann es zu sehr unterschiedlichen Ausprägungen kommen, deren hervorstechendes Merkmal eine schwerwiegende Kommunikationsstörung ist. Menschen mit einer Autismus-Spektrum Störung ist es nicht oder nur sehr eingeschränkt möglich, soziale Interaktionsformen wie Blickkontakt, Gesichtsausdruck, Gestik und Mimik, Imitation usw. zu erkennen, zu erlernen und zu gebrauchen. Diese Unfähigkeit führt dazu, dass die Kinder kaum Kontakt- oder Beziehungsstrukturen aufbauen können. Viele autistische Kinder lassen Berührungen und Körperkontakt nicht zu, sodass bereits die frühen Pflegeroutinen zu extrem belastenden Situationen werden können.

Kennzeichen einer Autismus-Spektrum-Störung sind oft dauerhaft wiederholte, gleichförmige Handlungsmuster, z. B. das Drehen eines Gegenstandes, das Anschauen von stereotypen Bewegungen (Sekundenzeiger, Uhrpendel, Wippe o. Ä.) oder stundenlanges Hin-und-her-Schaukeln des Körpers. Ein Unterbrechen dieser Handlungsmuster ist nur schwer möglich, weil die Kommunikationssignale dazu nicht wahrgenommen werden. Eine Autismus-Spektrum-Störung geht darüber hinaus oft mit einer verzögerten oder ganz ausbleibenden Sprachentwicklung einher. Manche autistische Menschen haben sogenannte Inselbegabungen, d. h. eine herausragende Fähigkeit, die gegenüber den ansonsten vorhandenen geistigen und kommunikativen Beeinträchtigungen positiv auffällt. Dabei kann es sich um beeindruckende Gedächtnisleistungen, musikalische oder malerische Fähigkeiten handeln, aber auch um sehr ausgefeilte Sprachfähigkeiten. Manche autistische Menschen beherrschen das Regelsystem der Sprache sehr gut und sprechen in grammatikalisch vollständigen und korrekten Sätzen, ohne jedoch die kommunikative Funktion der Sprache zu nutzen: Sie sprechen zwar, aber nicht zum Zweck der Kommunikation mit einem anderen Menschen. Es besteht also bei manchen autistischen Menschen keine Sprachstörung, aber eine Kommunikationsbehinderung. Bei den meisten autistischen Menschen ist jedoch auch die Sprach- und Sprechfähigkeit erheblich eingeschränkt (vgl. Snippe 2019).

9.3.2 Sprech- und Kommunikationsstörungen bei Körperbehinderungen

Bei manchen Körperbehinderungen ist auch die Sprechmuskulatur oder deren Nervenversorgung betroffen, sodass es zu Sprech- und Kommunikationsstörungen kommen kann. Sprachsystem, Sprachverständnis und schriftsprachliche Fähigkeiten sind in der Regel nicht betroffen, sodass man zumeist nicht von einer Sprachstörung ausgehen kann. Nicht alle Körperbehinderungen führen zu Sprech- und Kommunikationsstörungen. So sind z. B. Menschen mit Querschnittlähmungen, die nicht die Atem-, Stimmgebungs- oder Artikulationsorgane betreffen, in der Regel vollständig sprach- und sprechfähig. Es gibt jedoch eine Vielzahl von Körperbehinderungen, die auch den Sprechapparat betreffen und daher zu Sprechstörungen führen.

Bei einer **Cerebralparese** kommt es aufgrund einer peri- oder postnatalen Sauerstoffmangelversorgung, eines Schädel-Hirn-Traumas, einer Erkrankung des Zentralnervensystems oder eines Schlaganfalls zu Lähmungserscheinungen, die unterschiedlich ausgeprägt sein können. Die gesamtkörperlichen Symptome lassen sich auch im Sprechbewegungsapparat beobachten: Es kommt zu sogenannten **Dysarthrien**, d.h. neurologisch verursachten Sprechstörungen. Die Sprachentwicklung bzw. die Sprachbeherrschung der Betroffenen ist intakt, die Sprechbewegungen sind aufgrund der Lähmung jedoch beeinträchtigt.

Dysarthrien können bei unterschiedlichen Grunderkrankungen und mit unterschiedlicher Symptomatik auftreten. Die Einteilung der Dysarthrieformen ist an die motorischen Kennzeichen der Grunderkrankung angelehnt:

- **spastische Dysarthrie, hypertone Dysarthrie:** Die Muskelspannung ist erhöht, es liegt eine gesteigerte Reflextätigkeit vor, es kommt zu unwillkürlichen Kontraktionen der Muskulatur. Die Bewegungen sind insgesamt verlangsamt bei vermindertem Bewegungsausmaß. Beim Sprechen zeigen sich diese Symptome in einer verkürzten Ausatmung, einer rauen, gepressten Stimmgebung, einer monotonen Sprechmelodie, verlangsamtem Sprechtempo und einer undeutlichen, oft kehligen oder kloßigen Artikulation.
- **schlaffe Dysarthrie, hypotone Dysarthrie:** Die Muskelspannung ist erniedrigt, es kommt zu rascher Ermüdbarkeit, geringem Bewegungsausmaß, reduzierter Kraft und geringem Bewegungstempo. Beim Sprechen zeigen sich diese Symptome in einer verringerten Atemkapazität, einer verhauchten Stimme mit abnehmender Lautstärke, einem reduzierten Sprechtempo mit monotoner Melodie, einer kraftlosen und verwaschenen Artikulation.
- **ataktische Dysarthrie:** Es kommt zu überschießenden, willkürlich nicht zu kontrollierenden Bewegungen mit eingeschränkter Koordination und verlangsamter Bewegungsgeschwindigkeit. Beim Sprechen zeigt sich die Symptomatik in wechselndem Stimmklang, der von laut zu leise, hoch zu tief schwankt, einer unangepassten Sprechmelodie und einer undeutlichen Artikulation.

(vgl. Schubert 2011, S. 23 ff.)

Bei Kindern und bei erwachsenen Patienten sind die Kommunikationsstörungen, die mit der Dysarthrie einhergehen, ganz erheblich: Sie werden wegen ihrer undeutlichen Artikulation und ihren schlecht koordinierten Bewegungen oft für betrunken gehalten, ihnen wird vom Kommunikationspartner eine geistige Behinderung unterstellt oder sie werden in Alltagsaktivitäten nicht mehr einbezogen. Die Kommunikationsfähigkeit ist weiterhin dadurch eingeschränkt, dass Mimik und Gestik als Begleiter des Sprechens ebenfalls von der Cerebralparese betroffen sind. Die nonverbalen Kommunikationsanteile können nur sehr eingeschränkt zur Unterstützung der Verständlichkeit eingesetzt werden. Pathologische Bewegungsmuster der mimischen Muskulatur tragen stattdessen oft zu Missverständnissen bei.

Die verschiedenen Formen der **Muskeldystrophien** können ebenfalls zu Dysarthrien führen. Auch hier gilt, wie bei den Aussagen zu den milden Formen geistiger Behinderung, dass die ausbleibende oder verzögerte Sprachentwicklung oft das erste Störungssymptom darstellt.

„Kürzlich hatten wir wieder einen dreijährigen Jungen bei uns [zur Diagnostik], der primär wegen einer Sprachentwicklungsstörung kam. Meinem Kollegen fiel auf, dass der Junge relativ dicke Muskeln vor allem im Bereich der Waden hatte und in seinen Bewegungen etwas schlaff und ungeschickt war. Und er hat eine Blutentnahme gemacht und festgestellt, dass ein Enzymwert im Blut, die Kreatinkinase, massiv erhöht war. Dieses Kind hat eine schwere Muskelerkrankung, eine Duchenne-Muskeldystrophie. [...] Es ist dann natürlich wichtig, aber auch sehr belastend, den Eltern zu sagen, dass das Kind zwar in seinen kognitiven und sprachlichen Fähigkeiten weiter Fortschritte machen wird, aber dass seine motorischen Fähigkeiten ab sechs bis acht Jahren zunehmend weniger werden."
(Straßburg 2003, S. 62 f.)

Kinder mit Muskeldystrophien oder Erwachsene mit Muskelerkrankungen verfügen über ein vollständiges Sprachsystem, aber ihre Sprechfähigkeiten sind je nach Schweregrad der Erkrankung deutlich eingeschränkt. Aufgrund der Muskelschwäche zeigt sich eine schlaffe Dysarthrie mit dem oben beschriebenen Symptombild. Das Sprechen wird oft unverständlich leise und undeutlich, sodass die Kommunikation erheblich erschwert sein kann. Auch hier wird die Kommunikation zusätzlich durch fehlende oder eingeschränkte nonverbale Bestandteile behindert.

Neben den genannten Formen von Körperbehinderungen gibt es **Fehlbildungen**, die den Schädel oder das Gesicht betreffen, z. B. die Lippen-Kiefer-Gaumen-Spalten oder das Pierre-Robin-Syndrom, eine Fehlbildung des Unterkiefers. Bei diesen und allen anderen Gesichtsfehlbildungen kommt es zu sogenannten **Dysglossien**, d. h. Sprechstörungen aufgrund der Organfehlbildung oder einer Lähmung der Artikulationsorgane. Bei diesen Störungen kommt es zu unterschiedlichen Aussprachestörungen, je nach dem Ort der Beeinträchtigung und der Art der Fehlbildung. Bei Lippen-Kiefer-Gaumen-Fehlbildungen kommt es beispielsweise zu folgenden Beeinträchtigungen:

- Durch die Fehlanlage bzw. Lücke im Lippenringmuskel ist kein Mundschluss möglich, sodass beim Säugling Saugen und Schlucken behindert sind. Da das Kind ausschließlich durch den Mund atmet, entwickelt sich kein für das Sprechen nötiger Atemtyp. Die Beweglichkeit der Oberlippe ist auch nach erfolgreicher Operation eingeschränkt, sodass Störungen bei der Bildung von Lippenlauten entstehen.
- Bei einer Fehlbildung des Gaumens, besonders des Gaumensegels, kann der Abschluss zwischen Nasen- und Mundraum nicht ausreichend gebildet werden. Bei vielen Lauten entweicht Luft regelwidrig durch die Nase, was die Verständlichkeit extrem erschwert.
- Der mimische Ausdruck steht dem Kind aufgrund der Fehlbildungen und Vernarbungen nach der Operation nicht in vollem Umfang zur Verfügung, das Kind ist in seiner Ausdruckskraft und damit seiner Kommunikationsfähigkeit eingeschränkt.
- Aufgrund der Narben und der oft schlechten Verständlichkeit erleben die Kinder von ihren Kommunikationspartnern immer wieder Irritationen oder Ablehnung. Dies kann zum Rückzug aus Kommunikationssituationen, zum Ablehnen bestimmter Gesprächspartner oder zu verringerter Sprechfreude führen.

(vgl. Neumann 2010, S. 16 ff.)

9.3.3 Sprach-, Sprech- und Kommunikationsstörungen bei Sinnesbeeinträchtigungen

Wenn die primären Sinne nur eingeschränkt oder gar nicht funktionieren, hat dies Auswirkungen auf die Sprachentwicklung und die Kommunikationsfähigkeit. Am augenfälligsten ist dies bei einer Beeinträchtigung des Hörens, aber auch bei Sehstörungen können Sprache und Sprechen mit betroffen sein.

Kinder mit einer Hörstörung haben erheblich erschwerte Spracherwerbsbedingungen: Ihnen fehlt eine wesentliche Voraussetzung für das Erlernen der Sprachlaute, der sprachlichen Regeln und des Sprachverständnisses. Die Aufnahme von sprachlichen Signalen ist in unterschiedlichem Ausmaß behindert, was sich direkt auf die Produktionsmöglichkeiten von Sprache auswirkt.

Hörstörungen werden nach dem Ort der Schädigung und nach dem Ausmaß des Hörverlustes eingeteilt. Grundsätzlich lassen sich drei Formen von Hörstörungen unterscheiden:

- Schallleitungsschwerhörigkeit oder Mittelohrschwerhörigkeit: Die Weiterleitung von Schallreizen ist im Mittelohr, d. h. im Raum zwischen Trommelfell und Schnecke behindert. Dies ist z. B. bei akuten oder chronischen Mittelohrentzündungen oder Fehlbildungen der Gehörknöchelchen der Fall.
- Schallempfindungsschwerhörigkeit oder Innenohrschwerhörigkeit: Das Mittelohr ist funktionsfähig, aber die aufgenommenen Schallreize werden in der Schnecke nicht registriert bzw. nicht angemessen an den Hörnerv weitergeleitet. Diese mangelnde Funktionsfähigkeit der Schnecke kann z. B. durch Virusinfektionen während der Schwangerschaft, durch Hirnhautentzündungen oder Maserninfektionen entstehen.
- Kombinierte Schwerhörigkeit: Hierbei handelt es sich um eine Mischform aus den beiden oben genannten Störungsformen.

Das Ausmaß des durch die Hörstörung verursachten Hörverlustes kann sehr unterschiedlich sein. Die Schweregrade werde eingeteilt in

- geringgradig (Hörverlust bis 40 dB),
- mittelgradig (Hörverlust 40 bis 70 dB),
- schwergradig (Hörverlust 70 bis 90 dB),
- an Taubheit grenzende Schwerhörigkeit/Hörrestigkeit (Hörverlust größer als 90 dB).

(vgl. Hoffmann 2019, S. 4.)

Aufgaben

1. *Versuchen Sie nachzuempfinden, wie ein Mensch mit Hörstörungen hört. Verschließen Sie hierzu ein Ohr mit einem Wattepfropfen, das andere mit Ohrstöpseln oder einem anderen Gehörschutzmaterial. Lassen Sie sich von einer Mitschülerin eine Liste mit realen und erfundenen Worten vorlesen, sprechen Sie die Worte so nach, wie Sie sie verstanden haben.*
2. *Stellen Sie sich nun mit dem Rücken zu Ihrer Partnerin: Nun haben Sie nicht mehr die Möglichkeit, durch Ablesen des Mundbildes zu erraten, welche Laute produziert wurden. Hören Sie erneut einer Wortliste zu. Schreiben Sie die Worte so auf, wie Sie sie gehört haben.*
3. *Vergleichen Sie Ihre Liste mit der vorgelesenen. Welche Worte oder Laute waren am problematischsten?*
4. *Wie fühlen Sie sich nach dieser Übung? Wie würde es Ihnen gehen, wenn der simulierte Hörverlust ständig vorliegen würde?*

Web

Im Zusatzmaterial befindet sich eine Übungsanleitung mit Wortliste sowie einige Hintergrundinformationen zur Hörverlustbestimmung.

Die Auswirkungen der Hörstörung auf die Sprach-, Sprech- und Kommunikationsfähigkeiten sind von ihrem Schweregrad abhängig. Leichte und mittelgradige Schwerhörigkeiten lassen sich oft gut mit Hörgeräten versorgen und führen, sofern sie frühzeitig erkannt und mit Hilfsmitteln ausgeglichen wurden, in der Regel zu nur geringen Störungen der Sprachentwicklung, aber zu Verstehens- und Kommunikationsschwierigkeiten in anspruchsvolleren Situationen, z. B. im Schulunterricht oder in lauter Umgebung. Eine mittelschwere Hörschädigung führt oft zu einer Störung der Sprachentwicklung, vor allem beim Aufbau des grammatischen Systems. Die Beteiligung an der Kommunikation ist erheblich eingeschränkt, weil die Betroffenen auch nach einer Versorgung mit Hörgeräten der Alltagssprache nur schwer folgen können. Bei einer hochgradigen Schwerhörigkeit ist ein Verstehen von Sprache auch mit Hörgeräten oft nur unzureichend möglich. Bei Kindern bleibt die spontane Sprachentwicklung aus, sie kommunizieren mit ihrer Umwelt durch Gebärden, Gestik, Beobachtung und Lippenlesen.

„Mehr noch als die Phonologie ist die Syntax von schweren Hörschädigungen betroffen, wobei viele Forscher nicht nur von einer Entwicklungsverzögerung, sondern auch von einer abweichenden Entwicklung ausgehen [...]. Obgleich es manchen Kindern gelingt, eine funktionale orale Sprache zu erwerben, gilt doch für die Mehrheit, dass sie trotz großer Mühe beträchtliche Sprachdefizite aufweisen. Da davon ganz offensichtlich die Kommunikation mit hörenden Personen und das schulische Lernen in hohem Maße beeinträchtigt sind, sollte der Erwerb der Gebärdensprache zusätzlich gefördert werden."
(Grimm 2012, S. 75)

Aufgaben

1. *Was meint Grimm mit „funktionaler oraler Sprache"?*
2. *Inwiefern beeinträchtigt das eingeschränkte Hörvermögen das schulische Lernen?*

   Halten Sie Ihre Diskussionsergebnisse schriftlich fest.

Auch blinde oder stark sehbehinderte Kinder können Störungen des Spracherwerbs entwickeln, obwohl die meisten sehbehinderten Menschen keinerlei Sprach- oder Sprechstörungen aufweisen. Von „Sehbehinderung" spricht man, wenn die Sehschärfe des besseren Auges nur ein Drittel oder weniger der normalen Sehkraft beträgt. Von Blindheit wird gesprochen, wenn die Sehschärfe des besseren Auges unter 2 Prozent des Normalwertes liegt (vgl. Nedwed 2015, S. 60).

Im ungestörten Spracherwerb erkennt das Kind die Bedeutung von Sprache z. B. am Zusammenhang von Objekteigenschaften und Benennung. Insgesamt ist unsere Sprache besonders auf Farbe, Form und Funktionsweise von Gegenständen sowie auf die Handlungsmöglichkeiten von Personen bezogen. Diese Merkmale lassen sich bei eingeschränkter visueller Wahrnehmung jedoch nur schwer erkennen. Sehbehinderte Kinder bauen daher oft einen lückenhaften Wortschatz auf, der sich auf Gegenstände bezieht, die dem Betasten und damit ihrer direkten Wahrnehmung zugänglich sind.

Aufgaben

Arbeiten Sie in Dreiergruppen:

1. *Versuchen Sie, sich in die Situation eines blinden Kindes hineinzuversetzen. Setzen Sie sich auf einen Stuhl in einem großen Raum und schließen Sie die Augen oder verbinden Sie sie. Ihre Partnerinnen gehen leise im Raum umher und berühren ab und zu einen dort stehenden Gegenstand. Versuchen Sie herauszufinden, wo Ihre Partnerinnen gerade sind und was sie berührt haben. Wechseln Sie danach die Rollen.*
2. *Suchen Sie ein paar kleinere Alltagsgegenstände zusammen (Tasse, Strumpf, Spielzeugauto, Postkarte usw.) und legen Sie diese auf einen Tisch. Setzen Sie sich alle mit verbundenen Augen um den Tisch. Nehmen Sie abwechselnd einen Gegenstand und beschreiben sie ihn, ohne dass Sie die Größe, Form oder Farbe („Das ist gelb und länglich") oder Funktion und Gebrauch („Das muss man schälen, das kann man essen") benennen. Beschreiben Sie ausschließlich Ihre Tastempfindungen und andere Sinneswahrnehmungen („Das fühlt sich außen glatt an, es riecht süßlich").*
3. *Welche Einschränkungen haben Sie erlebt? Welche Erweiterungen Ihrer Wahrnehmung haben Sie erfahren? Halten Sie Ihre Erfahrungen auf dem Reflexionsbogen im Zusatzmaterial fest.*

Web

Ein sehbehindertes Kind muss sich die Möglichkeiten der Unterscheidung von Personen, Objekten und Handlungen erst mühsam erarbeiten, weil ihm der visuelle Erfahrungsraum fehlt. Seine Umwelt ist nicht in dem Maße visuell erfahrbar, wie es für eine ungestörte Entwicklung nötig wäre und neue Situationen können oft schlecht eingeschätzt werden. Die eingeschränkten Umwelterfahrungen können daher auch eine eingeschränkte Sprach- und Kommunikationsentwicklung nach sich ziehen: Der Wort- und Formenschatz der Sprache kann nicht vollständig erschlossen werden.
Sehbehinderte Menschen können nur einen Teil der Kommunikation erfassen. Ihnen bleibt z. B. der gestisch-mimische Anteil fast völlig verborgen, sodass sie bei der Aufnahme von sprachlichen Signalen oft nur den reinen Sachaspekt einer Nachricht verstehen (vgl. Kap. 1.2 und 1.4). Auf die nonverbalen Kommunikationssignale können Sie kaum reagieren, was die Verständigung ebenso behindern kann wie der eingeschränkte Wortschatz.

9.4 Sprach- und Kommunikationsförderung bei behinderten Kindern in integrativen und inklusiven Einrichtungen

Die Prinzipien der Sprach-, Sprech- und Kommunikationsförderung, wie sie im vorangegangenen Kapitel beschrieben wurden, gelten selbstverständlich auch für Menschen mit Behinderungen: Sprach-, Sprech- und Kommunikationsfähigkeiten müssen in alltagsnahen Kontexten aufgebaut werden, die Lebenswelt der betroffenen Menschen berücksichtigen und ihren Lernvoraussetzungen angepasst sein. Dieses Förderprinzip wird methodisch getragen vom gemeinsamen Handeln und dem begleitenden Modellangebot für dialogisches und sprachliches Handeln, das die Erzieherin macht.

Trotz dieser grundsätzlichen Gleichheit der Förderprinzipien benötigen Menschen mit Behinderung in der Sprach- und Kommunikationsförderung besondere Methoden und Materialien, weil sie besondere Bedürfnisse und Bedingungen mitbringen. Auf diese Besonderheiten wird in den folgenden Kapiteln eingegangen.

9.4.1 Förderprinzipien und -ziele bei Kindern mit kognitiven Beeinträchtigungen

Menschen mit geistigen Behinderungen stellen weder in Bezug auf ihre Intelligenzminderung noch in Bezug auf ihre Sprach- und Kommunikationsfähigkeiten eine einheitliche Gruppe dar. Deshalb fällt es nicht leicht, übergreifende Richtlinien für die sprachliche Förderung aufzustellen. Für Menschen mit geistiger Behinderung gilt daher fast noch mehr als für andere Zielgruppen, dass nur die genaue Analyse der Kommunikationsfähigkeiten im Alltag Aufschluss darüber geben kann, was bereits möglich ist und wo Förderbedarf besteht.

Die Beobachtung von Alltagssituationen sollte Aufschluss darüber geben, in welchem Maße folgende Kommunikationsaspekte vorhanden oder beeinträchtigt sind:

- Blickkontakt
- Handmotorik/Gestik
- Kopfmotorik/Mimik
- Handlungsdialog (zeigen, geben, nehmen, nicken, Kopf schütteln usw.)
- emotionale Äußerungen (Freude, Ablehnung, Ärger usw.)
- Sprechbewegungen, stimmliche Äußerungen
- Benennung von Personen und/oder Objekten
- Satzbildung

Aufgabe

Beobachten Sie ein Kind mit geistiger Behinderung in mindestens drei verschiedenen Kommunikationssituationen und listen Sie auf, über welche Kommunikationsfähigkeiten es verfügt.

Neben den Informationen zu den individuellen Kommunikationsfähigkeiten liefert diese Analyse auch eine erste Orientierung über die Kommunikationsbedürfnisse der Betroffenen und ihrer Kommunikationspartner. Meist sind Angehörige, Erzieherinnen, Lehrerinnen oder andere betreuende Personen gut in der Lage, Auskunft über Kommunikationsschwierigkeiten im Alltag zu geben und Wünsche über die Verbesserung der Kommunikation zu formulieren. Aus den so erhobenen individuellen Kommunikationsmöglichkeiten, -grenzen und -wünschen lassen sich individuelle Förderziele ableiten, die den Bedürfnissen aller Beteiligten möglichst gut gerecht werden.

Aufgaben

1. *Führen Sie mit mindestens zwei Personen des kommunikativen Umfeldes des zuvor beobachteten Kindes ein Interview über Probleme in der Kommunikation und Wünsche für die Kommunikationserleichterung.*
2. *Überlegen Sie gemeinsam mit den betreuenden Personen, was wohl die Kommunikationsbedürfnisse des Kindes mit Behinderung sind.*
3. *Leiten Sie aus den Informationen, die Sie nun gewonnen haben, Ideen für Förderschwerpunkte ab.*

Die anschließenden Fördermaßnahmen folgen grundlegend den in Kapitel 5 angesprochenen Prinzipien. In der Arbeit mit geistig behinderten Menschen gilt es jedoch, noch einige zusätzliche Grundregeln zu beachten, die sich auf die eingeschränkten Lernmöglichkeiten beziehen.

- **Prinzip der Vereinfachung:** Menschen mit geistiger Behinderung benötigen Anregungen in kleinen, klar erkennbaren Einheiten. Auf die Sprachförderung bezogen bedeutet das: Handlungen sollten eher mit Worten als mit Sätzen begleitet werden, wenige einfache Worte sind besser aufzufassen als lange Sätze. Das angebotene Wortmaterial sollte sich auf alltagsbedeutsame Dinge, Menschen und Situationen beziehen. Es sollte darüber hinaus keine Überfrachtung mit sprachlichen oder anderen akustischen Reizen stattfinden. Radio, Fernsehen oder Entspannungsmusik im Hintergrund kann die Aufnahme sprachlicher Informationen stark behindern und die Konzentration auf kommunikative Handlungen verhindern.
- **Prinzip der Wiederholung:** Damit die Zusammenhänge von Handlung und Ergebnis, Sprechen und Handeln sowie Wort und Objekt ausreichend gut erkannt und gespeichert werden können, müssen sie wesentlich öfter angeboten werden als bei nicht behinderten Menschen. Auch wenn der Eindruck entsteht, dass ein Lernschritt beherrscht wird, sollte er immer wieder aufgegriffen und neu angeboten werden, damit die erworbenen Fähigkeiten nicht wieder verloren gehen.
- **Prinzip der Geduld:** Kommunikations- und Sprachaufbau brauchen Zeit. Wie lange es dauert, bis aus den Angeboten Lernfortschritte werden, kann nicht von der Heilpädagogin oder Sprachtherapeutin vorgegeben werden, sondern hängt vom behinderten Menschen und seinem individuellen Lerntempo ab.
- **Prinzip der Eigenaktivität:** Der Mensch mit Behinderung verfügt nicht nur über ein ganz eigenes Lerntempo, er bestimmt auch mit, welche Lerninhalte für ihn passend sind, welche Lernangebote er aufgreift und welche nicht sinnvoll sind. Er wird sehr deutlich durch zustimmende oder abwehrende Signale zeigen, ob die Angebote für ihn im Alltag umsetzbar und gewinnbringend sind oder ob sie an seinen Kommunikationsbedürfnissen vorbeizielen. Passende Angebote werden mit positiver Eigenaktivität beantwortet, nicht passende mit Abwehrreaktionen. Da die Berücksichtigung von Kommunikationsbedürfnissen der Betroffenen eine wichtige Grundlage der Förderung darstellt, darf darüber nicht hinweggegangen werden.

Aufgabe

Bilden Sie Arbeitsgruppen, in denen jeweils eine von drei Vorbereitungsaufgaben erledigt wird.

Gruppe 1: Informieren Sie sich über das Konzept der basalen Stimulation. Bereiten Sie eine Präsentation über deren Grundlagen und Methoden vor.

Gruppe 2: Informieren Sie sich über das Konzept der basalen Kommunikation. Bereiten Sie eine Präsentation über deren Grundlagen und Methoden vor.

Gruppe 3: Suchen Sie nach Veröffentlichungen über basale Stimulation und Kommunikation mit geistig behinderten Menschen. Suchen Sie vor allem Erfahrungsberichte von Therapeuten und Pädagogen, deren Inhalte Sie ebenfalls für eine Präsentation aufbereiten.

Stellen Sie sich gegenseitig Ihre Arbeitsergebnisse vor und diskutieren Sie Gemeinsamkeiten und Unterschiede zu den hier vorgestellten Förderprinzipien.

In den beiden folgenden Kapiteln werden zwei relativ klar abgrenzbare Förderansätze für spezielle Formen geistiger Behinderung vorgestellt. Die Handlungsgrundlagen und -vorschläge, die dabei gemacht werden, lassen sich gut auch auf die Förderung von Menschen mit anderen Formen geistiger Behinderung übertragen.

9.4.2 Förderansätze für Menschen mit Autismus-Spektrum-Störung

Wie oben bereits dargestellt wurde, handelt es sich beim frühkindlichen Autismus um ein Störungsbild mit dem Hauptmerkmal der Kontakt- und Kommunikationsstörung. Die an die Checkliste von Rollet/Kastner-Koller (2018) angelehnte Tabelle vermittelt eine Übersicht über die Besonderheiten des Verhaltens autistischer Menschen und damit für die Beobachtungsebenen, die bei der grundlegenden Analyse des Kommunikationsverhaltens wichtig werden.

Überblick über Auffälligkeiten bei Autismus

Beobachtungsbereich	Symptome	Beispiele für auffälliges Verhalten
a) Motorik	• Stereotypien • automatisierte Wiederholungen gleicher Bewegungen	• Fingerspiele • Handdrehungen • Schaukelbewegungen • Klopfen • Hüpfen • Flattern mit Fingern, Händen oder Armen • Beriechen eigener Körperteile • Kreiseln mit Objekten • Drehen von Gegenständen • ständiges An- und Ausschalten von Licht-schaltern, Radioschal tern u. Ä.

Beobachtungsbereich	Symptome	Beispiele für auffälliges Verhalten
b) Sensorik	• gleichzeitig Hypo- und Hypersensitivität: geringe Empfindlichkeit gegenüber manchen Reizen, übersteigerte Empfindlichkeit gegenüber anderen	• Schmerzunempfindlichkeit • keine oder verzögerte Reaktionen auf Sinnesreize oder Personen • Überempfindlichkeit gegenüber ablenkenden Reizen • Bevorzugung der Nahsinne des Tastens, Riechens, Schmeckens • Selbststimulation durch stereotype Bewegungen
c) (Sozial-)Verhalten	• unflexible Spezialinteressen • Beharren auf Ritualen • Autoaggressionen • fehlendes Imitationsverhalten • fehlendes Spielverhalten • fehlender Blickkontakt • Ablehnung von Körperkontakt	• ängstliche oder aggressive Reaktionen auf Störung oder Unterbindung der Stereotypien • Irritierbarkeit durch Veränderungen im Tagesablauf oder der räumlichen Umgebung • Kratzen, Haareausreißen, Kopf gegen die Wand schlagen • stark verzögerte oder keine Reaktionen auf Kontaktangebote • keine eigenaktive Kontaktaufnahme • Wegdrehen, Schreien oder aggressives Verhalten bei Körperkontakt
d) Sprache	• fehlende Sprache oder Sprachstereotypien ohne Kommunikationswirkung	• ausbleibende Sprachentwicklung • Sprachnutzung ohne kommunikative Absichten: ständiges Wiederholen isolierten Wort- oder Satzmaterials, stereoptype Wiederholung einzelner Laute oder Lautverbindungen • ungrammatisches Aneinanderreihen von Einzelelementen • fehlende prosodische Merkmale (Melodie, Pausen, Rhythmus)

(vgl. Rollett/Kastner-Koller 2018, S. 17–20)

Aufgaben

1. *Beobachten Sie einen autistischen Menschen in seinem Alltag. Versuchen Sie herauszufinden, welche der in der Checkliste genannten Verhaltensweisen bei ihm/ihr zu beobachten sind und in welchen Situationen sie auftreten.*
2. *Beobachten Sie die Interaktionen mit den Bezugspersonen: Welche Kontaktangebote machen diese? Wie reagiert der autistische Mensch darauf?*

Obwohl bei autistischen Kindern, Jugendlichen oder Erwachsenen eine schwerwiegende Kontakt- und Kommunikationsstörung vorliegt, ist es möglich, durch gezielte Förderung und konsequentes Handeln eine positive Entwicklung der sozialen und kommunikativen Kompetenzen in Gang zu bringen. Rollet/Kastner-Koller stellen hierzu in ihrem „Praxisbuch Autismus“ (2018) die Grundzüge des Interaktions- und Kontakttrainings vor und erläutern die Möglichkeiten der Sprach- und Kommunikationsförderung.

Interaktions- und Kontakttraining mit autistischen Menschen

Um überhaupt Sprach- und Kommunikationsfähigkeiten entwickeln zu können, müssen sich autistische Menschen erst einmal die Grundlagen der Kontaktaufnahme und Interaktion mit anderen Menschen erarbeiten. Gesunde Menschen nehmen vor allem auf zwei Wegen Kontakt miteinander auf: zum einen mit Blickkontakt und Anlächeln („Anstrahlen", Rollett/Kastner-Koller 2018, S. 64), zum anderen mit einer dem Gesprächspartner angepassten Sprechweise, bei Kindern also mit unterstützenden Sprachstilen wie dem Baby-Talk (vgl. Kap. 3).

„Auch autistische Kinder (und Erwachsene) reagieren auf das Anstrahlen, wie wir auf unseren Videoaufnahmen sehen konnten. Der Unterschied zu anderen Kindern besteht allerdings darin, dass Autisten ungewöhnlich lange brauchen (10 Minuten bis zu einer halben Stunde), bis sie auf dieses Kontaktsignal zu antworten beginnen. Auch dann schauen sie einen nur groß an, scheinbar ohne einen Funken des Erkennens: Sie haben einen aber sehr genau gesehen!
[...] Der Kunstgriff, den wir im Training verwenden, besteht daher darin, dass wir die Bezugsperson bitten, das Kind immer wieder anzulächeln und zurückzublicken, ganz gleichgültig, ob es reagiert oder nicht und ohne Rücksicht darauf, wie lange es dauert, bis es zu antworten beginnt. Dies ist sicher nicht leicht. Eine solche Hartnäckigkeit entspricht nämlich unserem Normalverhalten im Alltag in keiner Weise. Das Vorgehen ist jedoch bei Autisten außerordentlich wirksam: Es signalisiert Zuwendung ohne Zwang.
[...] Dass autistische Kinder eine derartig lange „Anwärmphase" brauchen, um auf Blickangebote reagieren zu können, ist leider kaum bekannt. Autisten erleben daher immer wieder, dass sich die anderen von ihnen viel zu rasch wieder abwenden, und sind dann enttäuscht und zunehmend weniger motiviert, sich auf Kontakte einzulassen."
(Rollett/Kastner-Koller 2018, S. 64)

Neben dem fast unermüdlichen Kommunikationsangebot des „Anstrahlens" erweist sich auch die kindgemäße Ansprache im Sinne des Baby-Talks als sinnvoll: Diese überdeutliche, aber einfache Sprechweise signalisiert Kontaktbereitschaft und Anpassung an die Aufnahmefähigkeit des Kindes und erleichtert es dem autistischen Kind, das Kontaktangebot zu erkennen. Auch diese angepasste Sprechweise muss mit viel Geduld und unermüdlicher Konsequenz angeboten werden, obwohl die Kinder auch darauf oft zunächst gar nicht, später extrem verzögert reagieren.

Grundsätzlich gilt für das Kontakt- und Interaktionstraining, dass autistische Kinder sehr viele Wiederholungen kleinster Lernangebote benötigen, damit sie gewünschte Verhaltensweisen erkennen und zeigen können, und sie benötigen „freundliche Konsequenz" (Rollet/Kastner-Koller 2018, S. 66) in der Rückmeldung auf gezeigtes positives oder negatives Verhalten.

„Autistische Kinder sind Fremdlinge in unserer Welt. Sie wissen selbst nicht, wann sie etwas richtig und wann sie etwas falsch machen. Es ist daher sehr wichtig, dass man ihnen dies sofort mitteilt, wenn man mit ihnen lernt und arbeitet.
Wenn sie etwas gut gemacht haben, sollte man ihnen sofort lobend sagen, dass es richtig ist und auch hinzufügen, was sie gut gemacht haben. [...] Es erleichtert das Lernen wesentlich – nicht nur bei autistischen, sondern bei allen Kindern, da sie dann wissen, was an ihrer Leistung richtig war, und sich dies einprägen können.

Was aber, wenn das Kind etwas falsch gemacht hat? Nicht nur für autistische, sondern auch für andere Kinder ist es sehr ungünstig, wenn man sie tadelt. Dies erzeugt nur negative Gefühle, ohne dass sie einen Hinweis bekommen, wie sie es besser machen könnten. Das Kind weiß dann nur, dass diese Art, die Aufgabe zu lösen, falsch war, aber nicht, welche von den vielen anderen Möglichkeiten zur richtigen Lösung führt.
Man sollte stattdessen eine sogenannte „hilfreiche Rückmeldung" geben [...]. Diese besteht darin, dass man dem Kind in einem engagierten, freundlichen Ton sagt, wo ein kleiner Fehler [oder unerwünschtes Verhalten] aufgetreten ist, und – was besonders wichtig ist – ihm die Hilfen gibt, den Fehler sofort auszubessern. Ebenso wichtig ist es, anschließend das Kind zu loben."
(Rollett/Kastner-Koller 2018, S. 66)

Ein besonderes Problem in der Förderung autistischer Kinder stellen die stereotypen Verhaltensmuster dar, die sich nur schwer durchbrechen lassen, um stattdessen in eine förderliche Interaktion treten zu können. Die Kinder führen diese Stereotypien stundenlang aus und wirken dabei völlig entspannt und zufrieden. In dieser Zeit sind sie Kontakt- oder Lernangeboten jedoch kaum zugänglich. Die betreuenden Personen empfinden die Stereotypien als sehr zwiespältig: Einerseits machen sie die Erfahrung, dass sie sie nur um den Preis von Wutanfällen, Autoaggressionen oder Angriffen auf sich selbst unterbrechen können, andererseits haben sie in den Phasen, in denen das Kind sich stereotyp selbst beschäftigt, zumindest etwas Ruhe.

Die Stereotypien sind ein Verhalten, mit denen das Kind sich in Angst auslösenden oder Reiz überflutenden Situationen vor der Umwelt abschottet, sein hohes Anspannungsniveau reguliert und sich entspannt. Die Stereotypien geben dem Kind in einer Welt, die es schlecht versteht, zumindest ein wenig Vorhersehbarkeit, Zuverlässigkeit und Sicherheit. Das ist sicher auch der Grund, warum die Kinder so überaus heftig auf Versuche reagieren, sie in diesem Tun zu unterbrechen. Da die Stereotypien für die Kinder also auch durchaus ihren positiven Wert haben, wurden Programme entwickelt, die die Stereotypien als Belohnung nutzen und die jede Aktivität außerhalb der Stereotypien lobend verstärken.

Sprach- und Kommunikationsförderung mit autistischen Menschen

Wenn das autistische Kind in der Lage ist, Kontaktangebote auszuhalten und zu erwidern, kann die Sprach- und Kommunikationsfähigkeit gefördert werden. Die Kommunikationsförderung bezieht sich auf folgende Bereiche:

- Blickkontakt aushalten und herstellen können: Das Kind muss lernen, der Aufforderung „Schau mich an" nachzukommen, weil sonst keine gemeinsame Aufmerksamkeitsausrichtung möglich ist. Der Blickkontakt ist Voraussetzung dafür, dass das Kind verbal und nonverbal erreichbar ist.
- Gemeinsame Aufmerksamkeit herstellen: Das Kind soll Gegenstände wahrnehmen und seine Aufmerksamkeit auf Dinge lenken können, die ihm angeboten werden.
- Imitieren: Das Kind soll Bewegungen und Handlungen seines Interaktionspartners erkennen und nachahmen können. Dazu gehören z. B. einfache kindgemäße Aktivitäten wie klatschen, winken, Arme strecken, aber auch die spielerische Nachahmung von Alltagshandlungen wie Tisch decken, Hände waschen, mit dem Löffel essen.

- Kommunikationsformen lernen: Das Kind erlernt einfache Kommunikationshandlungen wie z. B. grüßen, verabschieden, bitten, danken, Ja/Nein-Fragen mit Gestik oder Worten beantworten.

Viele Menschen mit Autismus profitieren von den Methoden der Unterstützten Kommunikation (UK), s. Kap. 9.4.5, und es ist lohnenswert auszuprobieren, ob sich die kommunikativen und/oder sprachlichen Probleme im alltäglichen Miteinander durch die Verwendung eines UK-Verfahrens erleichtern lassen. Zwei Ansätze haben sich dabei als besonders wirkungsvoll gezeigt: Beim Picture Exchange Communication System (PECS) können die Kinder ihre Bedürfnisse mitteilen, indem sie Bildkarten (Fotos, Zeichnungen, Symbole je nach Sprach- und Bildverständnis) an ihren Kommunikationspartner geben, der daraufhin das Gewünschte gibt oder tut. Die Verständigung gelingt hier auf eine sehr direkte, unmissverständliche Weise und ohne dass Sprache verwendet werden muss (vgl. Snippe 2019, S. 81 ff.). Im TEACCH-Konzept (Treatment and Education of Autistic and Related Communication Handicapped Children) wird versucht, die Alltagsabläufe mithilfe von visuellen Hinweisen zu strukturieren. Gut sichtbare Symbole für Handlungsreihenfolgen, Aufgaben oder Personen erleichtern die Wahrnehmung von Regelmäßigkeiten und Abläufen, sodass es den Kindern besser gelingt, sich im Alltag zurechtzufinden (vgl. Snippe 2019, S. 89 ff.).

Die Schlüssel zum Erfolg beim Arbeiten mit autistischen Kindern lauten
- ***nicht aufgeben, immer wieder Kontaktangebote machen,***
- ***konsequent gewünschtes Verhalten verstärken, unerwünschtes mit hilfreicher Rückmeldung beantworten,***
- ***Geduld haben, sich und dem Kind Zeit lassen.***

Festzuhalten bleibt, dass eine gezielte Kontakt- und Kommunikationsförderung die Erfolgsaussichten einer weiteren, spezialisierten Lern- und Entwicklungstherapie deutlich erhöht, aber kein Ersatz dafür ist. Die heilpädagogische Förderung muss immer durch spezielle Entwicklungs-, Lern- und Förderprogramme in den Bereichen Motorik, Wahrnehmung, Sprache, Gedächtnis, Konzentration und schulischen Lernaufgaben ergänzt werden.

9.4.3 Sprachförderkonzepte für Kinder mit Downsyndrom

Kinder mit Downsyndrom vollziehen ihre Gesamtentwicklung langsamer als nicht behinderte Kinder, können allerdings durch frühzeitige und gezielte Förderung sehr positiv dabei unterstützt werden, ihr individuelles Lernpotenzial auszuschöpfen. Im Einzelnen kann es bei Kindern mit Downsyndrom zu vielfältigen Beeinträchtigungen der Sprache und der Kommunikation kommen, die zur Planung von Therapie- oder Fördermaßnahmen überprüft werden müssen:

Kommunikationsbezogene Auffälligkeiten bei Menschen mit Downsyndrom

Beobachtungsbereich	Symptome	Beispiele für Auffälligkeiten
a) Motorik	• Hypotonie	• geringe Muskelspannung • wenig Kraft bei willentlichen Bewegungen • Fein- und Grobmotorik verlangsamt und ungenau • lange Reaktionszeiten auch bei einfachen Bewegungen • verlangsamt einsetzende, oft ungenaue und kraftlose Sprechbewegungen
b) Sensorik	• Hörbeeinträchtigungen • Mittelohrentzündungen • Ohrfehlbildungen • Sehstörungen	• Schwerhörigkeit • schlechte Sprachwahrnehmung • schlechte Voraussetzungen für die Speicherung von Sprache • Einschränkungen der visuellen Aufnahmefähigkeit
c) Sprache	• Sprachentwicklungsstörungen	• Beginn des Sprechens deutlich verzögert • langsamer Erwerb grammatischer Regeln • verlangsamter und eingeschränkter Wortschatzaufbau • Verwendung kurzer, einfacher Sätze
d) Sprechen	• Artikulationsstörungen, verursacht durch Kieferform und eingeschränkte Mundmotorik	• offene Mundhaltung • fehlende Nasenatmung • Zungenruhelage zwischen den Lippen • undeutliches Sprechen, langsame und ungenaue Artikulationsbewegungen • Fehlbildung oder Auslassung von Lauten

Im Bereich von Sprache und Kommunikation zeigen Kinder mit Downsyndrom als Hauptmerkmale oft eine Sprachentwicklungsverzögerung und, aufgrund ihrer anatomischen Verhältnisse und der allgemeinen Hypotonie, deutliche Artikulationsstörungen. Beide Bereiche können mit sprachtherapeutischen Methoden beeinflusst werden, z. B. mit

» der **orofazialen Regulationstherapie** nach Castillo-Morales (1998). Dabei handelt es sich um ein ursprünglich physiotherapeutisches Konzept, das sehr stark an das Bobath-Konzept angelehnt ist und sich auf die Anregung von Sensorik und Motorik konzentriert. Durch verschiedene therapeutische Techniken wie Druck, Zug und Vibration im Bereich von Lippen, Wangen und Zunge werden die Muskelfunktionen zu normaler Funktionsfähigkeit angeregt, sodass normale Bewegungsabläufe beim Saugen, Schlucken und später auch Sprechen ermöglicht werden. Bei manchen Kindern wird diese Therapieform noch zusätzlich durch das Anpassen einer Gaumenplatte ergänzt, die so geformt wird, dass sie die Zunge stimuliert und deren Lage im Mund normalisiert

- einer **systematischen Sprachtherapie**, bei der auf der Basis genauer Sprach- und Kommunikationsanalysen gezielte Maßnahmen zum Aufbau von Wortschatz, grammatischen Strukturen und Ausspracheféhigkeiten erfolgen. Diese Therapiemaßnahmen betten die Methoden der orofazialen Regulationstherapie in ein Gesamtkonzept der Sprachförderung ein und werden oft durch weitere Hilfsangebote erweitert, wie z. B. die gebärdenunterstützte Kommunikation nach Wilken (2014). Dabei werden dem Kind in natürlichen Kommunikationssituationen Gebärden angeboten, die es auch bei eingeschränkten lautsprachlichen Fähigkeiten zur Benennung von Objekten oder Bedürfnissen einsetzen kann. Mit diesen Gebärden erwirbt das Kind grundlegende Sprach- und Verständigungsmöglichkeiten, die den Alltag erleichtern und die Entwicklung der Lautsprache positiv beeinflussen.
- dem Konzept des **frühen Lesens**: Hierbei wird ausgenutzt, dass viele Kinder mit Downsyndrom visuelle Wahrnehmungen viel besser verarbeiten können als akustische Reize. So weiß man heutzutage auch, dass fast alle Kinder mit Downsyndrom Lesen lernen können. Die Schriftsprache ist deshalb eine gute Unterstützung für den Wortschatzaufbau und das Erlernen von Lautmustern. Die Kinder lernen die Begriffe und die Schriftbilder zuerst mithilfe der Zuordnung von Bild- und Schriftkarten, später wird auf das Erlesen von einzelnen Buchstaben und Wortkarten übergegangen (vgl. Giel 2015, S. 40 ff.). Die Schriftsprache bietet bei Verständnisproblemen im Alltag viele Vorteile, weil man auf einen zweiten Kommunikationskanal ausweichen kann, wenn das Gesprochene allein nicht ausreicht.

Aufgaben

1. *Informieren Sie sich in Fachbüchern und im Internet über die Vorgehensweisen der gebärdenunterstützten Kommunikation (z. B. unter http://down-syndrom-netzwerk.de). Listen Sie die Vorteile auf, die Gebärden für die Kommunikation, aber auch für die Lautsprachentwicklung haben können.*
2. *Diskutieren Sie, inwiefern die gebärdenunterstützte Kommunikation in Ihnen bekannten Alltagssituationen der Frühförderung sinnvoll eingesetzt werden könnte. Geben Sie konkrete Beispiele mit Kommunikationssituationen, in denen Gebärden helfen können.*

Kinder mit Behinderungen benötigen im Alltag vor allem immer wieder klare, konsequente Angebote. Die in Kapitel 3.1.1 beschriebenen allgemeinen Förderstrategien und die Prinzipien der Sprachgestaltung (vgl. Kap. 3.1.2) gelten hier ganz besonders.

Vor allem in der Frühförderung ist es wichtig, die verzögerten Reaktionszeiten der Kinder zu beachten. Auf Kommunikationsangebote wie Lächeln oder Blickkontakt reagieren sie oft erst nach einer deutlichen Pause und mit undeutlichen Signalen, sodass die Kommunikationspartner denken könnten, es sei gar keine Reaktion erfolgt. Kinder mit Downsyndrom brauchen daher immer ausreichend Reaktionszeit und immer wieder erneuerte Kommunikationsangebote.

Die mundmotorische Entwicklung der Kinder kann in Absprache mit der Sprachtherapeutin durch viele Alltagsaktivitäten unterstützt werden. Alle Spiele, bei denen eine gezielte Mundbewegung (Pusten, Saugen usw., vgl. Kap. 5.2.4) nötig ist, können auch von Kindern mit Downsyndrom ausprobiert werden. Sie können sie, evtl. in vereinfachter Form, gut mitspielen. Darüber hinaus können die Kinder dazu angeregt werden,

- mit dem Strohhalm zu trinken, weil damit das Zurückziehen der Zunge und der Mundschluss gefördert werden,
- bei Begrüßungen oder Verabschiedungen Luftküsschen mit hörbarem Schmatzgeräusch zu machen, wodurch die Lippen gekräftigt werden,
- Nudeln, Lakritzschnecken o. Ä. nur mit den Lippen in den Mund zu befördern; das kräftigt die Lippen und fördert den Mundschluss,
- Salzstangen ohne Hilfe der Hände zu knabbern; das sorgt für eine gute Lippen-Zungen-Koordination,
- Zungenspiele im Mund durchzuführen (Wangen von innen links und rechts ausbeulen, nach dem Zähneputzen die Zähne von innen kontrollieren usw; das fördert die Zungenbeweglichkeit und die Orientierung im Mundraum,
- Sprechspiele und Kinderverse aufzusagen, die die Artikulationsfähigkeiten unterstützen und bei denen Geräusche nachgeahmt werden, wie z. B. „ffffff" für den Wind, „sssss" für Bienensummen, „muh" für die Kuh oder „rrrrr" für den Wecker.

Beispiel

Marie ist drei Jahre und vier Monate alt. Sie spricht einige wenige Worte: Mama, Papa, Ba (für Ball), ebbe (für essen), ini (ihre Puppe), da, nei (für nein). Sie hat den Mund meist offen, die Zunge schaut leicht heraus, sie atmet kaum durch die Nase. Ihre Lippen sind spannungsarm. Marie ist aufmerksam für das, was die Menschen in ihrer Umgebung tun, und macht vieles nach.

Aufgaben

1. *Suchen Sie in Sammlungen mit Kinderversen, Sprechspielen usw. nach Sprechspielen, bei denen Geräusche produziert werden sollen und bei denen Marie ihre Lippen bewegen muss.*
2. *Entwickeln Sie Ideen, wie Sie Marie weitere Angebote für Lippenbewegungen machen könnten, entweder mit Spielen oder in Alltagssituationen.*
3. *Stellen Sie sich gegenseitig Ihre Ideen vor und legen Sie eine Ideensammlung „Mundmotorik" an.*

9.4.4 Sprech- und Kommunikationsförderung bei Dysarthrie

Die allgemeinen Symptome von Erkrankungen, die mit Dysarthrien einhergehen, und deren Auswirkungen auf das Sprechen wurden bereits dargestellt. Dysarthrien können in jedem Lebensalter auftreten, z.B. im Zusammenhang mit einer infantilen Cerebralparese, nach Unfällen, Schlaganfällen oder anderen Hirnverletzungen, und haben für die Betroffenen weitreichende kommunikative Belastungen zur Folge:

- Aufgrund der individuellen Sprechstörungen werden die Betroffenen schlecht oder nicht verstanden: Die Aussprache ist zu verwaschen, undeutlich oder leise. Dies führt sowohl bei den Sprechern als auch bei den Zuhörern zu Frustrationen.
- Die motorischen Störungen (Hyper- oder Hypotonus, Ataxie) führen zu einer grundsätzlich auffälligen, ungewohnten Sprechweise, die die Zuhörer irritiert und das Auffassen von nonverbaler Information sehr erschwert.
- „Die Betroffenen werden oft in der Öffentlichkeit stigmatisiert, man weicht aus, und es werden die seltsamsten Vermutungen angestellt, welche Krankheit denn die Person mit Dysarthrie hätte, und oft wird auf Geisteskrankheit getippt. Das ist für die Betroffenen, die ja alles verstehen und klar mitbekommen, demütigend und führt oft dazu, dass sie sich aus der Öffentlichkeit zurückziehen" (Geiger/Mefferd 2007, S. 22).

Die Sprechsymptome der Dysarthrie werden von Sprachtherapeutinnen behandelt, die für eine Verbesserung von Atmung, Körperhaltung, Muskeltonus, Stimmgebung und Artikulation sorgen. Mit speziellen Methoden, die zum Teil aus den physiotherapeutischen Konzepten der Bobath-Therapie und der orofazialen Regulationstherapie abgeleitet sind, können günstigere Bewegungsabläufe angebahnt, eingeübt und gefestigt werden. Dadurch erhalten die Betroffenen deutlich mehr Kontrolle über ihre Sprechwerkzeuge. Die Schwerpunkte der Therapie liegen dabei auf der Verbesserung der Sprechverständlichkeit. Erreicht wird dieses Ziel durch individuell dem Störungsbild angepasste Übungen zu folgenden Teilbereichen:

- Kräftigung, Eutonisierung und Bewegungskoordination der Lippen-, Zungen- und Wangenmuskulatur: Verbesserung der Artikulationsgenauigkeit
- Atemvertiefung und Ausatemstromverlängerung: Verbesserung der Voraussetzungen für Stimmgebung und Artikulation
- Ausbau der Sprechlautstärke: Verbesserung der Verständlichkeit in normaler Umgebungslautstärke und bei normaler Sprechdistanz

Übergreifendes Ziel der Dysarthrietherapie ist es, dem Patienten die Fähigkeit zur selbstständigen Informationsübermittlung zu ermöglichen oder zu erhalten (vgl. Schubert 2008, S. 46).

Die in der Sprachtherapie erzielten Fortschritte sollten auch im Alltag angebracht werden und können durch eine Förderung in der Tageseinrichtung positiv unterstützt werden. Es sollte eine intensive Absprache mit der Therapeutin über die erarbeiteten Sprechfähigkeiten geben. Wenn bestimmte Bewegungsabläufe ausreichend sicher beherrscht werden, kann der Betroffene sie in Alltagssituationen nutzen, und die Gesprächspartner können darauf hinwirken, dass sie konsequent angewandt werden.

Zur Erleichterung der Alltagskommunikation kann man einige Prinzipien beachten:

- Durch die Grunderkrankung sind oft auch Gestik und Mimik beeinträchtigt, sodass es schwerfallen kann, aus Stimme, Haltung und anderen nonverbalen Signalen die Stimmung und Absichten des Sprechers zu erkennen. Der Blickkontakt ist daher umso wichtiger als zusätzliche Informationsquelle, z. B. darüber, ob eine Äußerung beendet ist oder der Sprecher nur eine Pause zum Luftholen braucht.
- Hintergrundgeräusche, die die Verständlichkeit zusätzlich beeinträchtigen könnten, sollten vermindert werden. Dysarthrische Patienten können sich mit ihrer oft leisen Stimme in einer ebenfalls ruhigen Umgebung leichter verständigen.
- Dysarthrische Patienten benötigen für ihre Äußerungen mehr Zeit als nicht behinderte Menschen. Ihr Sprechtempo ist reduziert, sie machen oft lange Pausen, und unter Zeitdruck wird das Sprechen oft noch undeutlicher. Geduld und Zeit sind hier wichtige Hilfen.
- Mit Rückmeldungen über das, was verstanden wurde und das, was noch nicht klar genug war, kann für Entlastung gesorgt werden. Statt „Sag noch mal" kann man beispielsweise sagen: „Du möchtest also morgen einkaufen. Wo du hin möchtest, habe ich aber nicht verstanden, weil es zu leise war. Wo willst du einkaufen?" Danach muss der Patient nicht die gesamte Äußerung wiederholen, sondern kann sich auf die erfragten Inhalte konzentrieren.

Web Anregungen zum Einüben dieser Rückmeldestrategien finden Sie im Zusatzmaterial.

9.4.5 Unterstützte Kommunikation

Wenn Menschen wegen ihrer körperlichen oder kognitiven Einschränkungen die gesprochene Sprache nicht oder nur unzureichend nutzen können, sollten mit ihnen Möglichkeiten der alternativen Kommunikation erprobt werden. Bei vielen Menschen mit körperlichen, geistigen oder Sinnes-Behinderungen ist dadurch eine zufriedenstellende Kommunikation und eine wesentlich bessere Teilhabe erreichbar.

Unterstützte Kommunikation (UK) kann für alle Menschen hilfreich sein, die nicht oder nur schwer verständlich sprechen können. Die Methoden der UK werden in körpereigene und externe Kommunikationsmittel unterschieden.

Körpereigene Kommunikationsmittel sind

- Gesten und Gebärden
- Augenbewegungen und Blickrichtung
- Zeigebewegungen
- Laute
- Mimik

Die körpereigenen Kommunikationsformen sind natürlicher Bestandteil der Verständigung (s. Kapitel 1.2.2). Sie stehen der nicht-sprechenden Person jederzeit zur Verfügung und können deshalb oft zumindest zur Sicherung einer Ja-/Nein-Kommunikation genutzt werden, um basale Bedürfnisse klären zu können. Gestensysteme wie z. B. die Deutsche Gebärdensprache (Kestner 2009) oder das Phonembestimmte Manualsystem (Kaiser-Mantel/Reber 2012) können darüber hinaus auch komplexere Inhalte ausdrücken.

LESETIPP

Eine Übersicht über Gebärdensysteme und ihre Einsatzmöglichkeiten findet sich in
📖 Appelbaum, Birgit: „Ich lade Dich zum Gebärden ein!" (Logos 2014, Heft 3, 22. Jahrgang, S. 222–224)

Externe Kommunikationsmittel beinhalten elektronische und nicht-elektronische Hilfen:

- nicht-elektronisch: Kommunikationstafeln, -bücher oder -kästen mit persönlich bedeutsamen Fotos, Abbildungen, Zeichnungen, Wortkarten oder Symbolen

- elektronisch: Computer mit Schrift- oder Sprachausgabe, Talker, Apps mit Symbolsammlungen und Sprachausgabe

Dynamischer Talker der Firma Prentke Romich GmbH Deutschland

Voraussetzung für die Auswahl der passenden Kommunikationshilfen ist eine genaue Diagnostik der sprachlichen Fähigkeiten, die trotz fehlender oder stark eingeschränkter Lautsprache vorhanden sind. Von spezialisierten Fachkräften werden deshalb das Sprachverständnis, der passive Wortschatz, die Fähigkeiten zur nonverbalen Kommunikation, Gestik/Mimik etc. überprüft, bevor eine Empfehlung für die richtigen UK-Methoden ausgesprochen wird. Die Anpassung der UK-Medien, z. B. die Anzahl und Auswahl von Symbolen auf dem Talker, muss sich an den vorhandenen Kommunikationsfähigkeiten der nicht sprechenden Person und an ihren Kommunikationsbedürfnissen orientieren. Die Kommunikationspartner von Menschen, die UK nutzen, müssen selbstverständlich im Umgang mit diesen Kommunikationssystemen geschult werden.

„Die Entscheidung, eine elektronische oder nicht-elektronische Kommunikationsmethode/-hilfe zu nutzen, kann nur im interdisziplinären Team (Eltern, Erzieher/Lehrer, Therapeuten, Ärzte ...) getroffen werden: Ein Computer oder eine Kommunikationstafel setzt ein sehr aktives Umfeld voraus! Alle, die mit dem Kind kommunizieren, müssen bereit sein, diese Hilfen mit Zeit und Geduld anzuwenden." (Giel 2015, S. 38)

Aufgaben

Recherchieren Sie auf der Internet-Seite der ISAAC-Gesellschaft für Unterstützte Kommunikation (www.isaac-online.de) über verschiedene Methoden, Formen, Hilfsmittel, Symbolsysteme etc. der UK.

Stellen Sie Ihre Ergebnisse in Form einer Collage zusammen.

Kennen Sie Kinder, die mit UK-Methoden kommunizieren? Berichten Sie Ihrer Gruppe, wie dies geschieht, wie die Kommunikation im Alltag gelingt und wann die Kommunikation trotzdem schwierig wird.

9.5 Interdisziplinäre Zusammenarbeit

Sprach- und Kommunikationsförderung vollzieht sich nicht im luftleeren Raum, sondern hat immer auch einen organisatorischen, institutionellen und personellen Rahmen. Die Zusammenarbeit mit den anderen Personen, die an der Arbeit mit dem behinderten oder förderbedürftigen Menschen beteiligt sind, stellt einen entscheidenden Beitrag zur Qualitätssicherung der Fördermaßnahmen dar. „Interdisziplinarität" bedeutet, dass Fachleute für ihr Spezialgebiet sich mit anderen Fachleuten zum Wohle der förderbedürftigen Person austauschen über die Notwendigkeit, Methoden und Ziele der Fördermaßnahmen. Die Beratung mit anderen professionellen Teammitgliedern, mit medizinischem und pflegerischem Fachpersonal sowie mit Angehörigen und Betreuern der geförderten Menschen ist ein notwendiger Bestandteil der Förderung. Im Rahmen einer Komplexleistung Frühförderung ist die Kooperation von pädagogischen, therapeutischen und medizinischen Fachleuten mit den Eltern unabdingbarer Bestandteil.

9.5.1 Kooperation im Förderteam

Die professionellen Mitglieder des Förderteams sind ein Teil des Alltags der förderbedürftigen Person und stellen eine bedeutende Basis der Sprach- und Kommunikationsförderung dar. Alle Mitglieder des Förderteams kennen den Menschen mit Behinderung in anderen Kommunikationszusammenhängen und können daher sehr genau Auskunft darüber geben, welche individuellen Kommunikationsbedingungen und -probleme bestehen. Das Wissen der Kolleginnen ist daher sehr wertvoll für die grundlegende Analyse der Kommunikationsmöglichkeiten und -grenzen, die immer am Anfang der Sprach- und Kommunikationsförderung stehen muss.

Mit den Personen des Förderteams kann man sich unter anderem darüber beraten,

- ob und welche Kommunikationshemmnisse bestehen und was bereits zur Lösung dieser Probleme unternommen wurde: Sind z. B. bei nicht sprechenden Personen schon Kommunikationsbücher oder Fotosammlungen angelegt worden? Wurde das Kind mit Verdacht auf Sprachentwicklungsbehinderungen schon diagnostiziert? Bestehen Kontakte zu Sprachtherapeutinnen? Wurden Therapiemaßnahmen eingeleitet?
- welche Kommunikationsmöglichkeiten genutzt werden: Wie kommuniziert der förderbedürftige Mensch in der Gruppe? Wie funktioniert die Verständigung über Alltagsthemen? Werden Hilfsmittel der unterstützenden Kommunikation genutzt? Wie unterstützen die nicht behinderten Personen die Kommunikation?
- ob grundlegende Störungen vorliegen, die die Sprach- und Sprechfähigkeiten beeinflussen: Ist das Ess-, Trink- und Schluckverhalten gestört? Bestehen Körperbehinderungen, die sich auf die Atmung, Stimmgebung und Sprechbewegung auswirken?
- welche Wünsche hinsichtlich der Kommunikationsfähigkeit beim Menschen mit Behinderung und bei seinen Kommunikationspartnern bestehen: Welche Probleme belasten die Alltagskommunikation am meisten? Welche Fortschritte würden für die größte Entlastung sorgen?
- welcher Entwicklungsstand erreicht wurde und welche Förderziele angemessen sind, welcher Förderort sinnvoll ist und welchen Umfang die Förderung haben soll.

Aufgaben

Web

1. *Begleiten Sie einen Tag lang einen behinderten Menschen in seinem Alltag (Kindertagesstätte, Schule, Wohnheim, Werkstatt, zu Hause, Pflegeheim, Therapie, ambulanter Arztbesuch usw.). Listen Sie auf, wer alles zum individuellen Förderteam gehört und welche Funktionen die jeweiligen Personen haben. Einen Arbeitsbogen dazu finden Sie im Zusatzmaterial.*
2. *Wenn Sie mit all diesen Personen ein Gespräch führen könnten, was würden Sie von ihnen jeweils erfragen wollen?*
3. *Welche dieser Personen erscheinen Ihnen als Kooperationspartner für die Sprach- und Kommunikationsförderung besonders wichtig? Warum?*

Zum Förderteam gehören immer auch Spezialisten für bestimmte Entwicklungs- und Therapiebereiche. Bei Menschen mit Förderbedarf im Bereich Sprache und Kommunikation sind dies in der Regel Sprachtherapeutinnen (Sprachheilpädagoginnen, Logopädinnen, klinische Sprechwissenschaftlerinnen, klinische Linguistinnen oder Patholinguistinnen), Ergotherapeutinnen und Physiotherapeutinnen, aber selbstverständlich gehören zum professionellen Förderteam auch die betreuenden Ärztinnen. Mit diesen Personen kann man sich austauschen über

- die eingeleiteten Therapiemaßnahmen, deren Ziele und Verlauf,
- Möglichkeiten, Therapieinhalte in den Alltag zu übernehmen,
- unterstützende Maßnahmen im Alltag,
- die Notwendigkeit und Inhalte der Angehörigenberatung,
- Medikamente oder andere Maßnahmen, die die Kommunikationsfähigkeit beeinflussen können,
- alle Belange, die die Sprach- und Kommunikationsförderung positiv unterstützen können.

Aufgaben

1. *Bilden Sie drei Arbeitsgruppen und informieren Sie sich über die Arbeitsfelder der a) Sprachtherapie/Logopädie, b) Ergotherapie, c) Physiotherapie. Stellen Sie Ihre Informationen als Übersicht auf einem großen Poster zusammen und präsentieren Sie dieses den anderen Gruppen.*
2. *Überlegen Sie gemeinsam, wo es in diesen Berufsfeldern Überschneidungen mit der Sprach- und Kommunikationsförderung gibt. Wann und wo gibt es Beratungs- bzw. Informationsaustauschbedarf zwischen diesen Gruppen?*

9.5.2 Zusammenarbeit mit dem kommunikativen Umfeld

Neben dem Austausch mit anderen an der Förderung beteiligten Fachleuten ist der wechselseitige Informationsfluss mit den Angehörigen, aber auch dem weiteren kommunikativen Umfeld von großer Bedeutung. Zum engeren und weiteren Umfeld können alle möglichen Personen gehören, die für den Menschen mit Förderbedarf mehr oder weniger große Kommunikationsbedeutung haben:

- Eltern, Ehepartner, Lebenspartner, Kinder
- Geschwister, Großeltern, Enkelkinder
- weitere Verwandte
- Freunde
- Erzieherinnen, Betreuerinnen
- Lehrerinnen
- Mitbewohner in Wohngruppen, Mitglieder der Kitagruppe, Mitschüler, Kollegen
- Personen, die manchmal ebenfalls kommunikativ wichtig sind, z. B. der Verkäufer in der Bäckerei, in der jeden Morgen die Brötchen geholt werden, der Eismann nebenan, die Kinder, die man auf dem Spielplatz trifft, die Verwandte, die nur einmal im Jahr zu Besuch kommt usw.

Selbstverständlich sind diese Personengruppen nicht alle gleich nah dran und daher auch nicht alle gleich wichtig für die Zusammenarbeit im Rahmen der Sprach- und Kommunikationsförderung. Man sollte von der betreuten Person sehr genau wissen, welche Kontaktpersonen im Vordergrund stehen und welche eher im Hintergrund. Mit den Personen im Vordergrund lohnt es sich, Kontakt aufzunehmen und Beratungsgespräche zu führen, bei denen man ebenfalls viel über die Realität der Kommunikationsfähigkeit erfahren kann sowie über die Bedürfnisse der Angehörigen und über ihre bereits unternommenen Schritte zur Hilfe.

Aufgaben

1. *Legen Sie ein Schaubild an, auf dem die kommunikativen Kontakte eines Menschen mit Behinderung abgebildet sind. Eine Anleitung und ein Beispiel dazu finden Sie im Zusatzmaterial.* Web
2. *Stellen Sie sich gegenseitig die Person mit Behinderung und deren Umfeld vor. Machen Sie deutlich, worin die wichtigen Kommunikationsbezüge bestehen.*

Der Sinn der Zusammenarbeit mit den Personen des Umfelds besteht nicht nur darin, von ihnen etwas über die Alltagskommunikation und deren Belastungen zu erfahren. Die Personen des Umfelds werden als Förderpartner gebraucht, weil sie den gesamten Prozess begleiten und unterstützen sollen. Sie können die Förderziele mitbestimmen, sie setzen erreichte Fortschritte in den Alltag um, sie kennen die Möglichkeiten und Grenzen der Betroffenen sehr genau, sie stehen als Übungspartner zur Verfügung, sie motivieren die Betroffenen zum Durchhalten und Mitmachen, kurzum: Sie haben großen Anteil daran, ob der Förderprozess erfolgreich verläuft oder nicht.

Die Kooperation mit den Angehörigen und dem weiteren Umfeld setzt voraus, dass sie als Experten für ihre Belange und die des förderbedürftigen Menschen betrachtet werden. Die Angehörigen sind nicht nur Informationsquelle, sondern aktiv am Förderprozess beteiligt und ebenso zu unterstützen wie die Betroffenen selbst. Dazu sind verschiedene Anforderungen zu erfüllen:

- Die Angehörigen müssen gut über den Förderbedarf, die Förderziele und die Maßnahmen informiert werden, damit sie ihr Wissen über Bedürfnisse und Fähigkeiten der Betroffenen einbringen und über den Förderplan mitentscheiden können.
- Fördermaßnahmen müssen offen und deutlich erklärt werden, damit deren Umsetzung im Alltag gelingen kann.
- Die Erwartungen an die Mitarbeit der Angehörigen müssen deutlich formuliert werden, weil Angehörige oft nicht genau wissen, welches ihre Rolle im Förderprozess ist.
- Die Möglichkeiten und Grenzen des Unterstützungssystems des Angehörigen müssen akzeptiert werden: Zeitrahmen, Familienleben und andere Organisationsrealitäten dürfen nicht übergangen werden.

Aufgaben

1. *Führen Sie ein Interview mit einem Elternteil, Ehepartner oder Kind eines Menschen mit Behinderung. Befragen Sie diese Person darüber, wie sie sich die ideale Förderung für den Betroffenen wünscht.*
2. *Fragen Sie auch danach, wie der oder die Angehörige in die Förderung einbezogen wird und wie die Beratung oder Unterstützung der Angehörigen aussieht.*

9.5.3 Hilfreiche Informationsquellen und Adressen

Manchmal werden im Rahmen der Sprach- und Kommunikationsförderung spezialisierte Ansprechpartner oder weitergehende Informationen benötigt.

Spezialisten für die Sprach- und Kommunikationsförderung, aber auch kompetente Ansprechpartner für weitere Informationen finden Sie z. B. bei den Berufsverbänden der Sprachtherapeuten:

Deutscher Bundesverband für akademische Sprachtherapie und Logopädie e. V. (dbs)
Goethestr. 16
47441 Moers
Tel.: 02841/9981910
Fax: 02841/99819130
E-Mail: info@dbs-ev.de, www.dbs-ev.de

Deutscher Bundesverband für Logopädie e. V. (dbl)
Augustinusstr. 11 a
50226 Frechen
Tel.: 02234/691153
Fax: 02234/965110
E-Mail: info@dbl-ev.de, www.dbl-ev.de

Darüber hinaus ist das Internet eine hervorragende Quelle, um Selbsthilfegruppen und Interessenverbände, Frühförderzentren oder andere Institutionen zu finden, um sich über Methoden der Diagnostik und Therapie zu informieren und um Gleichgesinnte zu finden, die an ähnlichen Problemen arbeiten wie man selbst, z. B. unter http://www.foepaed.net oder http://down-syndrom-netzwerk.de, http://www.aphasiker.de, http://www.schlaganfall-info.de und viele mehr. Die großen Suchmaschinen führen zuverlässig zu den gewünschten Informationen.

Literaturverzeichnis

Appelbaum, Birgit: „Ich lade dich zum Gebärden ein!“ Logos, Heft 3 2014 (22. Jahrgang), S. 222–224.

Beushausen, Ulla/Klein, Susanne: Sprachförderung – Ein Ratgeber für Eltern. Idstein, Schulz-Kirchner Verlag, 3. Auflage 2015.

Bunse, Sabine/Hoffschildt, Christiane: Sprachentwicklung und Sprachförderung im Elementarbereich. München, Olzog Verlag, 2014.

Buschmann, Anke/Sachse, Steffi: Alltagsintegrierte Sprachförderung in der Kita - Konzept und Wirksamkeit des „Heidelberger Trainingsprogramms“. In: Textor, Martin R. (Hrsg.): Kindergartenpädagogik - Online-Handbuch, 2011, Download unter www.kindergartenpaedagogik.de/2182.html.

Buttaroni, Susanne: Wie Sprache funktioniert. Einführung in die Linguistik für Pädagoginnen und Pädagogen. Hohengehren, Schneider Verlag, 2011.

Castillo Morales, Rodolfo: Die Orofaziale Regulationstherapie. München, Pflaum Verlag, 2. Auflage 1998.

Chilla, Solveig/Fox-Boyer, Annette: Zweisprachigkeit/Bilingualität. Ein Ratgeber für Eltern. Idstein, Schulz-Kirchner Verlag, 2. Aufl. 2016.

Crämer, Claudia/Schumann, Gabriele: Schriftsprache, in: Sprachtherapie mit Kindern, hrsg. von Stephan Baumgartner und Iris Füssenich. München/Basel, Reinhardt Verlag, 5. Aufl. 2002, S. 256–319.

Dornes, Martin: Der kompetente Säugling. Frankfurt/M., Fischer Verlag, 14. Aufl. 2009.

Fox-Boyer, Annette/Groos, Inula/Schauß-Golecki, Kerstin: Kindliche Aussprachestörungen. Idstein, Schulz-Kirchner Verlag, 3. Aufl. 2015.

Fuchs, Ragnhild/Siebers, Christiane: Sprachförderung von Anfang an. Arbeitshilfen für die Fortbildung von pädagogischen Fachkräften in Tageseinrichtungen für Kinder. Sozialpädagogisches Institut des Landes Nordrhein-Westfalen, 2002.

Füssenich, Iris: Semantik, in: Sprachtherapie mit Kindern, hrsg. von Stephan Baumgartner und Iris Füssenich, München/Basel. Reinhardt Verlag, 5. Aufl. 2002, S. 63–104.

Geiger, Anne/Mefferd, Antje: Dysarthrie. Ein Ratgeber für Angehörige. Idstein, Schulz-Kirchner Verlag. 2. Aufl. 2007.

Giel, Barbara: Sprach- und Kommunikationsförderung für Kinder mit Down-Syndrom. Idstein, Schulz-Kirchner Verlag, 2. Aufl. 2015.

Grimm, Hannelore: Störungen der Sprachentwicklung. Göttingen, Hogrefe-Verlag, 3. Aufl. 2012.

Grimm, Hannelore: Sprachscreening für das Vorschulalter. Göttingen, Hogrefe-Verlag, 2. Aufl. 2017.

Grimm, Hannelore/Aktas, Maren/Frevert, Sabine: SETK-2: Sprachentwicklungstest für zweijährige Kinder. Göttingen, Hogrefe-Verlag, 2. Aufl. 2016.

Grimm, Hannelore/Doil, Hildegard: Elternfragebögen für die Erkennung von Risikokindern ELFRA 1 und ELFRA 2. Göttingen, Hogrefe, 3. Aufl. 2019.

Hansen, Bernd/Iven, Claudia: Stottern bei Kindern. Ein Ratgeber für Eltern und Angehörige pädagogischer Berufe. Idstein, Schulz-Kirchner-Verlag, 5. Aufl. 2020.

Hoffmann, Vanessa: Hörstörungen bei Kindern. dbs e. V. 2019, Download unter https://www.dbs-ev.de/fileadmin/dokumente/Publikationen/dbs-Broschuere_Hoerstoerungen_2019.pdf

Iven, Claudia: Aktivitäten zur Sprachförderung. Braunschweig, Schubi Lermnedien, 2. Aufl. 2016.

Jansen, Heiner/Mannhaupt, Gerd/Marx, Harald/Skowronek, Helmut: Bielefelder Screening zur Früherkennung von Lese-Rechtschreibschwierigkeiten. Göttingen, Hogrefe, 2. Aufl. 2002.

Keilmann, Annerose: So lernt mein Kind sprechen. Sprachstörungen erkennen. Sprachentwicklung fördern. Idstein, Schulz-Kirchner Verlag, 2014.

Küspert, Petra/Schneider, Wolfgang: Hören, Lauschen, Lernen. Sprachspiele für Kinder im Vorschulalter; Würzburger Trainingsprogramm zur Vorbereitung auf den Erwerb der Schriftsprache. Göttingen, Vandenhoek & Ruprecht, 4. Aufl. 2003.

Lengyel, Drorit: Kindliche Zweisprachigkeit und Sprachbehindertenpädagogik, in: Homburg, Gerhard/Iven, Claudia/Maihack, Volker (Hrsg.): Sprachtherapieforschung 2000. Köln, Prolog-Verlag, 2001, S. 70–93.

Lisker, Andrea: Sprachstandsfeststellung und Sprachförderung im Kindergarten sowie beim Übergang in die Grundschule. Expertise im Auftrag des Deutschen Jugendinstituts. München, Deutsches Jugendinstitut e. V., 2010.

Lüdeling, Anke: Grundkurs Sprachwissenschaft. Stuttgart, Ernst Klett Verlag, 2013.

Martschinke, Sabine/Kirschhock, Eva-Maria/Frank, Angela: Diagnose und Förderung im Schriftspracherwerb: Der Rundgang durch Hörhausen. Donauwörth, Auer Verlag, 2000.

Meinke, Carsten: Neugeborene kennen Muttersprache. Frankfurter Rundschau 03.01.2012. Download unter www.fr-online.de/wissenschaft/saeugling-forschung-neugeborene-kennen-muttersprache,1472788,21377816.html.

Nedwed, Bernadette: Kinder mit Sehschädigungen. Idstein, Schulz-Kirchner Verlag, 2. Aufl. 2015.

Neumann, Sandra: Lippen-Kiefer-Gaumen-Segel-Spalten. Ein Ratgeber für Eltern. Idstein, Schulz-Kirchner-Verlag, 3. überarbeitete Aufl. 2010.

Otten, Marijke/Ender, Uwe/Stern, Dagmar: Sprachförderprogramm „Ich bin Max". Köln, Prolog Verlag, 2. Aufl. 2018.

Pauen, Sabine: Wie Babys begriffe lernen: Lange bevor sie sprechen, machen sie sich Gedanken über die Welt. Download unter www.uni-heidelberg.de/presse/ruca/ruca08-3/wie.html.

Penner, Zvi: Sprachliche Frühförderung als Chance, in: Frühe Kindheit, Heft 1, 2005 (8. Jahrgang), S. 18–25.

Plume, Ellen/Schneider, Wolfgang: Hören, Lauschen, Lernen 2. Spiele mit Buchstaben und Lauten für Kinder im Vorschulalter. Göttingen, Vandenhoek & Ruprecht, 2004.

Rollett, Brigitte/Kastner-Koller, Ursula: Praxisbuch Autismus. Ein Leitfaden für Eltern, Erzieher, Lehrer und Therapeuten. München, Urban & Fischer Verlag/Elsevier GmbH, 5. Aufl. 2018.

Schlesiger, Claudia/Mühlhaus, Melanie: Late Talker. Späte Sprecher – Wenn zweijährige Kinder noch nicht sprechen. Idstein, Schulz-Kirchner Verlag/Elsevier GmbH, 2. Aufl. 2013.

Schmidt, Andrea/Binz, Katja: KombiS. Kombinierte Sprachförderung. Idstein, Schulz-Kirchner Verlag, 2009.

Schubert, Anja: Dysarthrie. Wegweiser von der Theorie zur Praxis. Idstein, Schulz-Kirchner Verlag, 3. Aufl. 2011.

Schulz, Petra/Tracy, Rosemarie: LInguistische Sprachstandserhebung LiSE-DaZ. Göttingen, Hogrefe-Verlag, 2011.

Schulz von Thun, Friedemann: Das Kommunikationsquadrat. Download unter https://www.schulz-von-thun.de/die-modelle/das-kommunikationsquadrat.

Siegmüller, Julia: Entwicklung, Störungen und Diagnostik semantischer Prozesse – Begriffsklassifikation, in: Sprache – Stimme – Gehör, Heft 3, 2003 (27. Jahrgang), S. 101–109.

Snippe, Kristin: Autismus. Wege in die Sprache. Idstein, Schulz-Kirchner Verlag, 3. Aufl. 2019.

Straßburg, Hans-Michael: Differenzialdiagnostik bei Sprachentwicklungsstörungen aus neuropädiatrischer Sicht, in: Früh genug, zu früh, zu spät? Hrsg. von Ulrike de Langen-Müller/Claudia Iven/Volker Maihack. Köln, Prolog Verlag, 2003, S. 52–73.

Ulich, Michaela/Mayr, Toni: Sprachverhalten und Interesse an Sprache bei Migrantenkindern in Kindertageseinrichtungen (SISMIK). Freiburg, Herder, 2. Aufl. 2004.

Ulich, Michaela/Mayr, Toni: Sprachentwicklung und Literacy bei deutschsprachig aufwachsenden Kindern (SELDAK). Freiburg, Herder, 2006.

Wendlandt, Wolfgang: Sprachstörungen im Kindesalter. Stuttgart, Thieme Verlag, 8. Aufl. 2016.

Whitehead, Marian R.: Sprache und Literacy von 0 bis 8 Jahren. Troisdorf, Bildungsverlag EINS, 2007.

Wilken, Etta: Sprachförderung bei Kindern mit Down-Syndrom. Stuttgart, Kohlhammer Verlag, 12. Auflage 2014.

Zimmer, Dieter E.: So kommt der Mensch zur Sprache. Zürich, Haffmanns Verlag, 1986.

Bildquellenverzeichnis

Alamy Stock Photo, Abingdon/Oxfordshire: Westend61 GmbH 167.1.

Brauner, Angelika, Hohenpeißenberg: 71.1.

Bulls Pressedienst GmbH, Frankfurt am Main: © Browne/Distr. King Features Syndicate, Inc./Distr. Bulls 182.1.

fotolia.com, New York: Anetta 39.1; Cheryl Casey 165.1; contrastwerkstatt 10.1; Jean Kobben 45.1; jeecis 180.1; Joelle M. 38.1; Junaoli 111.1; Karin Eichinger 55.1; Martina Berg 117.1; matka wariatka 62.1; nyul 41.1; Petro Feketa 159.1; Philidor 188.1; Ramona Heim 91.1.

iStockphoto.com, Calgary: FatCamera 149.1, 155.1; fatihhoca 86.1; KatarzynaBialasiewicz 197.1; petrunjela 65.1; SDI Productions 124.1; vgajic 178.1.

Iven, Claudia, Köln: 150.1, 150.2, 151.1, 151.2, 151.3, 151.4.

METACOM, Oeversee: 209.1, 209.2, 209.3.

Picture-Alliance GmbH, Frankfurt/M.: dpa/Wissen Media Verlag 24.1, 26.2, 28.1.

Prentke Romich GmbH, Kassel: 209.4.

Science Photo Library, München: Asklepios Medical Atlas 26.1.

Shutterstock.com, New York: Fh Photo 107.1; FH Photo 156.1; Tibanna79 70.1.

stock.adobe.com, Dublin: 2xSamara.com 8.1; by-studio 14.2; Dario 137.1; ihorhvozdetskiy 14.6; KCULP 139.2; Kuzmina, Oksana 81.1, 127.1; LiliGraphie 14.4; mizina 19.1; MNStudio 130.1; nadezhda1906 171.1; Paschertz, Marcel 139.1; Sasenki 145.1; Schmidt, Irina 158.1; Skidanov, Evgeny 14.5; styleuneed 14.1; Suraphol 14.3; Syda Productions 37.1; ucchie79 43.1; Wavebreak-MediaMicro 18.1; weedezign Titel.

Wir arbeiten sehr sorgfältig daran, für alle verwendeten Abbildungen die Rechteinhaberinnen und Rechteinhaber zu ermitteln. Sollte uns dies im Einzelfall nicht vollständig gelungen sein, werden berechtigte Ansprüche selbstverständlich im Rahmen der üblichen Vereinbarungen abgegolten.

Sachwortverzeichnis

U

W

Z